高等职业教育"十四五"规划旅游大类精品教材

旅游新媒体运营实务

主　编◎伍　欣　俞志兴
副主编◎余汶洁　方　茜　李江东　彭士平
参　编◎刘孝利　王晓羽　彭惠林
　　　　刘　林　陈珊珊

Practical Operations of New Media Marketing for Tourism

华中科技大学出版社
http://press.hust.edu.cn
中国·武汉

内容提要

本书围绕旅游新媒体运营,系统地介绍了从基础认知到实践操作的全流程,包括认知旅游新媒体、搭建旅游新媒体运营团队、定位与IP打造、新媒体平台选择及矩阵搭建、用户运营与社群管理、内容策划与多媒体创作、数据分析与优化决策、旅游新媒体运营安全与提升,形成了完整的知识体系,旨在培养具备旅游新媒体运营综合能力的人才,使其能够熟练掌握新媒体在旅游业中的应用,有效搭建并管理运营团队,精准定位与打造旅游IP,高效利用新媒体平台进行内容创作与用户互动,同时具备数据分析与优化决策的能力,以及良好的网络安全意识与舆情管理能力。

图书在版编目(CIP)数据

旅游新媒体运营实务/伍欣,俞志兴主编.--武汉:华中科技大学出版社,2024.9.--(高等职业教育"十四五"规划旅游大类精品教材).--ISBN 978-7-5772-1096-4

Ⅰ.F590.6

中国国家版本馆CIP数据核字第20243BD856号

旅游新媒体运营实务   伍 欣 俞志兴 主编
Lüyou Xinmeiti Yunying Shiwu

策划编辑:	李家乐
责任编辑:	李家乐 安 欣
封面设计:	原色设计
责任校对:	李 琴
责任监印:	周治超
出版发行:	华中科技大学出版社(中国·武汉) 电话:(027)81321913
	武汉市东湖新技术开发区华工科技园 邮编:430223
录 排:	孙雅丽
印 刷:	武汉科源印刷设计有限公司
开 本:	787mm×1092mm 1/16
印 张:	17
字 数:	422千字
版 次:	2024年9月第1版第1次印刷
定 价:	59.80元

本书若有印装质量问题,请向出版社营销中心调换
全国免费服务热线:400-6679-118   竭诚为您服务
版权所有 侵权必究

总　序

　　伴随着我国社会和经济步入新发展阶段，我国的旅游业也进入转型升级与结构调整的重要时期。旅游业将在推动并形成以国内大循环为主体、国内国际双循环相互促进的新发展格局中发挥独特的作用。旅游业的大发展在客观上对我国高等旅游教育和人才培养提出了更高的要求，希望高等旅游教育和人才培养能在促进我国旅游业高质量发展中发挥更大、更好的作用。以"职教二十条"的发布和"双高计划"的启动为标志，中国旅游职业教育发展进入新阶段。

　　这些新局面有力推动着我国旅游职业教育在"十四五"期间迈入发展新阶段，高素质旅游职业经理人和应用型人才的需求将十分旺盛。因此，出版一套把握时代新趋势、面向未来的高品质规划教材便成为我国旅游职业教育和人才培养的迫切需要。

　　基于此，在教育部高等学校旅游管理类专业教学指导委员会和全国旅游职业教育教学指导委员会的大力支持下，教育部直属的全国重点大学出版社——华中科技大学出版社汇聚了全国近百所旅游职业院校的知名教授、学科专业带头人、一线骨干"双师型"教师和"教练型"名师，以及旅游行业专家等参与本套教材的编撰工作，在成功组编出版了"高等职业教育旅游大类'十三五'规划教材"的基础上，再次联合编撰出版"高等职业教育'十四五'规划旅游大类精品教材"。本套教材从选题策划到成稿出版，从编写团队到出版团队，从主题选择到内容编排，均做出积极的创新和突破，具有以下特点：

　　一、以"新理念"出版并不断沉淀和改版

　　"高等职业教育旅游大类'十三五'规划教材"在出版后获得全国数百所高等学校的选用和良好反响。编委会在教材出版后积极收集院校的一线教学反馈，紧扣行业新变化、吸纳新知识点，对教材内容及配套教育资源不断地进行更新升级，并紧密把握我国旅游职业教育人才的最新培养目标，借鉴优质高等职业院校骨干专业建设经验，紧密围绕提高旅游专业学生人文素养、职业道德、职业技能和可持续发展能力，尽可能全面地凸显旅游行业的新动态与新热点，进而形成本套"高等职业教育'十四五'规划旅游大类精品教材"，以期助力全国高等职业院校旅游师生在创建"双高"工作中拥有优质规划教材的支持。

　　二、对标"双高计划"和"金课"进行高水平建设

　　本套教材积极研判"双高计划"对专业课程的建设要求，对标高职院校"金课"建设，进行内容优化与编撰，以期促进广大旅游院校的教学高质量建设与特色化发展。其中《现代酒店营销实务》《酒店客房服务与管理》《调酒技艺与酒吧运营》等教材获评教育部"十三五"职业教育国家规划教材，或成为国家精品在线开放课程（高职）配套教材。

三、以"名团队"为核心组建编委会

本套教材由教育部高等学校旅游管理类专业教学指导委员会副主任、国家"万人计划"教学名师马勇教授担任总主编,由中国旅游教育界的知名专家学者、骨干"双师型"教师和业界精英人士组成编写团队,他们的教学与实践经验丰富,保证了本套教材兼备理论权威性与应用实务性。

四、全面配套教学资源,打造立体化互动教材

华中科技大学出版社为本套教材建设了内容全面的线上教材课程资源服务平台,在横向资源配套上,提供全系列教学计划书、教学课件、习题库、案例库、参考答案、教学视频等配套教学资源;在纵向资源开发上,构建了覆盖课程开发、习题管理、学生评论、班级管理等集开发、使用、管理、评价于一体的教学生态链,打造了线上线下、课内课外的新形态立体化互动教材。

本套教材的组织策划与编写出版,得到了全国旅游业内专家学者和业界精英的大力支持与积极参与,在此一并表示衷心的感谢!编撰一套高质量的教材是一项十分艰巨的任务,本套教材难免存在一些疏忽与缺失,希望广大读者批评指正,以期在教材修订再版时予以补充、完善。希望这套教材能够满足"十四五"时期旅游职业教育发展的新要求,让我们一起为现代旅游职业教育的新发展而共同努力吧!

总主编
2021 年 7 月

前言

随着科技的飞速进步和全球化的深入发展,新媒体已经渗透到我们生活的方方面面,特别是在旅游行业,新媒体的影响日益显著。新媒体不仅改变了人们的生活方式和信息获取习惯,更为旅游业提供了全新的宣传、服务和创新平台。在新媒体的发展中,本书应运而生,旨在为旅游从业者、旅游大类学生以及对旅游新媒体感兴趣的人士提供一本全面、系统的学习和参考指南。

本书紧跟《中华人民共和国国民经济和社会发展第十四个五年规划和2035年远景目标纲要》的国家战略方向,紧密围绕旅游行业在新媒体运营方面的迫切需求进行编写。我们不仅深入探讨了新媒体运营的基础知识,还针对旅游行业的特殊性和实践策略进行了详细阐述。通过本书的学习,读者能够更好地理解旅游新媒体运营的内在逻辑和实际操作方法。

本书深入浅出且全面地剖析了旅游新媒体运营的核心理念和实际操作。全书共分为八个项目,每个项目都围绕旅游新媒体运营的关键环节展开。首先,本书介绍了新媒体的基础知识,包括新媒体的概念、特点以及价值等;其次,各项目逐步深入到运营的实操层面,涵盖了运营团队搭建、定位与IP打造、新媒体平台选择与矩阵搭建、用户运营与社群管理、内容策划与多媒体创作,以及数据分析与优化决策、旅游新媒体运营安全与提升,这些内容有助于读者从零开始,系统地掌握旅游新媒体运营的全套流程和技巧;最后,本书还特别介绍了运营过程中的安全与提升,确保读者在实际操作中能够防范风险,持续优化运营效果。

本书不仅深入剖析了旅游企业如何精准运营自己的新媒体账号,从账号定位到内容规划,再到活动策划与执行,提供了一整套系统化的操作流程。同时,也为个人或初创者从0到1构建和运营旅游自媒体,提供了详尽的指导和建议。本书既能满足旅游企业在新媒体领域的专业运营需求,也能够帮助个人创业者或自媒体爱好者在旅游行业内从零开始,打造并运营自己的新媒体账号,实现粉丝的积累与流量的有效变现。

本书采用连贯式实训指导的设计理念,确保读者一步步跟随本书的节奏深入学习旅游新媒体运营知识。在每个项目中,前一项目的成果都会成为下一项目实践的基础,实现知识的累积和应用。通过这种连贯式的学习方式,读者可以更加高效地提升自己的新媒体运营能力,为未来的职业发展奠定坚实的基础。

本书由伍欣副教授(湖南商务职业技术学院)进行总体设计,以及全书的统稿、校稿工作。本书编写分工情况如下:伍欣副教授编写项目三;王晓羽副教授(湖南交通职业技术学院)编写项目一;彭惠林副教授(湖南理工学院南湖学院)编写项目二;刘林老师(长沙商贸旅游职业技术学院)编写项目四;余汶洁老师(湖南民族职业学院)编写项目五的工作任务1、工作任务2、工作任务3；方茜老师（湖南商务职业技术学院）编写项目五的工作任务4、项目六的工作任务1、工作任务5；李江冬老师（湖南商务职业技术学院）编写项目六的工作任务2、工作任务3、工作任务4；刘孝利副教授（湖南大众传媒职业技术学院）编写项目七；俞志兴老师（江西婺源茶业职业学院副院长）编写项目八的工作任务1、工作任务2；陈珊珊老师（江西婺源茶业职业学院）编写项目八的工作任务3。

在编写过程中，我们得到了来自高校、政府部门、旅游企业等多方力量的支持，确保了教材内容既具有学术严谨性，又紧贴行业实际。感谢所有参与编写、审阅和提供帮助的个人和机构。他们的贡献使得这本教材更加完善和专业。

希望本书能成为您在新媒体时代旅游行业探索和实践中的得力"助手"，为您的职业发展提供有益的指导和启示。

伍欣
2024年8月于长沙梅溪湖

目录

项目一　认知旅游新媒体
工作任务1　掌握新媒体的概念与特点　/2
工作任务2　探索旅游业中新媒体的价值　/7
工作任务3　树立运营观念与思维　/13

项目二　搭建旅游新媒体运营团队
工作任务1　旅游企业新媒体运营岗位解析　/32
工作任务2　旅游企业新媒体运营团队构建与分工　/34
工作任务3　旅游自媒体运营团队建设与管理　/36

项目三　定位与IP打造
工作任务1　明确新媒体运营定位与目标市场　/43
工作任务2　旅游企业IP打造与新媒体运营定位　/46
工作任务3　个人自媒体运营定位与IP打造策略　/49

项目四　新媒体平台选择及矩阵搭建
工作任务1　调研平台特性与优势　/63
工作任务2　平台搭建与账号完善　/72
工作任务3　搭建与管理矩阵　/85

项目五　用户运营与社群管理
工作任务1　认识旅游新媒体用户运营　/94
工作任务2　构建用户画像　/104
工作任务3　设计互动策略与流程　/110
工作任务4　管理私域流量与社群　/116

项目六　内容策划与多媒体创作

工作任务 1　从入门到精通的内容运营技巧　/129

工作任务 2　旅游文案与故事创作　/142

工作任务 3　旅游海报与图片设计　/165

工作任务 4　旅游视频制作　/182

工作任务 5　旅游直播　/197

项目七　数据分析与优化决策

工作任务 1　旅游新媒体数据分析的认知　/213

工作任务 2　旅游新媒体数据采集与分析　/222

工作任务 3　运营效果评估及提升　/226

项目八　旅游新媒体运营安全与提升

工作任务 1　网络安全与舆情管理　/243

工作任务 2　网络空间主流意识形态建设　/248

工作任务 3　旅游新媒体发展趋势　/250

参考文献　/259

项目一
认知旅游新媒体

◇ 项目描述

本项目旨在全面介绍旅游新媒体的基本概念、特点及其在旅游业中的应用价值。通过本项目的学习,同学们能够深入理解新媒体对旅游业发展的推动作用,并树立正确的旅游新媒体运营观念和思维。通过学习,同学们能够更好地适应新媒体时代的发展需求,为未来的旅游事业发展奠定坚实的基础。

◇ 项目目标

知识目标	掌握新媒体的定义、特点及其在旅游业中的应用
能力目标	能够分析新媒体对旅游业的影响和旅游新媒体自身的价值
素养目标	培养学生对新媒体的敏感度和洞察力,提升旅游新媒体运营意识

◇ 学习难点与重点

重点	新媒体在旅游业中的应用以及旅游新媒体自身的价值
难点	如何正确理解和把握新媒体的特点和运营思维

◇ 项目导入

案例:初探旅游新媒体

近年来,随着短视频平台的兴起,越来越多的旅游目的地开始通过短视频宣传和推广本旅游目的地。例如,某著名旅游城市通过与短视频平台合作,邀请知名旅游博主前来体验并拍摄短视频,展示该城市的自然风光、特色美食和民俗文化。这些短视频作品在平台上广受欢迎,显著推动了该城市的旅游流量增长。

案例分析

这个案例展示了新媒体在旅游营销中的重要作用。通过短视频这一新媒体形式,旅游目的地能够更直观、更生动地展示自身魅力,吸引潜在游客的关注。同时,旅游目的地与知名博主的合作也增加了短视频内容的可信度和传播力。

工作任务1 掌握新媒体的概念与特点

一、新媒体概述

(一)新媒体的定义

新媒体是利用数字、网络和移动通信技术,通过互联网、无线通信网等多元化渠道,以电脑、手机、数字电视机等终端设备为载体,向用户提供广泛的信息和娱乐服务的一种新型媒体形态。

1. 技术层面

新媒体是依托数字、网络和移动通信技术发展起来的。这些技术构成了新媒体的基础,改变了信息的编码、传输和接收方式。

2. 渠道层面

新媒体利用多种渠道进行传播,这些渠道主要包括互联网、宽带局域网、无线通信网、卫星等。这些渠道的特点是覆盖面广、传输速度快、互动性强。

3. 终端层面

新媒体的传播终端种类繁多,包括电视、电脑、手机、平板电脑等。这些终端设备具有便携、智能、多功能等特点,使用户可以随时随地接收和发送信息。

4. 服务层面

新媒体提供的信息和娱乐服务是全方位的,包括视频、音频、文本、图像等多种形式。这些服务不仅满足了用户的基本信息需求,还具有社交、娱乐、教育等功能,极大地丰富了用户的生活。

这四个层面从技术基础、传播渠道、接收终端到提供的服务,共同构成了新媒体的完整定义,全面展示了新媒体的本质特征。

总的来说,新媒体是一种基于新技术的新兴媒体形态,它的出现极大地改变了传统媒体的信息传播方式和用户的信息获取习惯。新媒体凭借其互动性和个性化特点,日益成为人们获取信息、交流思想的重要平台,并推动着社会的信息化进程不断向前发展。

(二)新媒体的起源与发展

1. 起源阶段:技术革新与媒体形态初现

主要特征:随着数字技术和计算机技术的兴起,初步的数字化信息传播形式开始出现。例如,电子邮件、电子公告板(BBS)等开始被人们用于信息交流和传播。

重要事件:互联网的诞生为新媒体的发展奠定了坚实的基础,使得信息的传播不再受地域和时间限制。

2. 初级阶段:网络媒体崛起

主要特征:随着互联网的逐渐普及,门户网站、搜索引擎、在线新闻等网络媒体形态迅速崛起。人们开始习惯通过网络获取新闻和信息。

重要事件:谷歌、雅虎等搜索引擎的兴起,以及新浪、搜狐等中文门户网站的建立,标志着网络媒体正式进入人们的视野。

3. 发展阶段:社交媒体与移动媒体的兴起

主要特征:社交媒体平台(如Facebook(脸书)、Twitter(推特)、微博等)迅速崛起,用户生成内容(UGC)成为新媒体的重要组成部分。同时,随着智能手机的普及,移动媒体也开始崭露头角。

重要事件:iPhone(苹果)等智能手机的出现,改变了人们使用互联网的方式,推动了移动互联网的快速发展。

4. 成熟阶段:多元化与融合

主要特征:新媒体形态更加多元化,包括短视频、直播、虚拟现实(VR)、增强现实(AR)等。同时,新媒体与传统媒体开始深度融合,形成全媒体传播格局。

重要事件:抖音、快手等短视频平台的兴起,以及5G(第五代移动通信技术)等新一代通信技术的商用,为新媒体的发展提供了更广阔的空间。

二 新媒体的类型与形式

新媒体的类型与形式多种多样,每一种类型和形式都以其独特的方式影响着现代社会的信息传播和人与人之间的交流。

(一)社交媒体

社交媒体是新媒体中较具代表性的形式之一,它利用互联网技术,为用户提供信息分享和交流互动的平台。社交媒体的形式多样,包括微博、微信、Facebook、Twitter等。这些平台不仅允许用户发布文字、图片、视频等,还支持点赞、评论、转发等,极大地丰富了用户的信息交流体验感。

社交媒体的特点在于其具有高度的互动性和即时性。用户可以随时随地发布自己的动态,了解他人的信息,与他人实时交流。这种即时互动的特点使社交媒体成为现代社会中信息传播的重要渠道。

（二）短视频平台

短视频平台是近年来迅速崛起的新媒体形式之一。短视频平台以短视频为主要内容，具有观看、分享、评论等功能。短视频平台如抖音、快手等，通过算法推荐技术，根据用户的兴趣和行为习惯，为用户推送个性化的短视频内容。

短视频平台的特点在于其内容具有简洁性和趣味性。短视频通常时长较短，内容精练且有趣，能够迅速吸引用户的注意力。同时，短视频平台还支持用户上传自己的视频内容，为草根创作者提供展示才华的舞台。

（三）博客与内容分享网站

博客与内容分享网站是早期的新媒体形式之一，它们为用户提供发布和分享个人文章、图片、视频等内容的平台。博客如新浪博客、网易博客等，内容分享网站如知乎、豆瓣等，都聚集了大量的用户和内容创作者。

这些平台的特点在于其内容丰富且具有深度。用户可以在这些平台上发布自己的见解、感受、经验等，与他人进行深入的交流和讨论。同时，这些平台还支持用户对内容进行分类和标签化，方便用户查找和浏览自己感兴趣的内容。

（四）其他新媒体形式

除了上述三种主要的新媒体形式，还有一些其他的新媒体形式也在不断发展壮大。例如，虚拟现实（VR）和增强现实（AR）技术，它们通过模拟或增强现实环境，为用户提供沉浸式体验。这些技术在游戏、教育、医疗等领域有着广泛的发展前景。

此外，还有一些新兴的新媒体形式如直播、播客等，它们也以其独特的方式吸引用户的关注。直播平台如斗鱼、虎牙等，通过实时直播的方式为用户提供观看各类活动、赛事、表演等的渠道；播客平台则允许用户制作和发布自己的音频内容，满足用户对音频内容的需求。

新媒体的类型与形式多种多样，每一种都有其独特的特点和优势。这些新媒体形式的不断发展壮大，为现代社会的信息传播与交流带来了巨大的变革和影响。

三 新媒体的传播特点

新媒体以其独特的传播方式，在现代社会中占据了举足轻重的地位。新媒体的传播特点主要体现在以下几个方面。

（一）实时性与即时性

新媒体的传播速度之快，几乎实现了信息的实时传递。无论是国内外的新闻事件、社交媒体上的用户动态，还是各类通知与公告，新媒体都能在第一时间将它们推送给广大用户。这种即时性不仅满足了现代人对新鲜事物的即时追求，更为信息的快速扩散和广泛传播提供了有力保障。实时性与即时性的特点使得新媒体在突发事件报道、重大事件直播等领域具有无可比拟的优势。

（二）互动性与参与性

与传统媒体相比，新媒体的互动性是其较显著的特点之一。在新媒体平台上，用户不仅可以接收信息,还能对信息进行评论、分享、点赞、转发等,直接参与信息的传播。这种互动性不仅增强了用户与信息之间的联系,提高了信息的传播效率,还使得信息传播更加多元化和个性化。同时,新媒体平台上的互动与参与也为用户提供了表达自我、交流思想的便捷渠道,促进了社会舆论的多元化和民主化。

(三)个性化与定制化

新媒体平台通过收集用户的兴趣爱好等信息,运用大数据和算法等,为用户推送个性化的内容。这种定制化服务满足了用户的个性化需求,提高了用户的使用体验感。在新媒体时代,每个人都可以根据自己的喜好和需求,定制专属的信息流,享受个性化的信息服务。这种个性化与定制化的特点使得新媒体在信息传播中更加精准、有效,也为广告营销等领域的发展提供了思路和方法。

(四)多元化与融合性

新媒体的内容形式丰富多样,包括文字、图片、音频、视频等。这些多元化的内容形式使得新媒体在信息传播中更加生动、形象、直观,提高了信息的可读性和可视化程度。同时,新媒体还融合了传统媒体的内容,形成了全媒体传播格局。在新媒体平台上,用户可以同时获取来自报纸、杂志、电视、广播等传统媒体的信息,实现了信息的跨媒体传播和共享。这种多元化与融合性的特点使得新媒体在内容创新方面具有较大的优势,也为用户提供了更加便捷、全面的信息服务。

(五)全球化与跨地域性

新媒体的传播范围不受地域限制,具有全球化特点。只要连接了互联网,用户就可以访问新媒体平台上的内容。这种跨地域性为信息的全球化传播提供了便利,也促进了不同文化之间的交流和融合。在新媒体时代,世界各地的信息都可以实时共享和传播,用户可以更加便捷地了解全球的新闻、文化、科技等的动态。这种全球化与跨地域性的特点使得新媒体在国际传播、跨文化交流等领域具有广阔的应用前景。

(六)去中心化与草根性

新媒体的传播方式打破了传统媒体的中心化传播模式,使得信息的传播更加去中心化。在新媒体平台上,每个用户都可以成为信息的发布者和传播者,实现了信息的多元传播和共享。同时,新媒体平台也为普通用户提供了发声的机会和渠道,使得"草根文化"得以在新媒体平台上蓬勃发展。这种去中心化与草根性的特点使得新媒体在信息传播中更加民主、平等、多元,也为社会舆论的监督和公共事务的参与提供了有力支持。

综上所述,新媒体的传播特点主要体现在实时性、互动性、个性化、多元化、全球化以及去中心化等方面。这些特点使得新媒体在信息传播方面具有极大的优势,成为现代社会中不可或缺的信息传播渠道。

四 旅游新媒体的分类

从媒体所有者角度出发,旅游新媒体主要有两大类:一类是旅游企业新媒体;另一类是由个人运营和管理的自媒体。本教材不仅致力于培养能够胜任旅游企业新媒体运营工作的专业人才,也注重培养具备创新精神和创业理念的旅游自媒体人才。通过本教材的学习,学生将掌握新媒体运营的核心技能,包括但不限于内容创作、平台运营、用户互动及数据分析等。本教材致力于培养具有创新思维和创业精神的人才,鼓励学生勇于尝试新的传播方式、探索新的商业模式,为旅游新媒体领域注入源源不断的创新活力。

(一)旅游企业新媒体

旅游企业新媒体,是指由旅游企业运营和管理的,通过数字化媒体平台进行内容创作、发布和传播的,旨在推广旅游产品和服务、增强品牌影响力并与消费者建立紧密互动的媒体。这些新媒体充分利用了互联网和新媒体技术的优势,为潜在用户和现有用户提供全面、即时的旅游信息和服务。

旅游企业新媒体的范围相当广泛,涵盖了从官方网站、移动应用到社交媒体平台、电子邮件以及在线广告等多个方面。具体来说,旅游企业可以在自己的官方网站上发布产品信息、优惠活动和旅游目的地指南;通过移动应用,旅游企业可以提供预订服务、个性化推荐和在线客服支持等;在社交媒体平台上,旅游企业可以与潜在用户和现有用户积极互动并发布有趣、有料的内容吸引用户的关注;旅游企业可以通过电子邮件向订阅用户发送定制的旅游资讯和促销信息;旅游企业可以在搜索引擎、社交媒体和其他在线平台上投放精准的在线广告,以扩大品牌的曝光度并吸引潜在用户。

总的来说,旅游企业新媒体是旅游企业在数字化时代进行品牌推广、用户服务和市场营销的重要工具,通过不断创新和优化,旅游企业新媒体将在旅游行业的发展中发挥越来越重要的作用。

同步案例1-1:旅游企业新媒体举例

一、旅行社新媒体:"众信旅游"直播平台

众信旅游在直播平台上有非常出色的表现。众信旅游通过直播的方式,向潜在用户展示旅游产品,包括风景、酒店、行程安排等。直播内容真实、生动,使用户有身临其境的感觉,大大提高了旅游产品的吸引力和购买转化率。

二、酒店新媒体:"花间堂酒店"微博账号

这家酒店在微博上开设了专门的账号,定期发布关于酒店各种特色主题房间的照片和视频,吸引了大量粉丝。另外,该酒店还与旅游自媒体合作,邀请自媒体人到酒店体验,进一步扩大了酒店的影响力。

三、景区新媒体:"江西萍乡武功山景区"抖音账号

江西萍乡武功山景区在抖音上开设了官方账号,发布景区美景、活动短视频等,吸引了大量年轻用户的关注。江西萍乡武功山景区通过抖音平台,成功地将景区的魅力发挥出来,提高了景区的知名度和美誉度。

四、航空公司新媒体:"Germanwings航空公司"(德国之翼航空公司)创意闹钟App

Germanwings航空公司推出了一款创意闹钟App,用户可以用它来预订机票和设置起床时间。每天早晨,App都会用"目的地的声音"来唤醒用户,如英国的大

本钟声音、马尔代夫的海滩声音等。这种创新的新媒体营销方式,既增加了用户的使用黏性,也提升了品牌的形象和用户的好感度。

(二)个人运营和管理的自媒体

个人运营和管理的自媒体,是指那些专注于旅游领域,通过数字化媒体平台自主创作、发布和传播旅游相关内容的个人或团队运营和管理的自媒体。个人或团队利用互联网和新媒体技术,为用户提供旅游攻略、景点推荐、旅行故事等,帮助用户更好地了解和享受旅游。

个人运营和管理的自媒体范围非常广泛,涵盖从个人博客、微信公众号、抖音账号、B站频道,到专业的旅游网站和App等。这些自媒体平台不仅为用户提供了丰富多样的信息,也成为旅游目的地和旅游产品推广的重要渠道。

同步案例1-2:旅游自媒体举例

一、"嬉游"公众号

"嬉游"是一个专注于旅游服务的公众号,它以全面的旅游攻略、高性价比的产品推荐而受到用户的喜爱。"嬉游"公众号中不仅有大量的原创内容,还经常与旅游企业进行合作,为读者提供优质的旅游产品和服务。2019年"双十一","嬉游"带货1.4亿元。"嬉游"的成功在于其精准的目标用户定位和高质量的内容输出。

二、"杭州小黑"抖音账号

杭州小黑是一位在抖音平台上非常受欢迎的旅游自媒体人。他通过拍摄和分享自己在各地旅行的视频,吸引了大量粉丝。他的视频内容真实、有趣,充满了个人特色,让用户在欣赏美景的同时,也能感受到他的旅行态度和生活方式。

三、"李子柒"You Tube(油管)账号

李子柒的视频因田园牧歌式的生活在海外圈粉无数,激发了许多外国友人对中华传统文化的兴趣。虽然李子柒的视频内容不完全聚焦于旅游,但因其在推广非物质文化遗产方面做出贡献,李子柒成为"成都非物质文化遗产推广大使"。截至2023年4月,李子柒的视频在You Tube上拥有1740万订阅、128个视频的总播放量超过29.2亿次。李子柒在You Tube上的成功,证明了中国自媒体人在国际上具有一定的影响力。

工作任务2　探索旅游业中新媒体的价值

一、新媒体在旅游宣传中的应用与价值

(一)社交媒体营销

社交媒体平台如微博、抖音、小红书等已成为旅游目的地和旅游产品营销的重要渠道。

这些平台通过用户生成内容（UGC）和精准定位算法等，为旅游企业和机构提供了与潜在游客直接互动的机会。通过精心策划的内容和故事化营销，旅游目的地能够吸引更多关注，提升品牌知名度和用户黏性。同时，社交媒体也为旅游企业的广告投放提供了渠道，帮助旅游企业以更低成本触达目标受众。

具体来说，旅游企业可以运用社交媒体平台发布精美的图片、引人入胜的视频和吸引人的故事，展示旅游目的地的独特魅力和文化特色。旅游企业通过与意见领袖（KOL）或网红合作，借助他们的影响力和粉丝基础，可以进一步扩大宣传效果。此外，社交媒体平台上的用户评价和分享也能形成口碑传播效应，为旅游目的地带来更多的潜在游客。

例如，澳大利亚昆士兰旅游局曾经通过社交媒体平台发起了一场"世界上最好的工作"招聘活动。澳大利亚昆士兰旅游局在全球范围寻找一位愿意在大堡礁承担岛屿看护工作的人。该项工作内容包括探索岛屿、喂鱼以及更新博客和社交媒体动态等。该招聘活动在社交媒体上引起了轰动，吸引了全球数百万人的关注和参与，成功提升了澳大利亚大堡礁的知名度和吸引力。

（二）在线旅游平台

携程、去哪儿等在线旅游平台不仅提供丰富的旅游产品信息，包括预订酒店、预订机票、预订景点门票等一站式服务，还通过用户评价、旅游攻略等内容增强用户的决策信心。这些平台运用大数据和人工智能等技术，根据用户的搜索历史、浏览行为和购买记录等，为用户推荐个性化的旅游产品和路线。同时，在线旅游平台上的用户评价和评分系统也为其他用户提供了重要的参考，帮助他们做出更明智的决策。

此外，在线旅游平台还与各类供应商建立了紧密的合作关系，确保供应商提供的产品和服务质量可靠。通过不断优化用户体验感和服务流程，在线旅游平台在旅游市场中扮演着越来越重要的角色。在线旅游平台不仅为用户提供了便捷的预订渠道和丰富的旅游信息，还为旅游企业提供了更广阔的市场空间和更多的营销机会。

例如，携程曾经推出了一项"￥99机票盲盒"的促销活动。通过该活动，用户可以以较低的价格购买到国内大多线路机票。这项活动在携程官方网站和App上得到了广泛的宣传和推广，吸引了大量用户的关注和购买。此项活动不仅提升了携程的市场份额和品牌影响力，还带动了国内旅游市场的发展。

（三）短视频与直播营销

短视频与直播营销是近年来旅游宣传中迅速崛起的营销方式。借助抖音、快手等短视频平台，旅游目的地可以将旅游产品以更直观、更生动的方式呈现给潜在用户。

在短视频营销方面，旅游企业可以制作精美的短视频，展示旅游目的地的自然风光、人文景观、特色美食等，吸引用户的注意。旅游企业通过巧妙的剪辑和配乐，能够在较短时间传递较丰富的信息，引发用户的兴趣和好奇心。同时，短视频平台上的用户互动功能也为旅游企业提供了与用户直接交流的机会，可以及时收集用户的反馈和建议，优化旅游企业的产品和服务。

直播营销则为旅游企业提供了一个实时展示和推广的平台。通过直播，旅游企业可以带领潜在用户实时参观旅游目的地，解答潜在用户的疑问，并提供专业的旅游建议。这种实时互动的方式不仅增强了潜在用户的参与感和信任感,还提高了他们购买决策的效率和准确性。同时,直播过程中的优惠活动和限时抢购等营销手段也能有效刺激用户的购买欲望。

例如,B站(哔哩哔哩)是一个以弹幕互动和视频分享为主的平台,有很多知名的UP主(内容创作者)拥有庞大的粉丝群体。一些旅游景区与B站上的UP主合作,邀请他们前往景区进行直播。通过UP主的讲解,用户能够更深入地了解景区的特色和魅力。这种合作形式不仅提高了景区的知名度,也带动了景区相关旅游产品的销售。

(四)虚拟现实(VR)与增强现实(AR)技术

虚拟现实(VR)与增强现实(AR)技术在旅游宣传中的应用为用户带来了全新的体验。通过这些技术,用户可以在购买旅游产品前在旅游目的地获得沉浸式的体验。这不仅增加了用户的购买意愿,还提高了他们对旅游产品的期待值。

VR技术可以模拟真实的旅游场景,让用户身临其境般地感受旅游目的地的美景和文化氛围。用户可以通过佩戴VR眼镜或使用手机等设备观看全景视频或3D模型,深入了解旅游目的地的特色和风土人情。AR技术可以将虚拟元素与真实世界相结合,为用户呈现更加丰富多彩的旅游体验感。例如:在参观博物馆时,AR技术可以展示文物背后的故事和历史文化背景;在游览自然景观时,AR技术可以展示动植物的详细信息等。

这些技术的应用不仅提升了旅游宣传的趣味性,还为旅游企业带来了更多的商业机会。通过与VR、AR技术提供商合作,旅游企业可以打造独具特色的旅游产品和服务,吸引更多用户前来体验。同时,这些技术也可以用于旅游教育和培训等,提高从业人员的专业素质和服务水平。

例如,故宫博物院(简称故宫)是中国著名的文化旅游景点之一,故宫曾经推出了一项基于虚拟现实(VR)技术的体验项目。通过佩戴VR眼镜或使用手机App,用户可以身临其境地参观故宫的养心殿、灵沼轩和倦勤斋,解决了这三个室内景点场地小、无法近距离观赏和已被破坏等问题。此种游览方式具有一定的游戏互动性,能够为用户提供了全新的参观体验感,增强了用户对故宫文化的认知和兴趣。

二 新媒体在旅游服务中的创新与应用

(一)智能导游系统

智能导游系统是基于人工智能和大数据等技术发展而来的一种创新系统。它通过对用户兴趣、需求和行为进行深入分析,可以为用户提供个性化的旅游路线建议、景点推荐和文化解读。智能导游系统不仅可以根据用户的喜好调整行程,还能实时更新旅游信息,如天气变化、交通状况等,帮助用户规避潜在风险。智能导游系统的出现,极大地提升了用户旅游体验的自由度和舒适度,使每一位用户都能享受到为其量身定制的旅行服务。

(二)在线预订与支付

在新媒体时代,旅游服务的在线预订与支付已成为标配。用户通过旅游网站或移动用户端,就能轻松完成酒店预订、机票购买、景点门票订购等。同时,安全的在线支付系统为用户提供了便捷的支付体验感,保障了交易的安全性和可靠性。这种简化的预订流程和安全的支付方式,不仅提高了旅游服务的效率,也降低了用户的操作难度和风险,极大地提升了用户的旅游服务体验感。

(三)实时用户服务

通过社交媒体、即时通信工具等新媒体渠道,旅游企业能够与用户保持实时联系,及时解答用户的疑问。这种即时响应的服务模式不仅提高了用户的满意度,也增强了旅游企业的品牌形象和竞争力。同时,实时用户服务还能收集用户的反馈和建议,为旅游企业的持续改进和创新提供有力支持。

(四)旅游大数据应用

旅游大数据应用是新媒体时代旅游服务的重要创新方向。通过对海量旅游数据的收集、整理和分析,旅游企业能够更深入地了解市场需求、用户行为和消费趋势,为产品研发、市场营销和用户服务提供有力支持。同时,旅游大数据还能帮助旅游企业实现精准营销和个性化服务提供,提高营销效果和用户满意度。这种数据驱动的服务模式不仅提升了旅游企业的运营效率,也推动了旅游行业的持续创新和发展。

(五)智能化旅游设施

通过引入物联网、人工智能等先进技术,旅游设施实现了智能化管理和服务。例如,智能酒店系统能够自动调节室内温度、光线和湿度,提供舒适的住宿环境;智能景区导览系统能够根据用户的位置和兴趣提供个性化的导览服务;智能交通工具能提供安全、便捷的出行体验感。这些智能化设施不仅提高了旅游服务的便捷性和舒适度,也提升了旅游目的地的吸引力和竞争力。

同步案例1-3:新媒体在旅游服务中的创新与应用——以"数字故宫"小程序为例

2020年7月,故宫博物院(简称故宫)发布了"数字故宫"小程序,并不断迭代升级,在过去的几年中,"数字故宫"小程序与用户一同在文物世界里探索、在古建全景间漫游、在慢直播中走过故宫的四季……来自天南海北的用户通过这一全新的渠道触达故宫、了解故宫、走近故宫。科技将旧日的古物转化为新时代的文化力量,通过"数字故宫"传达中华优秀传统文化在时下重新焕发的无限魅力。

一、智能导游系统

"数字故宫"小程序2.0融入了AI技术,成为用户的智能导览助手。该助手可以进行实时语音问答,根据内容展示个性化表情与动作,为用户提供有趣的讲解服务,实现了智能导游系统的创新应用。

二、在线预订与支付

"数字故宫"小程序整合了在线购票、预约观展等,为用户提供了一站式的参观体验感。用户可以通过小程序轻松完成门票购买、活动预约以及购物等,简化了预订和支付流程。

三、实时用户服务

通过引入AR实景导航和智能导览等,"数字故宫"小程序2.0为用户提供了实时的服务。用户可以随时查询重要景点的参观舒适度指数,灵活调整游览路线,实现错峰游览。同时,智能导览的实时语音问答功能也满足了用户即时获取信息的需求。

四、旅游大数据应用

"数字故宫"小程序通过收集和分析用户的行为数据,为用户提供更加精准的推荐和服务。例如,基于位置服务(LBS),"数字故宫"小程序能够为用户推荐个性化的游览路线。此外,通过对用户流量和分布数据的实时监测和分析,"数字故宫"小程序还能为用户提供实时的舒适度指数查询服务。

五、智能化旅游设施

"数字故宫"小程序2.0本身就是一种智能化旅游设施的创新应用。它整合了多种智能化服务,如AR实景导航、智能导览助手、在线购票和支付等,为用户提供了更加便捷、高效和有趣的游览体验感。同时,"数字故宫"小程序还针对老年人等进行了无障碍升级,进一步提升了智能化和人性化服务水平。

未来,故宫博物院将以科技为基石,不断提升服务能力,以平安故宫、学术故宫、数字故宫和活力故宫建设为支撑,继续努力将故宫博物院建成国际一流博物馆,世界文化遗产保护的典范,文化和旅游融合的引领者,文明交流互鉴的中华文化会客厅。故宫博物院将用科技与创新的力量,让中华优秀传统文化永续传承。

(资料来源:依据故宫博物院资料整理所得)

三 新媒体对旅游业发展的推动作用

(一)市场拓展

新媒体的崛起为旅游业带来了前所未有的市场拓展机遇。通过互联网平台、社交媒体等新媒体渠道,旅游目的地和旅游产品得以广泛宣传和推广,打破了传统的地域限制。旅游企业可以利用新媒体平台向全球范围的潜在游客展示其独特的旅游魅力,吸引更多国际游客前来体验。这种全球化的市场拓展不仅增加了旅游业的收入,还促进了国际的文化交流和合作。

(二)产业升级

新媒体技术为旅游业带来了产业升级的重要机遇。通过应用大数据、人工智能等新技术,旅游企业可以提供更加智能化和个性化的服务。例如:利用大数据分析游客的偏好和行为,为游客提供更加精准的旅游推荐和定制服务;通过人工智能技术实现智能导游、智能客服等,提升游客的旅游体验感。这些新媒体技术的应用不仅提高了旅游业的运营效率和服务质量,还推动了旅游业的创新发展和产业升级。

(三)促进就业

新媒体的发展为旅游业带来了大量的就业岗位。随着新媒体平台的不断涌现和旅游业的数字化转型,旅游业对新媒体人才的需求也日益增长。例如:旅游企业需要专业的社交媒体运营人员来管理和推广其在新媒体平台上的品牌形象;需要旅游内容创作者来撰写旅游攻略、游记等。这些与新媒体相关的就业岗位不仅为年轻人提供了更多的就业机会,还推动了旅游业与新媒体产业的融合发展。

(四)推动旅游消费升级

新媒体对旅游消费升级起到了重要的推动作用。通过新媒体平台,游客可以更加便捷地获取旅游信息、预订旅游产品,并在旅游过程中享受更加智能化和个性化的服务。这些便利的条件使得游客更加愿意为高质量的旅游产品和服务买单,推动了旅游消费的升级。同时,新媒体平台上的旅游评价和分享功能也让游客更加注重旅游体验感和口碑传播,进一步促进了旅游消费品质的提升。

1. 消费结构升级

新媒体的发展使得旅游产品的种类更加丰富,游客可以根据自己的需求和喜好选择更加个性化的旅游产品,如定制游、主题游等。

2. 消费品质提升

新媒体平台上的旅游评价和分享功能使得游客对旅游产品的品质要求更高,推动了旅游企业提升服务质量和产品品质。

3. 消费体验优化

新媒体技术如AR、VR、智能导游等,为游客提供了更加沉浸式和智能化的旅游体验感。

(五)塑造旅游IP

新媒体在塑造旅游IP(知识产权)方面发挥了重要作用。通过新媒体平台的广泛传播和游客的口碑相传,一些具有独特魅力和文化内涵的旅游目的地和旅游产品逐渐成为知名的旅游IP。这些旅游IP不仅吸引了大量游客前来打卡,还带动了周边产业的发展和品牌影响力的提升。例如:一些知名的旅游城市、风景名胜区等通过新媒体平台的宣传和推广,成为国内外游客争相前往的旅游胜地;一些具有特色的民宿、美食等也通过新媒体平台的传播成为网红打卡点。这些旅游IP的塑造不仅提升了旅游目的地的知名度和影响力,还为当地经济带来了可观的收益。

同步案例1-4:新媒体背景下塑造城市旅游IP——以长沙为例

在经济与文化交织发展的今天,城市间的竞争已不再局限于单一的经济实力比拼,更多的是城市文化品牌的塑造与传播。湖南长沙,这座历史与现代交织的城市,依托其深厚的文化底蕴和健康的经济发展,成功打造了多个鲜明的城市旅游IP,吸引了无数游客的目光。

长沙作为历史文化名城之一,拥有丰富的历史文化遗产和独特的湖湘文化。这座城市不仅文脉厚重悠长,更在现代发展中融入了年轻、活力的元素,成为"网红"品牌的聚集地。从古老的岳麓书院到现代的橘子洲,从传统的花鼓戏到创新的"网红"奶茶,长沙始终保持着一种守正创新的精神,将"书卷气"与"烟火气"完美融合。

近年来,长沙敏锐地抓住了新媒体迅猛发展的机遇,利用互联网平台和社交媒体等,大力推广城市文化,成功打造了一系列城市旅游IP。这些IP不仅提升了长沙的知名度和美誉度,还推动了城市经济的持续发展和文化产业的繁荣壮大。

其中,较具代表性的莫过于"网红长沙"的形象。长沙的"网红"品牌林立,从餐饮到娱乐,从购物到休闲,无处不在。一杯融合了湖湘文化元素的茶颜悦色奶茶,就能让游客在品尝美味的同时,感受长沙的独特魅力。这些"网红"品牌不仅满足了游客的消费需求,更成为游客打卡的热门景点,推动了城市旅游业的蓬勃发展。

除了"网红"品牌,长沙还注重将传统文化与现代元素相结合,打造具有时代特色的城市旅游IP。潮宗街、太平街等历史文化街区在城市的发展中焕发新的活力。游客可以在这里感受古老街区的韵味,同时也能享受到现代都市的便捷与繁华。这种古今交融的特色使得长沙的历史文化街区成为游客流连忘返的好去处。

长沙还积极利用新媒体平台推广传统文化艺术。湖南花鼓戏剧院通过抖音等社交媒体平台进行直播,让传统花鼓戏得以广泛传播并吸引了大量年轻观众的关注。这种线上线下的有机结合不仅为传统文化艺术注入了新的活力,也为城市旅游IP的打造提供了新的思路。

在塑造城市旅游IP的过程中,长沙始终坚定文化自信和创新发展的理念。通过深入挖掘城市的文化资源并与新媒体技术相结合,长沙成功打造了一系列具有鲜明特色和广泛影响力的城市旅游IP。这些IP不仅提升了长沙的知名度和美誉度,更为城市的经济发展注入了新的活力。

未来,长沙将继续依托新媒体平台加强城市文化的传播与推广,努力打造更多具有时代特色和世界影响力的城市旅游IP。同时,长沙也将注重保护好历史文化遗产并传承好传统文化艺术,确保城市在快速发展的过程中始终保持独特的文化魅力和人文底蕴。

综上所述,长沙在新媒体背景下成功塑造了一系列城市旅游IP的案例为我们提供了宝贵的经验。通过深入挖掘城市文化资源并与新媒体技术相结合并坚定文化自信和创新发展理念等,我们相信更多的城市将能够打造出属于自己的独特文化品牌和城市旅游IP,为城市的经济发展和文化繁荣注入新的活力。

(资料来源:依据《长沙:"网红"城市的流量"密码"(赓续历史文脉 谱写当代华章)》整理所得)

工作任务3　树立运营观念与思维

一　理解旅游新媒体运营的核心要素

随着数字化时代的到来,旅游业与新媒体的融合已成为不可逆转的趋势。旅游新媒体运营,作为连接旅游目的地、旅游产品与广大用户之间的桥梁,其核心内容包括用户需求分析与定位、内容创意与策划、渠道选择与管理以及数据分析与优化等。这些内容共同构成了旅游新媒体运营的基础,并在实际操作中相互交织、相互影响。

(一)用户需求分析与自我定位

在旅游新媒体运营中,用户需求分析与定位是至关重要的环节。旅游行业本身就是一个高度依赖用户体验感和口碑的行业,而新媒体作为当下主要的信息传播和互动平台,对于捕捉用户需求、了解用户心理有着得天独厚的优势。通过深入分析用户的兴趣点、消费习惯、旅行偏好等,运营者可以更加精准地推出符合市场需求的旅游产品和服务,从而提升用户体验感和满意度。同时,用户需求分析还有助于旅游企业发现市场空白和潜在机会,为旅游企业的创新和发展提供有力支持。

1. 研究目标用户群体的特征和行为习惯

在旅游新媒体运营中,深入了解目标用户群体的特征和行为习惯是至关重要的。这涉及对用户年龄、性别、职业、收入、教育背景等的分析,以及对用户旅游偏好、消费习惯、信息获取途径、社交媒体使用习惯等的深入研究。

为了获取这些宝贵的资料,运营者需要运用多种手段进行市场调研,包括:设计并发布问卷,以收集用户的直接反馈信息;进行用户访谈,以深入了解用户的想法和需求;通过数据分析工具,挖掘用户在社交媒体和旅游平台上的行为数据。

通过调研,运营者可以勾勒出目标用户群体的画像。例如,年轻用户可能更倾向于选择具有冒险性和体验性的旅游项目,他们善于使用社交媒体分享旅游经历,并热衷于在线预订和评价旅游产品。中老年用户可能更注重旅游的舒适性和安全性,他们可能更倾向于在传统的旅行社预订旅游产品和服务,并更看重行程安排的合理性和服务的贴心程度。

2. 识别用户在旅游过程中的需求点和痛点

在了解了目标用户群体的基础信息和行为习惯后,运营者需要进一步识别用户在旅游过程中的具体需求点和痛点。这些需求点和痛点可能涉及旅游产品的各个方面,如行程安排、住宿条件、餐饮选择、导游服务、交通便利性等。

为了准确识别这些需求点和痛点,运营者可以通过分析用户的在线评价,在社交媒体上的讨论,以及客服反馈等渠道收集信息。例如,如果用户频繁抱怨某一旅游目的地的交通不便、住宿条件不佳等,旅游目的地就要重点关注并解决这些痛点。

同时,运营者还需要保持对市场的敏锐洞察力,及时捕捉新兴的用户需求和行业趋势。例如,随着人们环保意识的提高,越来越多的用户开始关注旅游活动对环境的影响和旅游活动的可持续性,这为运营者提供了新的产品和服务创新点。

3. 提供精细化服务以满足用户的个性化需求

在旅游新媒体运营中,满足用户的个性化需求是提升用户体验感和忠诚度的关键。为了实现这一目标,旅游企业需要为用户提供精细化的服务。这意味着运营者需要明确自己的旅游产品和服务以满足用户需求。

精细化服务应该既具有针对性又具有差异化。针对性是指,旅游产品和服务应该紧密围绕用户的需求点和痛点进行设计,确保能够真正解决用户面临的问题。差异化是指,旅游产品和服务应该在市场上具有一定的独特性和竞争优势,能够与竞争对手区分开来并吸引用户的注意。

为了提供精细化服务，运营者可能需要对现有的旅游产品和服务进行改进或创新。例如：对于喜欢户外运动的用户，运营者可以推荐适合徒步、攀岩等的旅游线路；对于喜欢美食的用户，运营者可以提供当地特色美食的推荐和预订服务。这种精细化服务不仅可以提高用户的满意度和忠诚度，还可以带动旅游产品销售和口碑传播。

4. 满足用户需求的自我定位

自我定位在旅游新媒体运营中具有举足轻重的地位。一个清晰、准确的定位不仅能够让旅游企业在激烈的市场竞争中脱颖而出，还能够吸引并维系一批忠实的目标用户群体。通过明确自身的特色优势、品牌理念和市场定位，运营者可以更加有针对性地进行内容创作、活动策划和营销推广，从而实现品牌价值的最大化传播和用户黏性的持续提升。

将用户需求分析与自我定位相结合，是旅游新媒体运营成功的关键。只有深入了解用户需求，才能制定出更加符合市场的运营策略；只有明确自身的定位优势，才能在众多的旅游企业中脱颖而出。因此，运营者应该始终将用户需求分析和自我定位作为工作的重中之重，不断挖掘市场潜力、优化用户体验感、提升品牌影响力，从而使旅游企业在激烈的市场竞争中立于不败之地。

（二）内容创意与策划

在移动互联网的浪潮下，内容越来越重要，逐渐成为旅游新媒体运营中的核心竞争力。这一转变不仅源于技术进步带来的用户行为变化，也反映了消费升级背景下用户对优质内容的迫切需求。

1. 移动互联网重塑内容价值

移动互联网的普及和App的封闭性，使得信息的传递方式发生了根本性变化。在PC（个人电脑）互联网时代，搜索引擎是用户获取信息的主要渠道，而在移动互联网时代，社交分享成为信息传递的主要方式。用户通过朋友圈、群聊等社交渠道分享文章、视频、图片等内容，形成了新的信息传播网络。这种变化使得优质内容成为吸引用户、扩大影响力的关键。

对于旅游新媒体运营来说，这意味着需要通过创意和策划，生产出具有吸引力和分享价值的优质内容。这些内容不仅要符合旅游目的地的特色和品牌形象，还要能够引发用户的情感共鸣和分享欲望。只有这样，才能在社交网络上形成口碑效应，吸引更多潜在用户的关注。

2. 消费升级推动内容升级

随着经济的不断发展和消费升级的不断演进，用户对旅游内容的需求也在不断提升。他们不再满足于简单的旅游攻略和景点介绍，而是希望获得更加专业、深入、个性化的内容体验感。这就要求旅游新媒体运营者具备更强的内容创意和策划能力，能够生产出符合用户需求的高质量内容。

移动支付等技术的发展也为内容变现提供了更多可能性。旅游新媒体运营者可以通过付费阅读、会员订阅等方式实现内容变现，进一步提升内容创作的价值和动力。这种变现模式不仅有助于激励创作者生产更多优质内容，也带来了新的利润增长点。

3. 创意与策划构筑核心竞争力

在移动互联网和消费升级的双重背景下,创意与策划成为旅游新媒体运营的核心竞争力。通过深入挖掘旅游目的地的特色和文化内涵,结合用户需求和平台特点,运营者可以进行创意性的内容策划和生产,以吸引用户、提升影响力。

旅游新媒体运营者还需要具备敏锐的市场洞察力和创新能力,及时捕捉新兴用户需求和行业趋势,推出具有差异化和竞争力的产品和服务。只有这样,旅游企业才能在激烈的市场竞争中脱颖而出,赢得用户的喜爱。

4. 策划符合平台调性和用户喜好的内容形式

策划符合平台调性和用户喜好的内容形式,是内容创意与策划的重要一环。不同的新媒体平台有着不同的用户群体和内容风格,新媒体运营者需要根据平台的特点和用户喜好,选择合适的内容。例如,短视频平台适合以视觉冲击力强的短视频内容为主打,而社交平台则更适合以图文结合的方式讲述旅游故事。

在移动互联网时代,内容具有无可比拟的重要性。对于旅游新媒体运营来说,创意与策划是构筑核心竞争力的关键。通过生产优质、有吸引力的内容,结合社交分享和移动支付等技术手段,旅游新媒体运营者不仅可以吸引更多用户的关注,还可以实现内容变现和盈利增长。未来,随着技术的不断进步和用户需求的持续升级,内容创意与策划将在旅游新媒体运营中发挥更重要的作用。

(三)渠道选择与管理

在旅游新媒体运营的大潮中,渠道选择与管理是极为关键的环节。这不仅关系到旅游信息的有效传播,更直接影响到用户的体验感和运营效果。因此,新媒体运营者必须深入分析不同新媒体渠道的特性和用户群体,精准选择适合自身的传播渠道,并妥善管理这些渠道,以优化内容运营效果。

1. 分析不同新媒体渠道的特性和用户群体

新媒体渠道众多,各具特色。微博以其短平快的传播特点,成为发布即时性旅游信息和互动活动的理想平台。微博的用户群体广泛,信息传播速度快,互动性强,适合旅游企业发布即时的旅游动态,与粉丝进行实时互动。相较之下,小红书以旅游攻略和心得体验感分享为中心,用户群体更加注重旅游品质和深度体验感。在这里,新媒体运营者可以发布高质量的旅游攻略,分享独特的旅游经历,吸引更多潜在用户的关注。

除了微博和小红书,还有许多其他新媒体渠道可供选择,如抖音、快手等短视频平台,以及知乎、豆瓣等社区平台。每个渠道都有其独特的用户群体和传播特性,新媒体运营者需要根据自身旅游产品的特点和目标用户需求,进行深入分析,选择合适的传播渠道。

2. 选择适合旅游内容传播的渠道进行布局

在分析了不同新媒体渠道的特性和用户群体后,新媒体运营者需要结合实际情况,选择适合旅游内容传播的渠道进行布局。这个过程需要充分考虑旅游产品的特点、目标用户的需求以及新媒体渠道的传播特性等。

具体来说,对于以年轻客群为主的旅游产品,可以选择在抖音、快手等短视频平台上进行大力推广,通过发布精彩有趣的短视频内容,吸引用户。对于以高端旅游市场为目标的产品,则可以选择在微信公众号、知乎等平台上进行深度传播,打造专业、高品质的品牌形象。

此外,运营者还需要注重多渠道、多平台协同传播。通过整合不同新媒体渠道的资源,实现内容的多平台分发和传播,这样可以大大提升旅游产品的曝光度和影响力。例如,在微博上发布旅游资讯的同时,新媒体运营者也可以将用户的相关旅游攻略和心得等分享到小红书上,实现内容的互补和协同传播。

3. 管理渠道关系,优化内容分发效果

选择了适合的新媒体渠道后,新媒体运营者还需要妥善管理这些渠道关系,以优化内容分发效果。

首先,新媒体运营者要与各个新媒体平台保持良好的合作关系,确保发布的内容能够得到更好地推荐和展示。这包括与平台方进行定期沟通、参与平台活动等,提升旅游产品在平台上的曝光度和影响力。

其次,新媒体运营者要根据不同渠道的特点和用户反馈,及时调整内容策略和传播方式。例如,对于短视频平台,可以着重发布具有视觉冲击力和创意性的内容;对于社区平台,可以注重发布具有深度和互动性的内容。同时,还要根据用户反馈和数据分析结果,不断优化内容质量和传播效果。

最后,新媒体运营者要注重用户互动和社群管理。新媒体运营者可以通过在新媒体渠道上建立旅游社群、发起话题讨论等方式,与用户进行积极互动和交流,增强用户黏性和忠诚度。同时,新媒体运营者还可以借助社群力量进行口碑传播和品牌推广,进一步提升旅游产品的知名度和美誉度。

渠道选择与管理是旅游新媒体运营中不可或缺的环节。新媒体运营者需要深入分析不同新媒体渠道的特性和用户群体,精准选择适合自身旅游内容的传播渠道进行布局。同时,新媒体运营者还需要妥善处理这些渠道之间的关系并优化内容分发效果,实现旅游信息的有效传播和用户互动体验感的提升。在下面的章节中,我们将深入探讨新媒体平台选择及矩阵搭建的具体操作和内容。

同步案例1-5:传统公众号也有春天——嬉游

嬉游公众号是旅游领域的内容提供者,其以专业评测、实用攻略和独特视角,为旅游爱好者提供高质量的旅游信息与服务,帮助用户在旅途中获得更佳的体验感。2019年"双十一",嬉游带货1.4亿元。2023年,携程发布318达人带货榜,嬉游位列前三。嬉游没有选择当前流行的短视频或直播平台,而是选择传统的公众号,这个决定背后涉及内容形式、用户黏性、专业深度以及商业模式等多个方面。

一、内容深度与形式匹配

公众号平台更适合承载有深度和长篇的内容。嬉游的核心竞争力在于其专业、深入的旅游攻略和评测,这些内容往往需要详细的文字描述、图片展示以及数据分析。公众号提供了足够的空间来展示这些复杂的信息,确保用户可以全面、深入地了解每一个旅游目的地或产品。

相比之下,短视频和直播平台更适合快速、碎片化的内容传播。尽管这些平台在娱乐性和即时互动方面具有优势,但在展示深度和复杂信息时往往力不从心。因此,对于嬉游这样的深度内容创作者来说,公众号是更合适的选择。

二、用户黏性与互动

公众号通过定期推送内容,培养了用户的阅读习惯并增强了用户黏性。嬉游的用户群体大多对旅游质量有较高的要求,他们更注重内容的实用性和深度。通过精心策划的内容排版和互动话题,嬉游公众号吸引了大量用户的留言、点赞和分享,形成了良好的互动氛围。这种黏性有利于培养用户的忠实度并形成口碑效应。

在短视频和直播平台上,用户往往被海量的内容吸引,很难对某个特定账号形成持续的关注。此外,这些平台的互动方式也相对单一,不利于进行深度交流和讨论。

三、专业定位与品牌形象

嬉游的目标用户大多是追求高品质旅游体验感的中高端用户。这部分用户往往更注重文字表达和深度内容,而非短视频或直播平台上更为娱乐化的内容。因此,选择公众号作为主阵地,嬉游能够塑造专业、高端的品牌形象,同时吸引更多符合其定位的目标用户。

四、商业变现与盈利模式

从商业角度来看,公众号为嬉游提供了更多的变现可能性。除了传统的广告合作,公众号还可以通过内容付费、电商带货等方式实现盈利。嬉游通过精选旅游产品并推荐给粉丝,实现了高转化率的带货效果。这种商业模式在公众号平台上得到了很好的验证和支持。短视频和直播平台则不利于像嬉游这样的深度内容创作者的长期发展。

(资料来源:根据《旅游KOL"嬉游"带货1.4亿,带给旅游行业哪些新思考?》整理所得)

(四)数据分析与优化

在旅游新媒体运营过程中,数据分析扮演着至关重要的角色。通过对用户数据的深入挖掘和分析,新媒体运营者能够更准确地把握用户需求和偏好,进而优化内容、选择渠道以及运营策略,实现精准营销和用户体验感的持续提升。

1. 收集和分析用户数据,了解用户行为和偏好

在旅游新媒体领域,用户数据的收集和分析是运营工作的基石。新媒体运营者需要全面收集用户的在线行为数据,包括但不限于浏览记录、点击率、停留时间、点赞、评论、分享等互动行为。这些数据能够真实反映用户对旅游内容的兴趣点、消费习惯和社交偏好。

例如,通过分析用户的浏览记录,新媒体运营者可以发现用户对某一类旅游目的地或活动特别感兴趣,如海滨度假、山地徒步或文化遗产游等。用户的点赞和评论数据则可以进一步揭示他们对旅游体验感的具体期望和需求,如对住宿舒适度、导游服务质量或行程安排的建议等。

此外，用户数据的分析还能帮助新媒体运营者识别不同用户群体的特征和行为模式。通过细分用户群体，如按照年龄、性别、地域、消费能力等进行划分，可以更加精准地定位目标用户，并为他们量身定制符合其需求和偏好的旅游内容和服务。

2. 根据数据反馈优化内容策划和渠道选择

数据分析的结果应当直接被应用于内容策划和渠道选择的优化中。基于对用户行为的深入理解，新媒体运营者可以调整内容策划的方向，确保所创作的旅游内容能够引起用户的共鸣和兴趣。例如，如果发现用户对某一新兴旅游目的地表现出浓厚的兴趣，新媒体运营者可以策划一系列关于该旅游目的地的深度游记、攻略和当地文化介绍等，以满足用户的探索欲望。

同时，数据分析也能够帮助新媒体运营者评估不同传播渠道的效果。通过对比不同渠道的用户参与度、转化率等指标，新媒体运营者可以优化渠道组合，将有限的资源投入到能触达目标用户、产生营销效果的渠道上。例如，社交媒体平台可能更适合年轻用户，而专业旅游论坛则可能吸引更多对深度旅游有较高要求的用户。

3. 建立数据驱动的运营决策机制

数据驱动的运营决策机制是确保旅游新媒体运营持续优化的关键。新媒体运营者需要将数据分析融入日常运营决策的每一个环节，确保每一个决策都是基于数据的科学判断。这要求新媒体运营团队不仅要具备数据分析能力，还要建立起一套完善的数据收集、处理和分析流程。

在实际操作中，新媒体运营者可以定期对运营活动效果进行评估，根据数据分析的结果调整策略。例如，通过分析某一营销活动的用户参与度和转化率，新媒体运营者可以判断该活动是否达到了预期目标，进而决定是否需要调整活动形式、增加投入或尝试新的营销策略。

此外，数据驱动的运营决策机制还包括对未来运营方向的预测和规划。通过对市场趋势、用户行为变化等数据的持续监测和分析，新媒体运营者可以洞察行业发展的先机，提前设计新的旅游产品或服务。

综上所述，数据分析与优化在旅游新媒体运营中扮演着重要角色。通过深入了解用户行为和偏好、优化内容策划和渠道选择以及建立数据驱动的运营决策机制，新媒体运营者能够不断提升旅游新媒体的运营效率和用户体验感，为旅游行业的发展注入新的活力。在未来的旅游新媒体运营中，数据分析能力将成为不可或缺的核心竞争力。

二 培养旅游新媒体运营的多元思维方式

（一）以用户为中心的旅游体验思维

1. 深度洞察用户需求，精准定制运营策略

用户是核心，每一位用户都带着自己的期望和需求而来，期望拥有与众不同的旅游体验感。为此，深度洞察用户需求成为第一步。通过市场调研、用户访谈、大数据分析等，新媒体运营者可以描绘用户画像，了解他们的旅游偏好、消费习惯、决策因素等。它们能够帮助新

媒体运营者精准定制运营策略,确保每一次推送、每一次活动都能打动用户的心。

用户需求在不断变化,随着时代的发展、科技的进步,用户对旅游体验感的要求也在不断提高。因此,新媒体运营者需要时刻保持敏锐的市场触觉,不断调整和优化运营策略,以满足用户日益增长的需求。

2. 打造用户友好型互动生态,畅通沟通渠道

旅游新媒体不仅是一个信息发布的平台,更是一个与用户互动、交流的平台。在这个平台上,新媒体运营者需要构建一个用户友好的互动生态,让用户感到宾至如归,愿意与新媒体运营者分享他们的旅游经历、心得体会等。

为了实现这一目标,新媒体运营者需要保证用户沟通渠道畅通。无论是通过评论区、私信、还是社群等,新媒体运营者都要确保能够及时、准确地回复用户的问题。这样不仅能够提升用户的满意度和忠诚度,还能为新媒体运营提供宝贵的建议。

同时,新媒体运营者还可以通过举办线上活动、发起话题讨论等方式,激发用户的参与热情,让他们在互动中找到归属感和成就感。这种用户友好的互动生态将为旅游新媒体运营注入源源不断的活力和动力。

3. 精细打磨运营,运用旅游体验思维提升服务品质

在旅游行业,无论是酒店、景点的新媒体运营者还是自媒体运营人员,都需要运用旅游体验思维来精细打磨新媒体运营,从而提升服务品质。

对于酒店而言,预订环节的优化至关重要。借助新媒体平台,酒店可以快速响应、个性化推荐及无缝预订,从而简化用户操作流程,提高预订效率;对于景区而言,运用新媒体技术如智能导览、虚拟实景等,可丰富用户的游览体验感,同时提供便捷的在线服务和信息获取渠道,让用户的每一次出行都更加顺畅和愉悦;对于旅游自媒体运营者而言,可通过精准的内容定位和创意呈现,为用户提供深度、有趣的旅游攻略,帮助他们更好地规划行程,发现旅游目的地的独特魅力。

无论在全流程旅游服务中,还是专注于某一环节的自媒体运营,都应以提升旅游体验感为核心,发挥新媒体的优势,为用户提供更加便捷、个性化和富有吸引力的服务。只有真正站在用户的角度去思考问题、解决问题,旅游企业才能提供真正符合用户需求的旅游产品或服务,进而在激烈的市场竞争中脱颖而出。这种思维方式不仅适用于旅游新媒体运营的初始阶段,更应该贯穿整个运营过程的始终。

(二)创新驱动的运营思维

在旅游新媒体运营领域,创新是推动新媒体运营持续发展的核心动力。旅游企业要想培养新媒体运营者的多元化思维,就要鼓励和激发新媒体运营者的创新思维,使新媒体运营者敢于突破传统框架,勇于尝试新的运营模式和手段。这种创新不仅体现在策略层面,更贯穿日常运营的每一个环节。

1. 鼓励创新思维,不断尝试新的运营模式和手段

旅游行业的发展日新月异,游客的需求和行为模式也在不断演变。新媒体运营者必须保持敏锐的市场洞察能力,紧跟行业步伐,甚至领先一步预见未来。

通过组织内部研讨会、参加行业交流活动、邀请外部专家授课等方式,旅游企业可以不

断为团队注入新的知识和观点,点燃创新思维的火花。同时,旅游企业还可以建立一种鼓励尝试、容忍失败的文化氛围。当团队成员不再害怕因为尝试新事物而受到批评或惩罚时,他们的创新潜能才能得到释放。

2. 营造创新氛围,激发团队的创造力和想象力

一个充满创意和活力的团队是旅游新媒体运营成功的关键。为了营造这样的创新氛围,管理者需要注重团队建设,打造一个开放、多元、协作的工作环境。团队成员之间应该相互尊重、彼此支持,共同为达成目标而努力。

在日常工作中,管理者可以通过举办头脑风暴会议、创意工作坊等活动来激发团队的创造力和想象力。这些活动旨在让成员们摆脱常规思维的束缚,从不同角度审视问题,并提出新颖的解决方案。同时,团队内部应该建立一种分享和学习的机制,让每位成员都有机会展示自己的创意和成果,并从中获得成长和进步。

3. 快速迭代和试错,不断优化运营策略

在旅游新媒体运营中,快速迭代和试错是优化运营策略的重要途径。由于市场环境和用户需求的不断变化,旅游企业需要具有高度的灵活性和适应性。通过实时监测数据,分析结果和用户反馈意见,可以及时发现运营策略中存在的问题和不足,并迅速进行调整和优化。

这种快速迭代的思维方式要求团队成员敢于承认错误、勇于承担责任,并从中吸取教训。每一次失败都是一次宝贵的学习机会,旅游企业只有不断地试错、反思、改进,才能在激烈的市场竞争中保持领先地位。

在未来的旅游新媒体运营中,那些敢于创新、善于协作、勇于试错的团队将更有可能脱颖而出。作为旅游新媒体运营者,应该时刻保持对新知识、新技术、新模式的敏感度和好奇心,不断提升自己的专业素养和创新能力,以迎接这个充满无限可能的新时代。

(三)数据驱动的决策思维

在旅游新媒体运营中,决策的准确性和有效性直接关系到运营成果的好坏。传统的决策方式往往依赖于经验和直觉,但在信息爆炸的时代,这种方式已经难以适应快速变化的市场环境。因此,培养数据驱动的决策思维至关重要。

1. 重视数据在运营决策中的关键作用

数据是客观事实的反映,能够真实、准确地揭示用户需求、市场趋势和业务状况。在旅游新媒体运营中,每一项决策都应该以数据为依据,避免盲目和主观臆断。运营者需要认识到数据的价值,并将数据视为决策的重要支撑,从而确保决策的科学性和合理性。

数据驱动的决策思维能够帮助新媒体运营者更全面地了解市场和用户。通过对海量数据的收集、整理和分析,新媒体运营者可以获取关于市场趋势、用户需求、竞争对手等多方面的信息。

数据驱动的决策思维能够提升旅游新媒体的运营效率。在数据的指导下,新媒体运营者可以更加精准地制定营销策略、优化产品设计、提升用户体验感等。这种精准化的运营方式,不仅能够提升用户的满意度和忠诚度,还能够降低旅游企业的运营成本,提高运营效率。

2. 建立完善的数据收集、分析和应用体系

要实现数据驱动决策,就要有完善的数据收集、分析和应用体系。新媒体运营者需要通过各种渠道和工具收集用户数据,包括浏览行为、消费记录、反馈意见等,确保数据的全面性和准确性。同时,新媒体运营者还需要运用专业的数据分析方法和工具,对数据进行深入挖掘和处理,提取有价值的信息和规律。最后,将数据分析的结果应用到决策中,指导运营策略的制定和调整。无论是内容策划、渠道选择、用户画像构建,还是活动策划、危机应对等,旅游企业都需要以数据为依据,进行科学决策。只有将数据真正融入运营的每一个环节中,才能够实现旅游新媒体的高效运营和持续发展。

3. 基于数据洞察调整和优化运营方向

数据驱动的决策思维要求运营者能够根据数据洞察调整和优化运营方向。通过对数据的实时监测和分析,新媒体运营者可以及时发现市场变化和用户需求的变化,从而快速调整运营策略,把握市场先机。同时,数据还可以帮助新媒体运营者评估运营效果,发现存在的问题和不足,进而有针对性地进行优化和改进。

(四)跨界融合的整合思维

在旅游新媒体运营大潮中,跨界融合已经成为一种趋势,它不仅是旅游与新媒体的简单相加,更是思维方式、资源配置、业务模式等的深度融合。跨界融合的整合思维要求旅游企业打破传统的行业界限,以更加开放和包容的心态,寻求与其他领域的合作与融合,共同创造更大的价值。

1. 打破行业界限,寻求与其他领域的合作与融合

随着消费者需求的日益多元化,单一的产品或服务已经很难满足消费者的需求。旅游新媒体运营者必须打破固有的思维定式,将目光放得更远、更宽。除了与旅游产业链上下游的企业进行合作,还可以考虑与文化、娱乐、教育、体育等其他领域进行跨界合作。

这种跨界合作可以是多方面的。例如,与文化艺术机构合作,推出主题旅游线路或文化体验活动;与影视制作公司合作,打造旅游目的地的影视IP;与教育机构合作,开发研学旅行产品;与体育组织合作,举办体育赛事或活动。通过这些跨界合作,旅游企业不仅可以丰富旅游产品和服务的内容,还可以吸引更多不同领域用户的关注和参与。

2. 整合线上线下资源,提升运营效率和效果

在旅游新媒体运营中,线上线下资源的整合是提升运营效率和效果的关键。线上资源包括各种新媒体平台、社交媒体平台、官方网站等,它们是旅游品牌与用户进行互动和沟通的主要渠道。线下资源包括实体景点、酒店、交通等。

要实现线上线下资源的有效整合可从以下方面入手:首先,需要建立一套完善的信息管理系统,将线上线下的数据和信息进行实时对接和共享;其次,需要通过线上线下结合的营销活动,将线上的流量引导到线下,同时线下的服务和体验也能反馈到线上,形成良性循环;最后,还需要对线上线下资源进行统一规划和调配,确保资源的最大化利用和效益的最大化输出。

3.构建多元化的合作伙伴网络,共创价值

在跨界融合的背景下,构建多元化的合作伙伴网络是旅游新媒体运营成功的关键。这些合作伙伴可以来自不同的行业和领域、具有不同的专业优势和资源优势。通过与这些合作伙伴的紧密合作和协同创新,旅游企业可以实现资源共享、优势互补、风险共担和利益共享。

在实际操作中,旅游新媒体运营者可以通过参加行业交流活动、加入相关行业协会或组织、主动寻求合作伙伴等方式来构建多元化的合作伙伴网络。同时,旅游企业也可以利用新媒体平台的社交功能和用户数据,精准地找到潜在的合作伙伴和目标用户群体。

同步案例1-6:跨界融合,西安文旅与《长安三万里》的共赢之路

西安,这座拥有千年历史的文化古城,通过跨界融合的整合思维,成功将文旅产业推向了新的高度。动画电影《长安三万里》的热映,就是西安文旅跨界融合的经典案例。

这部电影以唐代历史为背景,通过精美的动画和感人的故事,再现了长安(今西安)的繁华盛景和诗人的风采。影片中的经典唐诗,不仅让观众领略了中华文化,更在中小学生中掀起了一股背诵唐诗的热潮。

西安文旅部门敏锐地捕捉到了这一文化现象背后的巨大潜力,迅速与电影出品方展开合作,利用电影的知名度和影响力,推出了6条IP同款的暑期研学线路。这些线路巧妙地将电影中的场景与现实中的历史文化遗址相结合,让学生仿佛置身于电影之中,亲身感受大唐盛世的魅力。

这种跨界融合的整合思维,不仅体现在内容的创新上,更体现在营销和推广的策略上。通过与电商平台和在线旅游平台进行合作,西安文旅将研学线路推向了更广泛的受众群体。数据显示,截至2023年7月16日,这些研学线路的销售额就突破了300万元,为西安的文旅产业注入了新的活力。

除了与电影产业进行跨界融合,西安文旅还积极探索与其他领域的合作。比如,与教育机构合作,开发研学课程和教育产品;与体育组织合作,举办体育赛事和活动;与文化艺术机构合作,推出主题展览和演出等。这些多元化的合作模式,不仅丰富了西安文旅的产品和服务,也提升了西安文旅的品牌影响力和市场竞争力。

(资料来源:《长安三万里》爆火背后,西安文旅再出"妙手")

(五)地理位置的精准运营思维

旅游的本质就是人们离开常住地,前往异地进行休闲、观光、体验等活动。因此,对于旅游新媒体来说,如何以地理位置为核心,为用户提供定制化的旅游产品与服务,深入挖掘地理位置信息,以及整合地域特色资源,都是实现精准运营、提升用户体验感和推动旅游目的地品牌建设的关键。

1. 以用户地理位置为核心,提供定制化的旅游产品与服务

旅游新媒体在运营过程中,要先明确用户的地理位置信息。这不仅指用户当前所在城市或地区,而且包括用户常去的旅游目的地以及偏好的旅游类型等。通过收集和分析这些数据,旅游新媒体可以更加精准地为用户推荐适合他们的旅游产品和服务。

因此,在自我定位时,旅游新媒体要考虑自己的目标用户是以本地区为主,还是分散在全国各地;旅游新媒体的内容是以本地为主,还是辐射全国甚至全球。

2. 深入挖掘地理位置信息,为用户提供精准的内容推荐和服务

除了基本的地理位置信息,旅游新媒体还需要进一步挖掘与用户地理位置相关的更深层次的信息,包括当地的天气状况、交通情况、旅游淡旺季等。这些信息对于用户制订旅游计划、选择出行时间等都具有重要的参考价值。

例如,在旅游旺季,旅游新媒体可以提前为用户推送关于旅游目的地的交通指南、住宿预订建议等,帮助用户提前做好出行准备。在天气变化时,旅游新媒体可以及时提供天气预报和应对措施,确保用户的旅游体验感不受影响。

3. 整合地域特色资源,打造独特的旅游目的地品牌

每个地区都有其独特的自然景观、人文历史、民俗风情等。旅游新媒体在运营过程中,应该充分整合这些资源,打造具有独特魅力的旅游目的地品牌。

例如,旅游新媒体可以通过政企合作的方式,利用新媒体广泛传播的优势突出当地特色资源,如非遗、自然景观等,以吸引游客,进行旅游目的地宣传。景区可发布精美的内容,与周边企业合作提供一站式服务。酒店、餐饮企业可以展示当地的特色产品,并与当地的其他旅游资源相结合。

4. 结合旅游目的地的独特文化,打造差异化的旅游体验感

结合旅游目的地的独特文化,旅游新媒体可以为用户打造一系列具有地域特色的旅游产品和服务。

例如:对于拥有丰富历史文化遗产的旅游目的地,旅游新媒体可以推出深度文化体验游、历史遗迹探访等活动;对于自然风光秀丽的旅游目的地,旅游新媒体可以推出户外探险、生态旅游等产品。这些差异化的旅游体验感不仅可以满足用户的多元化需求,还能提升旅游目的地的吸引力和竞争力。

在未来的旅游新媒体运营中,这种地理位置的精准运营思维将发挥更加重要的作用。随着技术的不断进步和数据的日益丰富,旅游新媒体将能更加精准地把握用户的需求和偏好,为用户提供更加个性化、定制化的旅游产品和服务。同时,通过与各类合作伙伴的跨界合作和资源整合,旅游新媒体能够推动旅游产业的创新发展,为旅游目的地的品牌建设注入新的活力。

三 掌握旅游新媒体运营的关键技能

(一)社交媒体营销与引流技能

1. 重要性和作用

深入了解各大社交媒体平台的运营规则和营销策略,是社交媒体营销与引流技能的核

心。旅游新媒体运营者通过熟练运用广告工具进行品牌推广,可以扩大企业在公域流量池中的影响力,从而吸引更多的潜在用户。同时,旅游新媒体运营者要擅长分析社交媒体数据,根据用户行为和兴趣优化内容策略,提升导流效果,确保内容的高效传播并转化为实际业务。

2. 具体要求

(1) 深入了解平台特性。

旅游新媒体运营者要熟悉各大社交媒体平台的用户画像、活跃时间、内容偏好及传播机制,以便制定有针对性的策略。

(2) 内容创意与策划。

旅游新媒体运营者要能够结合旅游行业的特点和时事热点,创作吸引用户的内容,包括但不限于图文、视频、直播等。

(3) 广告工具运用。

旅游新媒体运营者要掌握社交媒体平台的广告投放技巧,如定位目标受众、设置广告预算、优化广告创意等,以实现精准引流。

(4) 数据监控与分析。

旅游新媒体运营者要定期跟踪和分析社交媒体营销效果,包括粉丝增长、互动率、转化率等,及时调整运营策略。

(5) 危机公关处理。

旅游新媒体运营者要具备应对社交媒体上可能出现的负面评论、投诉等危机情况的公关处理能力。

3. 学习和提升方法

旅游新媒体运营者要:定期关注社交媒体平台的最新动态和算法变化;参加相关培训课程或在线学习;实践是关键,多尝试不同的营销策略和广告形式;定期分析数据,总结经验和教训。

(二) 社群管理与转化变现技能

1. 重要性和作用

旅游新媒体运营者要精通社群平台的运营和管理,这是建立和维护稳定的私域流量池的关键。旅游新媒体运营者要深入了解社群成员需求,提供有价值的内容和服务,促进成员互动和留存,为社群发展奠定坚实的基础。旅游新媒体运营者要通过策划各种社群活动,激发成员的参与热情,实现私域流量的转化和变现,使社群价值最大化。

2. 具体要求

(1) 社群定位与规则制定。

旅游新媒体运营者要明确社群的主题、目标受众和运营目的,制定合理的入群门槛和群规,维护良好的社群形象。

(2) 用户需求洞察。

旅游新媒体运营者要通过日常互动、问卷调查等方式深入了解社群成员的需求点和痛点,提供有价值的信息和服务。

(3)活动策划与执行。

旅游新媒体运营者要定期策划线上线下社群活动,如话题讨论、知识分享、旅行团购等,提升社群活跃度和成员参与度。

(4)转化变现策略。

旅游新媒体运营者要结合社群成员的特点和需求,制定合适的转化变现策略,如旅游产品销售、会员制服务、广告合作等。

(5)社群数据分析。

旅游新媒体运营者要及时关注社群的数据变化,如成员增长、活跃度、留存率等,以数据为依据优化社群运营策略。

3. 学习和提升方法

旅游新媒体运营者要:研究成功的社群运营案例,了解其运营策略;积极参与其他社群运营,体验不同的管理风格;定期举办社群活动,提升成员参与度;学习销售技巧,优化转化流程。

(三)内容创作与多媒体制作技能

1. 重要性和作用

内容创作与多媒体制作技能对旅游行业从业者至关重要。旅游新媒体运营者要具备出色的内容创作能力和策划能力,能够熟练掌握各种内容形式(文本、图片、视频等)的创作技巧,同时使用专业相机等设备丰富内容呈现形式。旅游新媒体运营者要精通后期修图、视频剪辑等技能,提升内容质量和观感,确保内容符合品牌调性。这些技能共同构成了一套完善的内容创作与多媒体制作能力,能够为旅游企业提供高质量的内容支持。

2. 具体要求

(1)内容创意构思。

旅游新媒体运营者要能够根据旅游行业趋势和用户需求,提出新颖、有趣的内容创意,满足不同平台和场景的需求。

(2)多媒体制作能力。

旅游新媒体运营者要熟练掌握图片处理、视频剪辑、音频编辑等多媒体制作技能,提升内容的质量和观感。

(3)内容优化技巧。

旅游新媒体运营者要了解搜索引擎和社交媒体的内容推荐机制,掌握关键词优化、标签设置等技巧,提高内容的曝光率和传播效果。

(4)用户反馈分析。

旅游新媒体运营者要关注用户对内容的反馈和评价,及时调整内容策略,以满足用户的期望和需求。

(5)版权意识与合规性。

旅游新媒体运营者要确保创作的内容不侵犯他人的知识产权和其他合法权益,符合相关法律法规和平台规定。

3.学习和提升方法

旅游新媒体运营者要：关注行业动态和热点话题，获取创意灵感；学习不同内容、不同形式的创作技巧；多平台发布内容，了解用户需求；参加相关培训，提升专业技能。

（四）搜索引擎优化技能

1.重要性和作用

掌握搜索引擎优化技能对于提升旅游业务在搜索引擎中的可见度至关重要。旅游新媒体运营者要通过深入了解搜索引擎排名算法和优化技巧，持续进行搜索引擎优化（SEO），提高网站或内容的排名，从而吸引更多潜在用户。这是旅游行业在线营销的重要组成部分，有助于提升品牌知名度和市场份额。

2.具体要求

（1）关键词研究与布局。

旅游新媒体运营者要通过市场调研和数据分析，确定目标关键词，并确定网站的标题、内容、链接等。

（2）网站结构优化。

旅游新媒体运营者要优化网站的内部链接结构，提升用户体验感和搜索引擎的爬行效率。

（3）外部链接建设。

旅游新媒体运营者要通过与其他高质量网站建立外部链接，提升自己网站的权重和排名。

（4）数据监控与效果评估。

旅游新媒体运营者要使用专业的SEO工具监控网站的排名、流量等数据变化，评估优化效果并调整策略。

3.学习和提升方法

旅游新媒体运营者要：关注搜索引擎的最新动态和算法更新；使用专业的SEO工具进行网站分析和优化；定期检查网站的排名和流量数据；参加SEO培训课程或进行在线学习。

（五）数据分析与可视化技能

1.重要性和作用

在旅游行业中，数据分析与可视化技能对于制定有效的运营决策具有关键作用。熟练使用数据分析工具进行数据挖掘和分析工作，能够将复杂数据可视化呈现，帮助团队更好地理解数据背后的故事。数据分析结果可以为运营决策提供有力支持，确保旅游业务持续、稳定发展。这项技能是现代旅游从业者必备的核心技能之一。

2.具体要求

（1）数据采集与清洗。

旅游新媒体运营者要能够从不同来源采集数据并进行清洗、整理，确保数据的准确性和合理性。

(2) 掌握数据分析方法。

旅游新媒体运营者要熟悉常用的数据分析方法，如描述性统计、相关性分析、回归分析等，能够根据业务需求选择合适的方法进行分析。

(3) 运用可视化工具。

旅游新媒体运营者要掌握至少一种可视化工具，如 Excel、Tableu 以及 Python 的 Matplotlib 等，能够将数据以图表、报告等形式直观展示。

(4) 业务解读与洞察。

旅游新媒体运营者要能够从数据中提炼有价值的业务信息，为决策提供支持。

(5) 数据安全与合规性

在处理和分析数据时，旅游新媒体运营者要确保数据的安全性和合规性，使数据符合相关法律法规和企业规定。

3. 学习和提升方法

旅游新媒体运营者要：具有统计学和数据分析基础知识；掌握至少一种数据分析工具；多实践，从实际中提炼经验；定期关注数据分析领域的最新动态和技术发展。

因旅游新媒体运营者所在岗位不同，以上技巧有时会根据岗位要求进行调整。同时，旅游新媒体运营者从事不同方面的工作，技能侧重点和具体要求也有所不同。

项目课后

教学互动

(1) 你认为短视频为何能够成为旅游新媒体中的热门表现形式？
(2) 在你看来，一个成功的旅游新媒体营销案例应该具备哪些要素？
(3) 如果让你策划一场旅游新媒体营销活动，你会如何选择平台和合作伙伴？

项目实训

(1) 观察并总结身边的旅游新媒体应用情况。有条件的同学可以前往当地知名的旅游新媒体企业进行实地考察，了解企业的运营模式。此外，也可以邀请从事旅游自媒体工作的嘉宾来校进行互动讲座，分享他们的从业经验和心得。

(2) 将全班学生分为若干组，在接下来的项目 2 和项目 8 的学习中，学生将进行一个连续的实训项目，每个小组都将成立自己的新媒体运营团队，运营至少一个新媒体项目。

项目小结

本项目为"认知旅游新媒体"，旨在帮助学生全面且深入地了解新媒体在旅游业中的应用与价值，以及掌握旅游新媒体运营的核心要素和关键技能。

内容提要

通过本项目的学习，学生能够系统掌握新媒体的概念与特点、类型与形式，以及新媒体的传播特点。同时,本项目还深入探索了新媒体在旅游宣传和服务中的创新应用,以及对旅游业发展的强大推动作用。在运营方面,本项目明确了旅游新媒体运营的核心要素,包括内容、用户、平台和数据等,并培养了学生的多元思维方式,使学生能够更好地应对未来新媒体运营的挑战。

核心概念

新媒体具有互动性、实时性和个性化等特点,在旅游业中发挥着越来越重要的作用。通过新媒体,旅游目的地以及旅游产品和服务得以更广泛地传播,用户体验感也得以大幅提升。同时,新媒体运营者需要树立以用户为中心、以数据为驱动的观念,注重内容创新和平台选择,以实现最佳的运营效果。

重点实务

通过案例分析和互动讨论,学生可以了解如何运用新媒体进行旅游宣传和服务创新,以及如何评估和优化运营效果。

项目二
搭建旅游新媒体运营团队

◇ 项目描述

本项目旨在深入探讨旅游企业新媒体运营岗位的职责、分类及工作前景,同时关注旅游自媒体运营团队的搭建与管理。通过系统学习和实践操作,学生将能够全面了解新媒体在旅游行业中的应用和重要性,掌握新媒体运营团队构建与分工的关键要素,为旅游企业的数字化转型和个人发展提供有力支持。

◇ 项目目标

知识目标	掌握旅游企业新媒体运营岗位的定义、分类、职责及工作前景,了解旅游自媒体运营团队的搭建与管理要点
能力目标	灵活搭建适应性强的旅游新媒体运营团队,满足企业或个人需求;深入分析新媒体岗位职能与发展趋势,为团队成员规划职业路径
素养目标	增强学员对新媒体行业的敏锐度和创新意识,树立并追求符合市场趋势的职业理想

◇ 学习难点与重点

重点	旅游企业新媒体岗位的分类及职责; 新媒体运营团队构建与分工的关键要素; 旅游自媒体运营团队的搭建与管理策略
难点	如何根据旅游企业或个人的实际需求搭建高效的新媒体运营团队

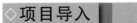

项目导入

案例:长沙杜甫江阁景区视频号运营专员招聘信息

长沙杜甫江阁,位于湘江之滨,是纪念唐代文豪杜甫的文化胜地。它不仅是历史的见证,更是文化的传承之地,一直以来都承载着传播杜甫文化与长沙本地特色的重任。为了更好地传播杜甫文化和景区风光,景区决定在视频号上加强宣传力度,并计划招聘一名视频号运营专员。

1. 招聘岗位

视频号运营专员(1名)。

2. 岗位职责

(1)负责景区视频号的日常运营和管理,包括内容策划、视频拍摄、剪辑和发布等。

(2)结合景区特色和杜甫文化,创作高质量的原创视频内容,提升景区的知名度和影响力。

(3)跟踪分析视频号的运营数据,根据数据分析结果优化内容运营策略,以提高用户黏性和转化率。

(4)与景区内部其他部门密切合作,确保视频号的活动和资讯与景区实际运营情况同步更新。

(5)及时关注并掌握视频平台的新趋势和新动态,对运营策略进行持续创新和优化。

3. 任职要求

(1)旅游管理专业、新媒体相关专业或具有相关工作经验的应届毕业生优先。

(2)热爱旅游和文化传播,对视频制作和新媒体运营有浓厚兴趣。

(3)熟练掌握视频拍摄、剪辑和后期制作等技能,能够独立创作高质量的视频内容。

(4)具备良好的创意策划能力和文案撰写能力,能够结合景区特色创作吸引人的视频内容。

(5)具备良好的沟通能力和团队合作精神,能够与景区内部其他部门有效协作。

案例分析

新媒体运营是一个多元化的领域,涵盖了内容创作、平台运营、数据分析等多个方面。一个成功的新媒体运营策略需要不同岗位的人齐心协力,共同搭建并不断完善。虽然本次招聘只针对视频号运营专员这一岗位,但这名专员将在新媒体运营团队中扮演关键角色,与其他岗位如社交媒体管理、内容策划、数据分析师等紧密合作。例如:视频号运营专员可以与内容策划人员一起确定拍摄主题与创意方向;与社交媒体管理人员协同推广视频内容;依据数据分析师的反馈来优化视频内容并调整运营策略。跨岗位的协作不仅提高了工作效率,还能确保新媒体宣传的连贯性与一致性。

工作任务1　旅游企业新媒体运营岗位解析

一　旅游企业新媒体运营岗位的定义与重要性

随着互联网的深入发展和智能手机的普及,新媒体已成为旅游企业宣传、推广和与消费者互动的重要渠道。旅游企业新媒体运营岗位专门负责新媒体平台的内容策划、运营管理、视觉设计、数据分析等工作。此岗位的设置对于提升旅游企业的品牌形象、扩大市场影响力、增强用户黏性以及推动业务发展具有至关重要的作用。

(一)品牌建设与维护

通过新媒体平台,旅游企业可以更直观地展示品牌形象、企业文化和产品服务。持续、一致且高质量的内容输出有助于旅游企业建立和维护积极、专业的品牌形象。

(二)市场拓展与用户互动

新媒体为旅游企业提供了一个与潜在用户和现有用户直接互动的平台。通过有趣的内容和活动,旅游企业可以吸引更多的关注,扩大市场份额,并增强与用户之间的联系。

(三)实时反馈与策略调整

新媒体平台上的用户互动和数据分析为旅游企业提供了宝贵的市场反馈信息。旅游企业可以根据这些反馈信息及时调整营销策略,以满足市场需求,强化营销效果。

(四)创新与多元化营销

新媒体的发展不断催生新的营销方式和手段,如短视频营销、直播营销等。设置新媒体运营岗位有助于旅游企业紧跟市场趋势,利用新技术和平台进行创新营销,实现营销手段的多元化。

旅游企业新媒体运营岗位在品牌建设、市场拓展、用户互动、实时反馈以及创新营销等方面发挥着不可替代的作用,是旅游企业在数字化时代取得成功的关键。

二　旅游企业新媒体运营岗位的分类及职责

(一)核心管理岗位(新媒体运营部门经理)

(1)全面负责新媒体运营部门的战略规划、团队组建、项目管理以及绩效评估。
(2)对接企业高层,确保新媒体运营战略与旅游企业整体发展方向一致。
(3)监督并协调内容策划、运营管理、视觉设计及数据分析等团队的工作。

(二)内容创作与策划岗位(内容策划专员)

(1)负责新媒体平台的内容构思、规划以及文案撰写,确保内容有趣、吸引人且与品牌形象相符。

(2) 深入了解旅游行业动态,结合旅游企业特点策划高质量的内容营销活动。

(3) 与运营管理团队协作,确保内容发布计划的顺利执行。

(三) 平台运营与维护岗位

1. 社交媒体运营专员

(1) 负责微博、微信、抖音等社交媒体平台的日常运营,包括内容发布、用户互动及社群管理等。

(2) 监控平台数据,分析用户行为,优化发布策略,以提高粉丝互动率和转化率。

(3) 策划并举办线上活动,提升用户参与度和平台活跃度。

2. 用户服务与社群管理专员

(1) 专门处理新媒体平台上的用户咨询、投诉及建议,提升用户满意度。

(2) 维护并管理旅游企业官方社群,营造积极、健康的社群氛围。

(3) 收集并整理用户反馈,为产品和服务改进提供宝贵建议。

(四) 视觉设计与创意支持岗位(视觉设计师)

(1) 负责新媒体平台的视觉设计工作,包括封面图、配图、海报及视频剪辑等。

(2) 根据内容策划需求提供创意视觉解决方案,增强内容的视觉吸引力。

(3) 协助内容团队和运营团队完成各类视觉呈现需求。

(五) 数据分析与优化岗位(数据分析师)

(1) 负责收集、整理和分析新媒体平台的数据,包括用户行为数据、内容效果数据及竞品数据等。

(2) 提供数据支持,帮助运营团队优化内容策略、运营策略及营销策略。

(3) 制定并监控关键绩效指标(KPIs),定期出具数据分析报告,以指导决策。

三 旅游企业新媒体运营岗位的工作前景

(一) 未来市场需求

随着旅游业的快速发展和数字化转型,旅游企业对于新媒体运营者的需求将持续增长。新媒体在旅游宣传、品牌推广、用户体验感提升等方面发挥着重要作用。因此,具备专业新媒体技能的人才在旅游市场上将具有较高的竞争力。

(二) 地域及城市分布

新媒体运营岗位的地域及城市分布与旅游业的发展程度密切相关。一般来说,旅游业发达的城市和地区,如一线城市、旅游胜地等,对新媒体运营者的需求更大。这些地区的旅游企业更加注重品牌建设和市场营销,因此为新媒体运营者提供了更多的就业机会。

(三)不同类型旅游企业的需求

不同类型旅游企业对新媒体运营者有着不同的需求。旅行社注重市场推广和用户服务,要求新媒体运营者具有沟通能力和数据分析能力。景区重视品牌建设和内容创作,要求新媒体运营者擅长内容创作、摄影视频制作和社交媒体运营等。酒店关注品牌宣传和用户关系管理,要求新媒体运营者能够展示酒店特色、提供用户支持和进行市场调研等。民宿强调个性化和情感连接,要求新媒体运营者能够展示民宿的独特风采并与用户建立亲密的关系以及发掘新的推广渠道等。总之,不同类型旅游企业对新媒体运营者的要求虽各有侧重,但各类型旅游企业均要求新媒体运营者具有社交媒体运营能力、内容创作能力、沟通能力和数据分析能力。随着旅游业的发展和数字化转型,新媒体运营者在旅游企业中的作用将越来越大。

(四)薪资水平及职业发展前景

新媒体运营者的薪资水平和职业发展前景受多种因素影响,包括所在城市、企业规模、个人能力等。从薪资水平来看,一线城市的新媒体运营者薪资普遍较高,其中北京、上海等地的平均薪资位居前列,新媒体运营者的中位数月薪过万元;二线城市和三线城市的薪资水平相对较低,新媒体运营者的中位数月薪为4000—6000元,但具有一定的发展空间。不过,薪资水平并不是衡量人才价值的唯一标准,还需要考虑其他因素,如工作内容、工作环境、发展前景等。

新媒体时代,人在哪里流量就在哪里,抖音、知乎等都保有数以亿计的用户体量。所以,不论公司的体量是大是小,新媒体运营部门的重要程度都不会弱于直接创造利润的业务部门。一般情况下,小公司的新媒体运营部门人数不多,招聘时也要求熟手,晋升空间一般是专员—主管。越小的公司,越要求新媒体运营者创作、运营、执行一肩挑,这更有助于提升个人的综合能力和职业素养。大公司的职能划分更加明确,晋升空间是实习生—专员—专家(偏技术)/团队负责人。无论是走实习生到专家的专业路线,还是走实习生到负责人的管理路线,新媒体运营者都需要不断学习并提升自己的能力,以满足不断变化的市场需求和行业发展需求。

工作任务2　旅游企业新媒体运营团队构建与分工

一　确定新媒体运营团队搭建的实际需求

在新媒体时代,旅游企业需要通过新媒体平台推广自己的产品和服务,与潜在用户建立紧密联系。因此,搭建一个具备专业能力的新媒体运营团队至关重要。为确保新媒体运营团队搭建的实操性和针对性,旅游企业要明确以下需求。

(一)业务需求分析

业务需求分析对新媒体运营者的要求有:其一,要求新媒体运营者能够深入剖析旅游企业现有业务中新媒体的作用以及新媒体与旅游企业整体营销策略之间的关联;其二,要求新媒体运营者能够识别旅游企业目前在新媒体营销方面存在的短板和潜在机会,确定新媒体运营团队需要强化的核心能力和需要拓展的业务领域。

(二)目标用户研究

通过市场调研和数据分析,新媒体运营者需要明确旅游企业的目标用户群体及其在新媒体平台上的行为特征。这将帮助运营团队更精准地定位内容创作方向和传播策略。

(三)竞品分析

新媒体运营者要对行业内成功的新媒体运营案例进行深入研究,分析其团队配置、内容策略、互动方式等。这些成功案例的经验和教训,能够为旅游企业新媒体运营团队的搭建提供有益参考。

(四)技术平台考量

新媒体运营者要评估当前主流的新媒体技术平台,如社交媒体平台、短视频平台、直播平台等,根据旅游企业业务需求和目标用户特征选择适合的平台进行重点布局。同时,新媒体运营者要关注新兴技术的发展趋势,以便及时调整战略方向。

新媒体运营者通过全面分析业务需求、目标用户、竞品情况以及技术平台发展趋势,可以为旅游企业新媒体运营团队的搭建提供明确且具有实操性的指导方向。

二 细化岗位设置与人数

旅游企业在明确了新媒体运营团队的实际需求后,接下来需要细化岗位设置及人数需求。根据旅游企业实际需求,新媒体运营团队可被划分为以下关键岗位:新媒体部门运营经理、内容策划人员、社交媒体运营人员、视觉设计师和数据分析师等。根据每个岗位的特点,旅游企业需要确定详细的职责清单和技能要求,确保新媒体运营团队成员能够各司其职、协同合作。

同步案例2-1:两家旅游企业的新媒体部门岗位设置

一、某大型旅行社

某大型旅行社拥有1000多名员工,遍布多地的分公司使其成为行业内的佼佼者。该旅行社以提供全方位的旅游服务和产品为核心,注重用户体验感,不断追求创新与市场拓展。

新媒体运营团队岗位与人数如下。

新媒体运营经理(1—2人)——制定战略,管理团队,确保高效执行任务。

内容策划人员(3—5人)——创意构思,研究市场,指导内容创作。

社交媒体运营人员(5—10人)——管理账号,发布内容,增加互动。

视觉设计师(2—3人)——创意设计,配图制作,维护视觉识别系统。

数据分析师(1—2人)——深入分析数据,评估效果,优化策略。

内容创作者(5—10人)——创作高质量文案、图片和视频。
用户服务专员(2—3人)——处理咨询投诉,为用户提供在线支持。

二、某小型民宿

某小型民宿以温馨、舒适的环境和个性化的服务著称,拥有十几间客房,致力于为每位客人提供家一般的住宿体验感,注重口碑营销和线上推广。

新媒体运营团队岗位与人数如下。

新媒体运营主管(1人)——规划并执行运营策略,管理团队,监控并分析数据。

内容策划与创作者(1—2人)——策划创作新媒体运营内容,了解用户需求。
社交媒体运营人员(1人)——管理社交媒体账号,增加与用户的互动。
用户服务专员(1人,可兼职)——处理用户咨询与投诉,为用户提供在线支持。
另外,这家小型民宿,新媒体运营的部分职责由其他员工兼任,以最大化资源利用效率。

(三)建立团队协作与沟通机制

团队协作和沟通机制的建立对于项目的顺利进行至关重要。旅游企业要明确新媒体运营团队的目标和分工,设立定期会议,促进新媒体运营团队成员之间的交流和合作。同时,旅游企业要建立新媒体运营团队共享文档和资料库,方便信息共享和协作。为保持沟通渠道的畅通,旅游企业还要形成开放、透明的沟通文化,定期评估和改进沟通机制。

通过这些措施,旅游企业可以打造一个高效、专业的新媒体运营团队,为旅游企业在新媒体领域的发展提供有力支持,提升品牌形象和市场竞争力,进而推动旅游行业的创新与发展。

工作任务3　旅游自媒体运营团队建设与管理

在数字时代,自媒体平台已成为许多人追逐梦想、分享心情的平台。旅游自媒体平台吸引了大量热爱旅游、喜欢分享的年轻人。那么,如何搭建和管理一个成功的旅游自媒体运营团队呢?

(一)从兴趣出发,搭建自媒体运营团队

自媒体运营团队的搭建往往源于一个简单而纯粹的想法:分享自己的旅游经历或与文旅相关的爱好。最初,自媒体运营可能依靠一个人,背着相机,走遍大江南北,记录下每一个美好的瞬间。但随着内容的积累,自媒体运营者会发现单凭一己之力很难满足用户对内容的需求。这时,自媒体运营者就需要寻找那些志同道合的伙伴,一起将这份事业做大做强。

很多成功的自媒体运营团队都是从几个兴趣爱好相同的伙伴开始的。他们热爱旅游,或对某一类旅游细分市场感兴趣,或喜欢钻研某类文旅产品,喜欢分享,对自媒体充满热情。如果你也有这样的朋友,那么你们就可以考虑一起搭建一个旅游自媒体运营团队。

(一)团队初建:从一到多

最初,自媒体运营完全可以由一个人开始,从分享自己的旅游经历、心得、攻略和见闻入手。当自媒体运营者积累了一定的粉丝和内容后,可以考虑吸纳其他成员。在旅游途中、社交媒体上或身边的朋友中,寻找那些同样热爱旅游、兴趣爱好一致、对自媒体有兴趣的人,邀请他们加入,共同创作和分享。

(二)团队技能与角色分配

内容创作者:负责撰写文案、拍摄照片和视频。内容创作者需要具备良好的写作和摄影技能。

编辑与策划者:对内容进行整理、编辑和策划,确保内容质量和风格的一致性。

社交媒体运营者:负责在各大社交媒体平台上发布内容并与粉丝互动,提高账号的曝光度和粉丝的活跃度。

数据分析与优化者(后期可考虑添加):需要对自媒体账号的数据进行分析,了解粉丝喜好,优化内容策略。

(三)分工合作,明确职责

在自媒体运营团队初建阶段,由于人员较少,每个人可能需要扮演多个角色。但随着团队的发展,应逐渐明确每个人的职责和分工,以确保团队高效运转(具体论述详见项目三的工作任务2)。

二 建立团队文化与氛围

一个成功的自媒体运营团队,除了需要专业技能并有明确的分工,还需要拥有良好的团队文化和氛围。这是自媒体运营团队的灵魂所在,也是团队成员之间相互吸引、相互支持的纽带。为了建立这样的团队文化和氛围,自媒体运营团队的管理者可以从以下几方面入手。

(一)定期组织团队活动

无论是线上还是线下,定期的团队活动都能增强团队成员之间的交流和感情。自媒体运营团队的管理者可以选择一些轻松有趣的主题,让团队成员在轻松愉快的氛围中增进了解和加深友谊。

(二)鼓励团队成员之间的交流与合作

在日常工作中,自媒体运营团队的管理者要鼓励团队成员之间多交流、多合作。当遇到问题时,自媒体运营团队可以集思广益,共同寻找解决方案。这样不仅能提高工作效率,还能增强团队的凝聚力。

(三)明确团队目标和价值观

一个成功的自媒体运营团队需要有明确的目标和价值观。这些目标和价值观应该得到每个团队成员的认同和支持。只有这样,团队成员才能心往一处想、劲往一处使,共同为自媒体账号的发展而努力。

三 为运营团队搭建做好充分准备

在搭建自媒体运营团队之前,还有一些问题需要提前考虑和准备,具体内容如下。

(一)资金与设备

自媒体运营需要一定的资金和设备支持,包括购买相机、电脑、手机等设备的费用,以及日常运营所需的开销。这些费用可以通过自筹资金、寻找赞助商或合作伙伴等方式来解决。

(二)运营团队管理与激励机制

随着运营团队规模的扩大,管理和激励问题会逐渐凸显。管理者需要考虑制定合理的规章制度和激励机制,以确保团队成员能够高效工作并保持热情。这可以通过设立奖惩制度和定期评估等方式来实现。

(三)市场竞争与定位

在搭建自媒体运营团队之前,管理者还需要对市场和竞争对手进行充分的调研和分析。了解自己的优势和劣势,明确自己的定位并制定差异化策略。这样,自媒体账号才能在激烈的市场竞争中脱颖而出。

四 风险与应对

(一)成员流失

在运营团队发展过程中,可能会遇到成员流失等情况。为了应对这一情况,管理者可以在团队初建时就明确每个人的职责和期望,帮助团队成员明确目标。

(二)内容质量下降

随着团队规模的扩大,内容质量可能会下降。为了保持较高的内容质量,管理者可以建立严格的内容审核机制,确保每篇内容都能符合账号的定位和标准。

(三)法律与版权问题

在自媒体运营过程中,运营者可能会遇到法律与版权问题。为了避免这些问题,管理者可以提前了解相关法律法规,确保运营内容不侵犯他人权益。

总之,旅游自媒体运营团队的搭建与管理是充满挑战和机遇的。从兴趣出发,找到志同道合的伙伴,明确分工和职责,建立良好的团队文化和氛围,并提前准备应对可能遇到的问题和挑战的解决策略,这些都是成功搭建自媒体运营团队的关键。

项目课后

教学互动

(1)你认为旅游企业新媒体运营岗位的核心职责是什么,请举例说明。
(2)如何评估一个旅游新媒体运营团队的工作效果,有哪些具体的评估指标?
(3)在搭建旅游自媒体运营团队时,你会如何吸引和留住优秀的运营人才,请分享你的策略和想法。
(4)针对旅游自媒体的运营和管理,你认为有哪些关键的挑战和风险需要应对,请提出你的解决方案和建议。

项目实训

实训项目	搭建旅游自媒体运营团队
实训准备	根据项目一的项目实训分组,进行本项目实训
实训要求	(1)各组讨论共同的爱好和兴趣; (2)确定本小组的组名、口号和Logo(标识),并解析它们各自的含义; (3)各组预设自己小组的自媒体定位(如推介某非遗文化、学校所在地City walk(城市漫步)、探店达人、博物馆打卡、亲子旅游等); (4)根据预设的定位,进行团队分工; (5)待学完项目三后,再明确本组的定位
实训成果	小组的组名、口号和Logo; 每组旅游自媒体运营团队的分工表
评价方式	学生自评、互评与教师评价相结合,并进行自媒体运营实践

项目小结

内容提要

本项目专注于旅游企业新媒体运营岗位的深度解析及旅游自媒体运营团队的搭建管理。通过系统学习,学生可以对新媒体在旅游业中的角色、岗位分类以及未来发展趋势有较为全面的认知。本项目的核心在于教授学生如何搭建结构合理、职责明确的旅游新媒体运营团队,为旅游业的数字化转型奠定人才基础。

核心概念

通过本项目的学习,学生可以掌握新媒体团队搭建的核心要素,如团队结构、成员角色定位、协作与沟通机制等。这些概念为学生未来在实际工作中搭建高效的新媒体运营团队提供了理论指导。

重点实务

本项目强调学生实际操作能力的培养。通过案例分析和模拟演练,学生可以根据旅游企业的需求进行新媒体运营团队搭建,包括人员选拔、职责分配以及团队文化塑造等。

项目三
定位与IP打造

◇ 项目描述

本项目全面介绍了新媒体运营定位策略的核心知识,结合深入的理论剖析与实践指导,夯实新媒体运营领域的发展基石。通过精准把握新媒体运营的基础要素与关键细节,学会为旅游企业和个人自媒体量身定制高效的定位策略,进而在新媒体平台上实现卓越的运营成果。本项目不仅关注旅游企业如何通过独特的IP塑造和内容创新提升品牌影响力,还着重培养个人自媒体运营及品牌建设能力,助力个人自媒体账号成为引领行业趋势的关键意见领袖。

◇ 项目目标

知识目标	掌握旅游企业IP打造与个人自媒体定位的概念、原理和方法,理解自媒体在新媒体市场中的作用
能力目标	能够独立进行旅游新媒体的定位和IP形象策划,制定符合目标市场需求的新媒体定位策略;提升个人品牌塑造和内容营销的实际操作能力
素养目标	培养市场洞察能力和团队协作能力,增强创新思维和品牌意识,同时提升对新媒体运营的敏感度和判断力

◇ 学习难点与重点

重点	深入理解新媒体运营定位; 旅游企业IP形象塑造; 个人自媒体品牌塑造与IP策略

难点	能够根据目标受众进行精准定位； 能够提炼与应用特色元素，打造具有吸引力、独特性且与市场契合的IP形象

◇ 项目导入

案例：2023年"火出圈"的现象级文旅IP

（1）"顶流"淄博：淄博烧烤因在社交媒体上火爆，吸引了大学生组团品尝，政府支持提升了大学生的体验感，因此淄博成为热门的旅游目的地。

（2）围观"村超"：贵州"村超"以纯粹、接地气的民间体育精神吸引了大量游客，带动了当地旅游和经济的发展。

（3）寺庙游：一部分年轻人热衷到寺庙旅游，寻求心灵慰藉，推动寺庙相关景区门票销售量的增长。

（4）为一场演出奔赴一座城：演唱会、音乐节等演出活动带动了当地旅游经济的发展，成为年轻人跨城出行的重要契机。

（5）"特种兵"式旅游：大学生"特种兵"式旅游以低成本、高效率游览多地景点为目标，展现了大学生探索世界的热情。

（6）年轻人反向"进军"夕阳团：年轻人加入老年旅游团享受养生、舒适的旅行，反映健康消费趋势。

（7）围炉煮茶：围炉煮茶成为年轻人追求体验经济、健康养生的新潮流，带动了茶饮市场的发展。

（8）遛弯变成City walk：City walk满足了游客对独特体验感、深度探索的需求，成为旅游新趋势，推动旅游业的创新发展。

（9）"有一种叫云南的生活"IP：云南通过"有一种叫云南的生活"IP，用情感连接大众，展示云南独特的生活方式和文旅魅力。云南省政府相关人员致信网友，呼吁网友体验"有一种叫云南的生活"，这一举动将网络热词打造成具有百亿流量的云南IP，引领了旅游新时尚。

（10）主题宣传片：打造亚运主题宣传片，以杭州文化展现大国风采，彰显跨界传播的力量。

（11）助农活动：共青团"青耘中国"直播助农活动，引导乡村青年利用电商直播平台助力农产品销售，为乡村振兴注入新动力。

案例分析

2023年这些"火出圈"的现象级文旅事件，展示了特色美食、民间体育、城市文化、特色景点、健康养生、乡村振兴、文旅融合、跨界传播、电商助农以及网络热词转化为地方IP的成功实践。

工作任务1　明确新媒体运营定位与目标市场

一、新媒体运营定位基础

（一）什么是新媒体运营定位

新媒体运营定位是在开展新媒体运营活动之前，由企业目标或个人在新媒体平台上的发展方向、目标用户、服务内容及所选平台等核心要素共同决定的。新媒体运营定位至关重要，因为它能确保运营活动具有针对性和有效性，从而避免旅游企业因盲目投入而造成资源浪费。

在新媒体时代，信息呈爆炸式增长，用户注意力极度分散。一个清晰、准确的定位能够帮助旅游企业或个人在纷繁复杂的新媒体环境中脱颖而出，吸引并留住目标用户。因此，新媒体运营定位是新媒体活动成功的基石。

（二）新媒体运营定位的作用

1. 指导运营策略的制定

明确的新媒体运营定位有助于旅游企业或个人制定符合自身特点和发展要求的运营策略。在明确发展方向、目标用户、服务内容和平台选择后，新媒体运营者可以更加有针对性地策划内容、设计活动、选择推广渠道等，以提高运营效果。

2. 提高用户黏性

针对目标用户群体提供精准的内容和服务，能够增强用户黏性和忠诚度。当用户发现某个新媒体平台能够满足他们的特定需求时，用户更有可能持续关注该平台，成为该平台的忠实用户。

3. 优化资源配置

根据新媒体运营定位合理分配人力、物力和财力等，能够提高运营效率。明确的新媒体运营定位有助于新媒体运营者明确哪些资源是必要的，哪些是可以省略的，从而避免资源浪费和无效投入。

4. 塑造品牌形象

通过运营活动，旅游企业能够塑造独特且易于识别的品牌形象。在明确定位的情况下，新媒体运营者在内容策划、视觉设计、活动策划等方面保持一致性，有助于在用户心中形成独特的品牌印象。

（三）新媒体运营定位分析框架和工具

在进行新媒体运营定位时，新媒体运营者可以借助一些分析框架和工具来辅助决策。以下是一些常用的分析框架和工具。

1. SWOT分析

新媒体运营者可以评估企业或个人在新媒体领域的优势(S)、劣势(W)、机遇(O)和威胁(T),为新媒体运营定位提供依据。通过SWOT分析,新媒体运营者可以更加全面地了解自家企业在新媒体领域的竞争态势,从而制定更加合理的定位策略。

2. 用户画像

新媒体运营者可以通过数据分析和调研,了解目标用户的特征、需求和偏好,以便更精准地满足用户的需求。用户画像可以帮助新媒体运营者更加深入地了解目标用户的年龄、性别、职业、兴趣等,为内容策划和推广提供有力支持。

3. 竞品分析

新媒体运营者可以研究竞争对手的定位、策略、内容和用户群体等,以取长补短,形成差异化竞争。通过对竞品的深入分析,新媒体运营者可以发现自家企业的不足之处和潜在优势,为制定更加有针对性的定位策略提供参考。

(四)旅游企业新媒体运营和个人自媒体运营定位的异同

旅游企业新媒体和个人自媒体在新媒体运营定位上既有相似之处,也存在一些差异。

无论是旅游企业新媒体还是个人自媒体,都需要明确发展方向、目标用户、服务内容和平台选择等要素。这些要素是构建新媒体运营定位的基础,对任何类型的新媒体运营都至关重要。同时,两者都追求与目标用户的精准匹配,以提高用户黏性和忠诚度。此外,在运营过程中,两者都需要关注市场动态和竞争对手的变化以调整策略,确保自家企业在新媒体领域的竞争力。

但是,旅游企业新媒体更注重品牌形象塑造和市场份额拓展。在确定旅游企业的新媒体运营定位时,新媒体运营者要考虑旅游企业自身的资源和特点,以及新媒体运营的目的。例如:有些旅游企业仅仅利用新媒体进行宣传,而有些旅游企业会利用新媒体优化服务,如门票预订等。个人自媒体更注重个人品牌的打造和粉丝互动,个人自媒体定位常常受限于个人的能力、精力和经济投入等。

二 新媒体运营定位的四个关键要素

(一)自身方向定位

明确企业或个人在新媒体领域的发展方向和目标是新媒体运营定位的首要任务。这包括确定平台类型、内容领域等。例如:旅游企业可以将新媒体运营定位为推广旅游目的地,提供旅游攻略和服务等;个人自媒体可以将新媒体运营定位为分享个人旅行经验、提供独特视角的旅游攻略等。在明确自身方向定位时,企业或个人需要充分考虑自身特点和市场需求,确保定位具有可行性和吸引力。

(二)用户群体定位

深入了解目标用户群体的特征是新媒体运营定位的关键。通过用户调研和数据分析,新媒体运营者可以更加准确地把握目标用户的需求和偏好。例如：对于旅游企业来说，目标用户群体可能包括不同年龄、性别、职业和兴趣爱好的人群，因此需要为各类用户群体提供个性化的服务；对于个人自媒体来说，也需要明确自己的粉丝画像，以便更加精准地推送相关内容。

（三）服务内容定位

以目标用户群体的需求和偏好为基础来确定平台上提供的内容和服务，是新媒体运营定位的核心内容。这包括原创文章、视频、音频、图片等多种形式的内容创作和发布。在确保内容具有独特性、价值性和吸引力的同时，新媒体运营者还需要考虑内容的可持续性和更新频率。此外，还需针对旅游企业和个人自媒体的不同特点，确定运营策略。

（四）平台选择定位

选择适合目标用户群体和自身特点的新媒体平台是新媒体运营定位的重要环节。不同的平台具有不同的用户规模、活跃度和传播效果。因此，新媒体运营者在选择平台时需综合考虑多个因素。例如，旅游企业可以选择微博、微信公众号等社交媒体平台作为主要推广渠道，而个人自媒体则可以选择抖音、小红书等平台作为主要发布渠道。在选择平台后，还需根据平台特点调整内容和服务策略，以确保内容在平台上获得更好的传播效果。

三 新媒体运营定位的注意事项

（一）避免定位模糊或过于宽泛

新媒体运营定位应该清晰、明确且具体可行，避免模糊或过于宽泛导致无法精准满足用户需求情况的出现。新媒体运营者要确保定位具有针对性和可操作性，能够为后续的运营活动奠定基础。

（二）保持与品牌形象的一致性

新媒体运营定位应与品牌形象保持一致，这样有助于塑造统一且易于识别的品牌形象。在内容策划、视觉设计等方面保持一致性，可以加深用户对品牌的印象和认知。

（三）关注用户需求和变化

新媒体运营者要及时关注用户需求的不断变化，及时调整定位策略以满足用户不断变化的需求。另外，新媒体运营者要密切关注市场动态和竞争对手的变化，以便及时调整自身策略以应对市场变化。

（四）注重数据分析和效果评估

新媒体运营者通过数据分析和效果评估，可以检验定位策略的有效性，并为定位策略的后续调整提供依据。同时，新媒体运营者要建立完善的数据分析体系，定期评估运营效果，以便及时发现问题并进行调整。另外，新媒体运营者也要注重与用户的互动，及时收集用户反馈和建议，为改进运营策略提供参考。

工作任务2　旅游企业IP打造与新媒体运营定位

一　IP简述

（一）IP是什么

IP，即知识产权。在旅游企业中，IP通常指的是具有独特识别度，能够代表企业形象和文化的创意性内容或形象。这些内容或形象可以是具体的景点、人物、故事、文化符号等，也可以是抽象的理念、情感共鸣点等。通过新媒体等渠道传播IP，旅游企业可以与消费者建立情感链接，提升品牌的认知度和消费者的忠诚度。

（二）IP的价值

1. 增强品牌识别度

独特的IP形象和内容能够使旅游企业在众多竞争对手中脱颖而出，提高品牌的识别度和记忆度。当消费者看到或听到与IP相关的元素时，能够迅速联想到旅游企业的品牌形象和服务。

2. 加深与消费者的情感链接

IP形象和内容通常具有丰富的故事性和情感共鸣点，能够触发用户的情感反应，加深用户对品牌的认同感和忠诚度。这种情感链接有助于旅游企业建立长期的用户关系，提高用户的留存率和复购率。

3. 拓展营收渠道

成功的IP不仅可以吸引更多游客前来旅游，还可以衍生出多种形式的周边产品和服务，如主题酒店、纪念品、动漫游戏等。这些周边产品和服务可以为旅游企业带来额外的营收，实现多元化发展。

4. 提升市场竞争力

具有独特性和吸引力的IP能够使旅游企业在激烈的市场竞争中占据优势。旅游企业通过与其他企业或机构的合作，可以共同推广和开发IP资源，进一步扩大市场份额和影响力。

> **同步案例3-1：世界知名旅游IP**
>
> 　　迪士尼乐园：迪士尼乐园是全球较著名的旅游IP之一。迪士尼乐园以丰富的卡通形象、梦幻的游乐设施和独特的文化氛围吸引着无数游客。从米老鼠、唐老鸭到漫威英雄，迪士尼不断推出新的IP形象和内容，保持着吸引力。
> 　　好莱坞环球影城：好莱坞环球影城是一个著名的旅游IP，以电影为主题，将电影拍摄现场和特效制作等幕后过程呈现给游客，让他们亲身体验电影的魅力。同

时，环球影城还推出了多个知名电影IP的主题游乐设施，如《哈利·波特》和《变形金刚》等，深受游客喜爱。

日本的熊本熊：熊本熊是日本熊本县的官方吉祥物。熊本熊以呆萌可爱的形象和独特的营销策略迅速走红全球。熊本熊不仅成为熊本县的旅游代言"人"，还衍生出大量的周边产品，为当地带来了可观的经济收益。

故宫文创：故宫博物院（简称故宫）作为中国较具代表性的古代建筑群，拥有丰富的历史文化和艺术资源。近年来，故宫通过深入挖掘自身特色元素，成功打造了一系列文创产品和活动，如文创商品、互动体验展等。这些文创产品和活动不仅传播了故宫的文化，还吸引了大量年轻游客的关注和参与。

长隆旅游度假区：长隆旅游度假区（简称长隆）是国内知名的综合性旅游度假区，拥有主题公园、动物园、水上乐园等。长隆通过打造独特的IP形象和内容，如卡通形象、主题活动等，为游客提供了丰富多彩的旅游体验。同时，长隆还注重与新媒体平台的合作，通过社交媒体、短视频等渠道传播IP内容，吸引了更多潜在游客的关注。

（三）IP打造与旅游企业新媒体运营定位之间的关系

在新媒体时代，旅游企业的定位不仅局限于传统的旅游产品和服务，更需要通过独特的IP形象和内容来吸引和留住消费者。IP与旅游企业新媒体运营定位的关系主要体现在以下方面。

1. IP是新媒体运营定位的核心

新媒体平台具有传播速度快、互动性强等特点，适合打造和传播IP形象和内容。旅游企业通过在新媒体平台上发布与IP相关的内容，可以迅速吸引目标用户的关注，提升品牌在新媒体领域的知名度和影响力。

2. 新媒体平台是IP传播的重要渠道

新媒体平台如社交媒体平台、短视频平台等具有广泛的用户基础和高度的互动性，是IP传播的重要渠道。旅游企业可以通过这些平台发布与IP相关的动态、故事、互动活动等，与用户建立紧密的情感链接。

3. IP与新媒体平台相互促进

一方面，成功的IP能够吸引更多潜在用户关注旅游企业的新媒体平台；另一方面，新媒体平台上的互动和反馈也可以为IP的创作和传播提供有力支持。这种相互促进的关系有助于旅游企业在新媒体领域实现持续发展和创新。

二 旅游企业IP打造与新媒体运营定位的流程

（一）挖掘并提炼旅游企业的特色元素

在开始新媒体运营定位之前，旅游企业要先深入挖掘并提炼旅游企业的特色元素。这些元素可能包括独特的自然景观、丰富的历史文化、特色的民俗活动等。通过系统梳理和分析，旅游企业可以确定哪些元素具有独特性和吸引力，能够为后续的IP打造提供有力支撑。

(二)分析旅游企业新媒体运营需求与用户特征

结合旅游企业的发展目标、市场现状以及竞争态势,分析新媒体运营的需求。同时,运用用户画像等方法深入了解目标受众的特征、需求和偏好,为后续的内容策划和推广奠定基础。

(三)细分并确定目标市场

根据目标受众特征和市场现状,旅游企业需要对市场进行细分,选择适合旅游企业发展的目标市场进行深耕,确保目标市场的选择与旅游企业的特色元素和IP定位相契合。

(四)制定符合目标市场的新媒体运营定位策略

结合目标市场的需求和偏好,旅游企业要制定符合实际的新媒体运营定位策略。这包括确定内容主题、发布频率、推广渠道等,确保定位策略具有可行性和针对性。同时,旅游企业要将挖掘到的特色元素融入定位策略中,形成独特的新媒体内容(具体内容详见本书项目四)。

(五)创作与传播IP内容

根据新媒体运营定位策略,新媒体运营者要创作高质量、具有吸引力的IP内容。这包括图文、视频等。在内容创作过程中,新媒体运营者要对新媒体内容进行故事化和情感化包装,增强新媒体内容的感染力和传播力。同时,通过多渠道发布和推广,新媒体运营者要扩大内容的覆盖面和影响力(具体内容详见本书项目六)。

(六)整合资源,强化IP形象与新媒体运营定位

在内容传播过程中,旅游企业要积极整合内外部资源,包括合作伙伴和媒体平台等。通过合作与共享,实现资源的最大化利用,共同推动IP形象的塑造和传播。同时,旅游企业要根据市场反馈和数据分析,持续优化和调整IP定位策略,确保IP形象与定位的准确性和有效性(具体内容详见本书项目七)。

(七)持续调整和优化新媒体运营定位

新媒体运营是一个持续优化的过程。运营者需要不断收集用户反馈和数据信息,对定位策略进行持续调整和优化。通过关注市场动态、竞争对手及用户需求的变化,运营者应及时调整内容主题、发布频率和推广渠道等,确保运营活动的针对性和有效性。同时,运营者要保持对新技术和新趋势的敏感度,积极探索新的运营模式和手段,为旅游企业的持续发展注入新的活力。

> **同步思考**
>
> 第一点,大多数项目一开始,就要进行市场及用户需求分析,一旦这两个环节出错,那么大概率步步都会出错。企业创建、运营公众号的战略方向应该是能否帮助企业填补市场空白,能否在该市场中发展下去。
>
> 比如,有人想要造一个民宿酒店,没有投资人,银行难贷款,自己又没钱,在线

下市场就不好解决。如将其放到公众号（线上）做众筹，投资额100—10万元/人不等，解决资金问题就相对容易了。也就是说，很多线下无法完成的事，如果通过公众号放到线上做就会变得相对容易，如果填补了该市场的空白，战略方向大概率就不会出错。

第二点，企业创建公众号后，如果要推产品，可能会遇到以下四种情况（见表3-1）。

表3-1　情况分类表

刚需求，高频率	刚需求，低频率
软需求，高频率	软需求，低频率

作为新媒体运营者，一定要先判断自家企业属于哪种情况，再在公众号上推出相应内容。

比如：护肤、健康、美妆、教育等内容对于相应的用户群体，基本上都是"刚需求，高频率"的；新闻、旅行、文摘、时尚、美食等内容对于相应的用户群体，基本上都是"软需求，高频率"的。

当然，新媒体运营者还要根据具体情况制定运营方向。比如，大家都需要买房，但一辈子可能只买个1—3次，这显然属于"刚需求，低频率"。那么，某房地产企业需要创建一个公众号，公众号的内容就得采用"刚需求，高频率"的模式，如推送"楼市最新政策"的内容，才有可能让用户关注公众号。再比如，卖家具、建材的企业创建一个公众号，可以将公众号定位为"提供家具、建材知识"的自媒体，再想办法把自己的家具、建材产品卖给粉丝。也就是说，公众号的内容对于用户而言，一定得处于"刚需求、高频率"的状态。

思考：旅游属于何种需求，何种频率？如何让旅游企业的公众号内容变成"刚需求，高频率"？

工作任务3　个人自媒体运营定位与IP打造策略

一　认识个人自媒体中的KOL与网红

如今，传统旅游、传统电商流量红利日渐式微，面对流量成本和获客成本的增高、用户沉淀难、粉丝黏性不高等困境，"网红导游""直播＋电商""达人带货"的形式恰恰解决了这些问题。

网红导游和旅游KOL（关键意见领袖）都是"当有趣的灵魂学会了玩自媒体"的产物。通过社交媒体和移动互联网，KOL快速放大了自己的影响力。在营销过程中，较大的营销价值就是"种草"。

(一)认识网红

网红是网络红人的简称,指的是在现实生活或网络中因某个事件或行为受到网民关注而走红的人、品牌、企业等,或因长期持续输出专业知识而走红的人。

同步案例 3-2:
网红导游
杭州小黑

随着技术和市场的升级,网红已经从一种现象逐渐转变为一种经济产业。网红通过网络走红实现变现。网红经济是以网红为形象代表,在社交媒体上聚集人气,依托庞大的粉丝群进行定向营销,从而将粉丝的拥有率转化为购买力的一种经济形式。

(二)网红与KOL的区别

网红和KOL都是"当有趣的灵魂学会了玩自媒体"的产物。通过社交媒体和移动互联网,网红和KOL迅速放大了自己的影响力,在营销过程中也都具有"种草"的价值。两者都拥有大量粉丝,在社交平台上具有一定的话语权和号召力。两者的主要区别如下。

1. 受关注的原因不同

网红往往是在现实或者网络生活中因为某个事件或者某种行为而被关注从而走红的。KOL则是依靠自身能力、知识来吸引人们关注的。

2. 社会地位不同

当今社会,谈及网红,往往是贬大于褒的,由于某些网红带动了"蛇精脸""拜金"等思想在青少年中的传播,人们对网红或多或少有一些不太好的评价。KOL则是不同行业的专业人才,拥有一定的知识和能力,他们通常受到人们的尊敬,社会地位相对较高。总体来看,KOL的社会地位通常高于网红。

3. 发表内容质量不同

KOL发表的内容往往是与自身领域相关的、专业性较强的内容,内容质量较高。一般情况下,KOL给用户带来的影响是积极向上的,但网红就不一定了。

4. 传播人群的精准程度不同

KOL的领域界定一般是精准的,对应的粉丝人群较理性、质量较高,是特殊领域的懂行人群。网红的粉丝行业界定不一定精准,对应的粉丝感性居多,过路粉比例相对较高,不易维护粉丝黏性。网红与KOL对比如表3-2所示。

表3-2 网红与KOL对比

分类	网红	KOL
个人成功因素	靠吸睛	靠专业
广告主角度	更适合品牌曝光	更适合实现"种草"和带货
产品品类	非标准的、价格不高的以及适合冲动消费的产品	消费决策复杂的、使用过程需要学习专业知识的、理性消费的产品

续表

分类	网红	KOL
粉丝的角度	快乐崇拜	导师追随

(三) MCN机构

1. MCN机构的概念

MCN(多频道网络)源于YouTube(全球较大的视频分享平台之一)平台机制。MCN通过与平台合作,为签约网红提供推广营销、流量变现等多种商业化服务,并按规则取得收入分成。在引入中国后,MCN迅速发展壮大,成为网红经济中极为重要的一环,有力地促进了网红经济的发展。

专业的MCN包括网红的筛选、孵化,内容的开发以及技术性支持、持续性创意、自我内容平台的管理、用户管理、平台资源对接、活动运营、商业化变现和合作、子IP开发等系列工作。

2. MCN机构功能

(1) 帮助网红进行内容持续输出。

网红往往能因为某一作品而迅速走红。例如,在抖音平台上,很多人的一个作品火了,但因为没有后续的内容产出能力,导致粉丝无法持续增长。由于个人精力有限,即使有许多想法,但为了保证周更或者日更,创意很容易枯竭。

MCN机构的责任就是帮助网红进行内容持续输出,所以MCN机构需要拥有编剧和策划团队。MCN机构的编剧和策划团队要对签约的网红进行包装和定位,根据定位的内容风格撰写拍摄脚本,再将脚本交由网红进行拍摄,或者协助网红进行拍摄。

(2) 为网红提供平台资源。

针对MCN机构,每个平台都有不同的扶持资源。例如,微博为MCN机构提供粉丝头条、视频流、官博转发、热门微博位置、Push推荐和涨粉包等。微博平台根据每个机构上个月的指标,分配下个月的扶持资源;而抖音则每个月为MCN机构提供任务包,MCN机构只需完成任务包的要求即可获得相应的扶持资源。

这些扶持资源一般都是针对机构的,个人无法轻易获得。机构需要督促网红进行内容创作,从而提升整个机构在平台上的影响力,并以此回馈网红。

(3) 多平台分发。

大部分网红的主要精力都集中在某一个平台上,但只有多平台分发才能带来全网的影响力和曝光量。

目前,国内短视频平台众多,多达数十个,各平台的补贴政策也各不相同。网红在上传内容时通常需要耗费大量时间,这时MCN机构可以承担起多平台上传的任务,帮助网红在多个平台上发布内容。

(4) 帮助网红变现。

即使作品和账号火了,网红个人也很难进行变现。良好的商业运作模式应该是主动出击并且拥有固定的用户。因此,MCN机构可以帮助网红实现商业变现。

3. 中国网红经济产业链构成

经过多年的探索和发展,网红经济产业链条逐步趋于完善,各环节的角色定位及功能也逐渐清晰。MCN机构不仅为众多网红提供了更多流量和曝光机会,还为广告主带来了更高效、更灵活的广告投放方式,从而推动了产业链的发展。网红经济产业链如图3-1所示。

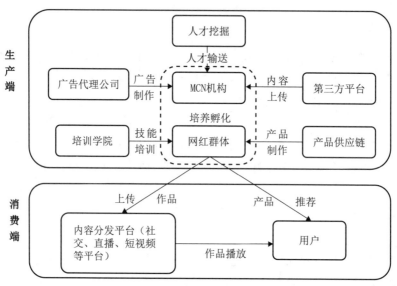

图3-1 网红经济产业链

(四)认识KOL

1. KOL的概念

KOL是营销学的概念。通常,KOL被定义为拥有更多、更准确的产品信息,且为相关群体所接受或信任,并对该群体的购买行为有较大影响的人。

KOL和网红是有区别的。简单地说,KOL是在其领域有号召力、影响力、公信力的账号。这类账号可以是二次元的卡通形象,也可以是三次元的真实人物,直白地说就是"专家"。

同步案例 3-3:旅游 KOL 第一人,用专业与真诚打造 1.72 亿交易奇迹

2. KOL的特点

(1) KOL对某一领域具有极高的兴趣或天赋,拥有丰富的专业知识。

(2) KOL具备持续、优秀的专业内容生产能力。KOL比其他人对某类产品有着更为深入且长期的研究和分析,因此拥有更广泛的信息来源、更专业的知识以及更丰富的经验。同时,KOL拥有的良好的文案能力,能够将内容更好地展示在用户面前,得到用户的青睐。

(3) KOL具备极强的社交沟通能力。KOL平日与粉丝互动较多,不断培养自己和粉丝之间的信任。日积月累,粉丝对KOL的信任度会提高,粉丝黏性也会增强。根据HubSpot调查,约71%的消费者会根据自己在社交媒体上的偏好做出消费决定。

3. KOL和KOC的区别

KOC(关键意见消费者)通常指那些能影响自己朋友和粉丝消费决策的消费者。相比

于KOL,KOC的粉丝数量较少,影响力也较小,但其优势在于更垂直、更具互动性,用户信任度和转化率更高。KOL与KOC对比如表3-3所示。

表3-3　KOL与KOC对比

分类	流量	互动	转化率	常用计价方式	价格
KOL	高	弱	低	CPM	高
KOC	低	强	高	CPS	低

注:CPM指每千次展示的成本;CPS则是按回应的有效问卷或订单来计费,而不受广告投放量的限制。

KOC分享的内容通常不会过于专业,而是生活化和兴趣化的。KOC通常以普通用户的身份宣传品牌,而不是作为专家进行产品推荐。例如,社群中较活跃的成员更容易向群体中的其他用户推荐某样产品,并且这些推荐更容易被接受。KOC类似于以前的淘宝客,他们在淘宝购买商品后可以生成一个专属推广链接,当朋友通过他们分享的链接购买产品时,他们就可以获得佣金,这与当今的分销和推荐模式类似。

KOL与KOC存在一定的区别:KOL位于金字塔顶端,可以快速打造产品的知名度,引爆产品;KOC位于金字塔腰部,其影响力不如KOL,但随着粉丝量的积累,大多数KOC会成为KOL。如今,KOC正在快速成长。只要能够实现自己的销售目标,企业可以将KOL和KOC结合使用,在利用KOL收割流量的同时,使用大量的KOC去影响小群体,达到品效合一的推广效果。

二　确定个人定位与品牌建设方向

(一) 自我定位

1. 兴趣决定命运

个人自媒体应以兴趣为原始驱动力,以生活和工作习惯为切入点,顺势而为。只有通过个人品牌的打造,才有可能以快捷的方式实现个人IP品牌的网红化。个人的兴趣在很大程度上决定了自我定位的走向。

2. 特长决定深度

一个人的特长决定了个人IP品牌的深度,一个人只有在自己的特长上深度耕耘,潜力才能得到较大发挥,个人价值才能得到实现。

3. 行业决定出路

从产业发展的角度来看,个人所从事的行业在一定程度上决定了个人IP品牌的落脚点和出路。行业的实践经验,如积淀和经验等,将成为个人品牌打造的重要筹码。网红这一产业模式正是行业决定出路的体现,并不是每个行业都适合网红模式,也并不是每个人都适合在自己选择的行业中建立个人品牌。目前,旅游行业正在转型升级,许多旅游行业的从业人员纷纷转型为网红导游或KOL。

4. 平台决定高度

网红成名的平台决定了网红的眼界和品牌高度。哪些平台是当前的主流,哪些平台未来有发展潜力,哪些平台更适合个人发展,哪些平台背靠互联网巨头,哪些平台提供的福利更优越、政策更规范,哪些平台技术更先进等,都是想成为网红的人需要考虑的。可以说,个人品牌是网红一生的标志,选对平台犹如选对伴侣。

5. 互动决定转化率

网红的背后必定离不开社群的作用,不懂得用户运营,不可能成为成功的网红。毕竟网红的基础是粉丝,粉丝的多少及喜爱程度等决定了网红的影响力,只有不断与粉丝互动才能挖掘粉丝的需求,从粉丝的需求出发创作内容。

6. 辐射范围决定影响力

从网红的覆盖人群来看,网红的定位分为大众型网红和垂直型网红。大众型网红的粉丝群体定位不那么明确,但影响力显著,生产大部分用户需要的内容,并积极参与公共事件的讨论,在社会中形成强大的影响力。大众型网红入驻多个平台,覆盖多种人群,是大众型的KOL。垂直型网红辐射范围较窄,但用户黏性较强。不论是大众型网红还是垂直型网红,都应选择更多适合自己的平台,通过全媒体发力,利用多个平台建立粉丝基础,进行自我品牌塑造,全面提升品牌影响力。

7. 商业模式决定前途

从网红商业化的角度来看,商业模式成为网红变现的重中之重。网红商业模式主要有内容、广告、电商、商演、代言等。在网红经济如火如荼的今天,每个网红都必须有一套适合自己的核心商业模式,辅之其他商业模式,共同作用于商业变现,以及商业模式的定位、组合和挖掘。另外,网红的核心商业模式需要适时更换,以不断适应当下互联网大环境变化带来的冲击,比如新平台的出现,新文化的流行,国家政策的管控和变更等。

8. 供应链决定网红品牌的生命长度

内容创造者——无论是文字自媒体从业人员还是视频自媒体从业人员,都需要源源不断地为粉丝提供有价值的内容,以满足粉丝不断增长的消费需求,持续维护与粉丝的关系,适时互动,以维持品牌的生命周期,并保持商业生态链中的广告、商演等持续不断。网红供应链是网红的资本,无论是内容资本还是产品资本,都直接决定了网红品牌的生命长度。网红供应链的供给直接影响网红品牌价值的提升,以及量的升级和质的飞跃。

9. 远见决定网红品牌的生命周期

格局决定未来,远见决定网红品牌的生命周期。作为一个网红,格局必须宏大,要具备超前的预见能力和挖掘新事物的能力。同时,网红应有强烈的危机意识,敏锐地洞察未来,观察商业趋势,了解如何把握互联网主流文化,紧跟时代潮流,洞悉粉丝群体的需求,并提升粉丝的体验感,使品牌能够随互联网环境的变化而不断更新。

如果你准备从事旅游自媒体运营相关工作,你将怎样进行自我定位?请根据表3-4中的内容进行自我定位分析。

表 3-4 自我定位分析

	问题	回答示例
1	目标用户是谁	亲子家庭,寻找独特、有趣、值得体验的旅游项目
2	所处领域是什么	亲子旅游
3	内容形式有哪些	短视频、图片、文字
4	擅长什么	推荐亲子乐园、探险项目以及参观博物馆等亲子旅游项目
5	主要推广路径	抖音、小红书、微信视频号
6	自身的竞争力是什么	一男一女两个幼儿园阶段的孩子,拥有丰富的亲子旅游经验,能够生动地呈现活动和体验感,通过视频引导家长和孩子产生互动和参与感。同时,具备优秀的视频拍摄和编辑能力
7	制作内容有什么特点	短小精悍、富有趣味、适合亲子家庭,同时能够加入互动游戏、趣味评测等
8	如何与用户互动	设计亲子互动游戏、答题等,鼓励用户积极参与,提高用户黏性,定期回答用户的疑问并分享亲子互动游戏经验等
9	整体风格是什么	温馨、轻松、亲和,融入家庭等元素,轻松、有趣的音乐和幽默的文字相配合,呈现真实而有趣的亲子旅游体验

(二)团队搭建

如果自媒体运营者要想做到高收益,一般个人是很难完成的。所以,自媒体运营者要学会分工与合作,团队作业。大多情况下,要记住团队大于个人。一般来说,中小型的网红团队,除了网红本人,还包括以下人员。

1. 方向策划人员

在网红团队中,需要有策划人员来把握大局,把控关键点。同时,团队中还需要具备有想法和组织能力的人,利用信息采集系统分析各个媒体的热点,并结合网红自身情况确定选题,这时便需要文字编辑人员,他们需要具备写作能力,有思想,有观点,并能提供独到的见解。此外,自媒体运营者还需学会分析热点。如果网红主要以视频或直播为主,则需要确定视频或直播的方向,并撰写脚本,统筹整个拍摄计划。

2. 拍摄人员

拍摄人员是指专门负责视频内容、主题、着装和形象的人员。他们需要设计分镜头、布光,并把控整个拍摄过程,落实每一个细节,包括如何录制效果较佳、选择适合的录制背景等。

3. 剪辑人员

视频拍摄完成后,剪辑人员要根据要求进行剪辑、包装以及视频后期处理等工作。

4. 运营人员

运营人员在拿到作品后,需要设计视频头图、标题、简介、推荐位等,并将视频分发到各个平台,统计并分析视频的数据,对各个平台的视频进行管理以及与用户进行互动等。

5. 助理人员

哪儿需要人,助理人员就要往哪上。助理人员的工作较杂。从体力上来说,助理人员的工作也较辛苦。

如果自媒体处于起步阶段,以上人员还可以缩减为2人,即"编导+运营"人员、"拍摄+剪辑"人员(详见项目二的工作任务3)。

(三)个人IP打造

1. 个人IP特点

IP既指知识产权,也指智力成果权,表示个人对某种成果的占有权。在互联网时代,IP可以指一个符号、一种价值观或一个具有共同特征的群体等,代表人们在生产和劳动过程中对自身智力成果的专属权。个人IP的特点包括以下内容。

(1)标杆性:个人IP在专业领域拥有绝对的权威。超级网红IP在其细分领域内具有独特的内容特色,并承载一定的价值观。

(2)崇拜性:个人IP在专业领域内拥有拥护者。基于对IP的信任和价值观认同,用户难以区分广告和内容,内容即商业,商业即内容。因此,流量转换路径变得更短、更高效。

(3)独立性:个人即可代表整个企业及品牌。

IP以人为基础,反映个人的人生观、价值观和世界观。IP的核心在于与用户在情感和文化内涵上产生共鸣,而品牌化则更注重产品和服务的特性。IP的目标是与用户在追求价值和文化层面上产生共鸣,即IP带给用户的不是商品功能的体验感,而是情感上的依托。

2. 打造人格化IP的重要性

人格化IP是基于用户对品牌(包括企业品牌和个人品牌)的心智认知,融合用户个人情感和性格烙印而形成的一种标签。大多数交易的基础都来自信任。人格化IP可以帮助品牌和产品建立与用户之间的信任关系,从而实现用户与产品之间的有效衔接。在打造人格化IP的过程中,品牌主不仅能创建一个成功的线上自有IP,还能吸引一群忠实的粉丝,这是一举两得的做法。

例如,像旅游产品这种单价较高、消费频率不高的产品,以及一些在建立用户信任上较为困难的垂直领域,更需要行业大V(拥有众多粉丝的用户)出面发声,解答用户在购买时遇到的各种问题。经过反复教育和说服,用户自然会对大V产生信任。这种方式比单纯的广告投放更有利于提升粉丝对品牌的忠诚度。

在内容和信息爆炸的互联网世界,一般情况下只有个性化和标签化的内容才有更多机会获得用户的喜爱和信任。如何使品牌和内容人格化,如何打造独特的人格化IP,是每个内容创作者以及涉及内容营销和新媒体创新的企业和机构都需要深入思考的重要问题。

3. 网红IP化的要素

(1)保证规律性地生产原创且优质的内容。

在当下这个以碎片化信息传播为主的时代,受众从来不缺内容,但缺少优质、有内涵的内容。好的内容具有聚集人气的作用,借助自媒体,这些内容可以实现高强度和高密度的传播。

网红IP需要以创意为核心,承担独特的人格化形象和价值观,并通过定期发布优质内容来建立粉丝对其身份的认同和IP形象识别,从而吸引具有相似兴趣的用户,实现更加精准的流量变现。内容创作的核心是调性。只有以内容为核心的网红才具有价值塑造的能力,吸引有价值的用户,降低吸引新用户的成本,并最终发展成为一个具有影响力的IP。内容的好坏决定着一个网红IP能否得到用户的关注,甚至决定着网红IP的生命发展周期。一个网红IP只有不断向用户输送优质且独特的内容,才能吸引更多用户的持续关注。

(2)能够高效地聚集粉丝流量。

网红IP通过流量聚集,可以形成一个具有自生产、自组织和自传播能力的完整生态体系。将粉丝转化为消费者,实现IP价值的商业变现是网红经济产业链上的一步。而高效聚集流量的能力则是这一环节的关键,也是网红从流量到影响力演变的关键。

(3)自带话题进行传播和营销。

自带话题属性是网红形成IP的一种表现形式,主要体现在信息共享的扩展和受众数量的急剧增加。病毒式传播是网红IP引爆口碑效应的有效方式,通过这一过程,网红IP可以借助口碑效应迅速积累数以百万计甚至千万计的粉丝,从而成为超级IP。同时,能够进行低成本的病毒式营销也是网红IP化的一种表现。通过深入挖掘产品的卖点和网红IP的特点,结合合适的网络传播话题,将产品和网红IP的品牌效应有效连接,从而迅速在受众心中占据主导地位。

(4)采用矩阵模式进行多平台协调发展。

网红可以利用多种高曝光的传播途径,通过各个渠道将自己的内容传达给粉丝和用户。

三 创造价值,成为行业KOL

(一)找到自己喜欢的领域

成为KOL的第一步,就是要找到一个自己真正热爱的、真正擅长的领域。在自己喜欢的领域中创作,作品才可能拥有灵魂。

(二)人格化内核

同步案例3-4:KOL的原始形态

> 让我们穿越回KOL的原始形态,细细品读一下什么是人格化。小时候,我们家所在的社区里有几位响当当的"名人",他们分别是老中医王爷爷、媒婆李奶奶、凉皮店主冯姨。
>
> 老中医王爷爷行医50余年,专治各种疑难杂症,医术了得,方圆5千米内的居民一旦身体不舒服大多会找他,这就是医疗健康圈的KOL。
>
> 媒婆李奶奶非常喜欢八卦,她退休后成为媒婆继续发挥余热。社区里谁家孩子多大了、身高长相、喜欢什么类型的对象,她心里都门清。李奶奶成功地搭成几条红线,就此出名。社区居民中自己家孩子该找对象了肯定要先问李奶奶,这就

是一个情感类的KOL。

凉皮店主冯姨能在社区里火起来完全是因为她制作的凉皮太好吃了。记得那会我恨不得每天三顿都去她店里吃凉皮。很多人问冯姨为什么她做的凉皮这么好吃,冯姨也是个爽快人,很快就把凉皮的制作工序、配料等全盘托出。可大家回去依然做不出同样味道的凉皮,慢慢地口口相传,甚至外地人都知道有个叫冯姨的人做的凉皮味道绝顶。因此,冯姨成为一个专职做凉皮的美食KOL。

王爷爷、李奶奶、冯姨,到现在我都不知道他们的全名是什么,但这三个称呼依然成为各自领域的"品牌",只要他们三个人在各自领域说的话,社区里很多人都相信。后来,冯姨的凉皮店开了分店,她的店招牌上写道:"冯姨凉皮,只会做凉皮的冯姨"。这就是人格化。

案例点评

从上面的王爷爷、李奶奶和冯姨的例子中可以看到每个人都是非常专注地深耕于自己擅长的领域,他们可能一辈子只做了这么一件事,这就是他们成功的原因,也是工匠精神的体现。

一个网红要想成为KOL,一定要注重内容的质量,要深耕于某一领域,用户关注某一网红是想获得自己所需的知识,或是学习一些独特的能力,而不是为了消磨时间。工匠精神会使KOL从竞争者中脱颖而出。

人格化内核一旦确立,就要尽量做到一以贯之,坚持到底。

1. 要明确,这个"人设内核"是谁

新媒体运营者的核心角色通常可以归纳为专家型、陪伴型、偶像型和榜样型。对于需要选择非标准品或较复杂的旅游线路产品的用户,他们对专业知识的需求较大,此时他们更期望的"人设内核"可能是专家型;而对于需要单独预订某景点门票、酒店、机票等较为单一的旅游产品的用户,他们则更倾向于娱乐化较重的网红人设。在确定"人设内核"定位时,要首先考虑用户对特定"人设内核"类型的需求,按需设计,以避免认知错位。

2. 要思考,这个"人设内核"对应的目标用户要面向哪一个细分垂直领域

新媒体运营者需要思考如何通过才艺、性格、外貌表现以及内容生产方式来吸引目标用户,并解决"人设内核"的功能性问题。

3. 需要让用户对"人设内核"产生感情

新媒体运营者需要深入挖掘"人设内核"的独特性,并策划和设计一些有趣且具有辨识度的标志性行为和语言系统。同时,新媒体运营者还要确保"人设"能够高频出现在用户面前,以保持一定的曝光度,这一点非常重要。创造出"爆款"后,新媒体运营者还需要稳定地输出优质内容,以有效增强用户黏性。

4. "人设内核"需固定,切忌随意更换

如果随意更换"人设内核"的调性以及相关的定位,容易让用户产生不信任。毕竟一个喜怒无常、缺乏定数、不易被把握和定位的形象,在现实生活中也难以得到广泛的信任。所以,"人设内核"一旦确立,就要持之以恒,切忌随意更换。

（三）产出优质内容

一味追求数量容易导致单篇文章质量较低，不能引起用户的共鸣或缺乏真正有用的知识点。用户需要以下优质内容。

1. 比较专业，有一定深度的内容

尽管互联网日益碎片化，深度内容始终是必需的，这是知识的沉淀。专业和深度的内容需要用用户能够接受的方式表达。学术论文可能不易被普通大众理解，但优质的科普视频大多数人都喜欢。如果能将专业和深度的内容深入浅出地呈现出来，这就是一种稀缺的能力。

2. 有价值、有实质帮助的内容

没有价值的内容用户甚至不会读完，更别说分享转发了。有价值就意味着要能对自己或他人有帮助，比如生活小常识、旅游攻略等。

3. 激发情感的内容

分享和转发内容本身带有一定的情感因素，能够激起用户的共鸣，从而促使他们阅读并传播你的文章。这种情感可以是激动、愤怒、感动、同情或惊喜等。情感的存在促使人们更愿意分享。因此，相比单纯的旅游美景图片，某个自驾游的真实故事往往更能引起用户的共鸣。

大多数用户都喜欢有故事性的内容，讲得越好越能激起他们的兴趣，从而提高分享的可能性。故事本身比单纯的理论更具真实性，更能打动人心，并引发用户的情感波动或好奇心。

同步案例3-5：57岁自驾游阿姨苏敏：后半生想活在自己的世界里

> 57岁的河南阿姨苏敏踏上了一段寻找自我的旅程。她的足迹遍布中国多个省份，经历了各种风土人情，感受到了前所未有的自由和快乐。
>
> 在旅途中，苏敏用短视频记录了自己的生活，分享给网友。她的真实和勇敢激发了无数人的情感共鸣，让他们看到了生活的另一种可能。苏敏的短视频迅速走红，成为一名网红。
>
> 她的成功并非偶然，而是因为她敢于面对自己的内心，勇敢地追求梦想。她的故事告诉我们，每个人都有权利寻找自己的幸福，无论年龄、性别、背景如何。
>
> 苏敏的旅程不仅是一次地理上的"迁徙"，更是一次心灵的觉醒。她用自己的经历激发了无数人的勇气，让他们开始反思自己的生活，勇敢追求梦想。这正是网红要具备的"激发情感的内容"，苏敏用自己的故事诠释了这一点，成为无数人心中的榜样。
>
> （案例来源：根据央视网内容整理所得）

4. 独特新颖，具有社会流通性的内容

对于独特新颖的内容，用户总是喜欢奔走相告。在这些内容背后，实际上还有另一层分享因素。用户分享这些内容时，往往希望展示自己掌握了最新的信息，体现自己的见识。因此,这类内容具有社会流通性。用户喜欢讨论让自己感觉良好的内容,自媒体运营者需要提供这种交流机会,让用户觉得自己是"知情人",这样用户自然会将自媒体账号分享给其他人。对于用户而言,分享这些内容可以提升自己的形象。

5. 想说却不敢说或说不好的内容

在互联网或现实中,有很多东西是人们不敢说出口或不知道如何表达的。比如,一些"吐槽"类的内容特别受欢迎,这些内容的分享量比较有保证,为什么呢?就是因为他们替很多人说出了心里话,而且用语非常精辟,用户本来苦于不知道怎么表达,在看完他们的"吐槽"后,只能用一个字来形容,那就是"爽"!

6. 有争议性的内容

有争议的内容往往能吸引用户的关注,因为不同的观点会引发讨论。用户希望更多人参与讨论,并且希望别人和自己的看法一致,这自然促使他们去分享和传播这些内容。

(四)懂得发声

KOL(Key Opinion Leader)和普通的网红是不一样的,KOL的真正价值在于以下三点。

1. Key(关键)

KOL在关键时刻,尤其是在领域内重大事件的关键节点、重大行业新闻或行业形势转折点到来时,应当站出来,表明自己正在关注这些事情。

2. Opinion(意见)

在关键问题上,KOL要站出来表明自己的观点。其实,很多矛盾事件的背后就是要看哪一方的观点更具有说服力。

3. Leader(领袖)

KOL要为自己的粉丝发声,就像一个扩音器一样,要把一直支持他的粉丝想说的话说出来。所以,KOL表达的每一个观点都要思考清楚,因为KOL代表的是身后成千上万甚至是上百万的粉丝。

所以,KOL一定要内外兼修,不仅要有学识,也要有个性。另外,最终语言叙述方式、三观、关注点、性格等均会融合成IP的"灵魂"或"内核"。

项目课后

教学互动

(1)你认为旅游企业在打造IP时应该如何挖掘和提炼自身的特色元素?
(2)针对不同的目标市场,旅游企业应如何制定差异化的新媒体运营定位策略?
(3)如何通过数据分析和效果评估来检验定位策略的有效性?
(4)在打造个人IP的过程中,如何平衡个人特点与市场需求之间的关系?请举例说明。
(5)分享一个你关注的自媒体账号,分析其成功的原因和可能存在的问题。

(6)面对不断变化的互联网行业环境,如何保持个人自媒体的竞争力和吸引力?请提出你的建议。

项目实训

实训项目	自媒体定位
实训准备	根据项目一、项目二的项目实训成果,进行本项目实训
实训要求	(1)准备空白的自我定位分析表,小组讨论后,进行填写(详见工作任务3); (2)教师准备一个当地文旅IP的案例,请同学们分析这个IP的定位是否合理,为什么
实训成果	自我定位分析表
评价方式	学生自评、互评与教师评价相结合,并进行新媒体运营实践

项目小结

内容提要

本项目聚焦新媒体运营定位,涵盖了旅游企业IP打造和个人自媒体运营定位两大核心内容。通过学习,学生能够深入理解新媒体运营定位策略在新媒体运营中的关键作用,掌握制定和实施有效定位策略的方法。

核心概念

学生可在本项目中学习新媒体运营定位的基础要素。对于旅游企业来说,特色元素挖掘和IP打造成为提升品牌在新媒体领域影响力的关键。在个人自媒体方面,学生可以学习如何精准定位并打造独特的个人IP。

重点实务

本项目注重学生实践操作能力的培养。学生可通过案例分析和教学互动,提升自己在新媒体运营中的定位策略制定能力。同时,本项目还强调了持续学习和创新思维的重要性,鼓励学生在不断变化的新媒体环境中保持敏锐的洞察能力和创新能力。

项目四
新媒体平台选择及矩阵搭建

◇ 项目描述

本项目全面介绍了旅游行业在新媒体时代的平台选择策略、矩阵搭建方法以及账号优化技巧。新媒体运营者可以通过深入调研主流新媒体平台,并结合平台选择策略,在众多平台中找到合适的推广渠道,同时了解如何搭建一个高效的新媒体平台矩阵,实现多平台间的协同作用。通过本项目的学习,学生能够制定适合自己的平台选择策略,并成功搭建一个高效的新媒体平台矩阵。

◇ 项目目标

知识目标	了解主流新媒体平台的特性及其与旅游内容的契合点,掌握旅游新媒体账号搭建与优化的基本流程和方法,了解不同新媒体平台的特点和运营策略,掌握旅游新媒体平台矩阵的架构设计原则与策略
能力目标	能够独立对新媒体平台进行调研和分析,制定平台选择策略,并搭建新媒体平台矩阵
素养目标	培养学生对新媒体账号运营的专业素养和创新意识,提升学生的团队合作能力、创新思维和问题解决能力,同时增强学生对新媒体行业的洞察力

◇ 学习难点与重点

重点	了解各个新媒体平台的特点、互动功能及其对旅游营销的影响; 对账号现状进行评估并制定定位调整策略,优化视觉元素和文字信息; 掌握旅游新媒体平台矩阵中核心平台与辅助平台的角色定位,并能够正确运用内容差异化与协同传播策略

难点	如何根据不同新媒体平台的特点和用户需求进行定制化的账号搭建与优化,以及如何持续跟踪平台动态和用户反馈并进行策略调整; 如何根据数据分析结果制定有效的定位调整策略,并在不同的社交媒体平台上统一账号风格

◇ 项目导入

思考:各种新媒体平台

生活中,我们会用到哪些新媒体平台?它们各有什么特点?除此之外,还有哪些旅游类新媒体平台呢?

部分新媒体平台及特点如图4-1所示。

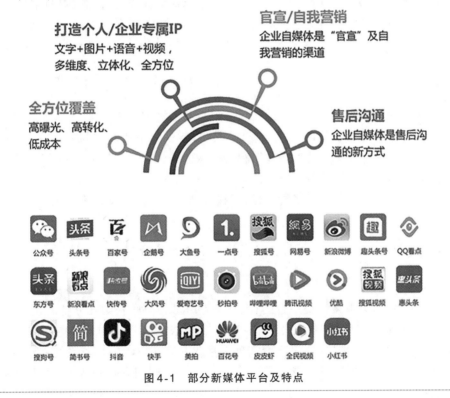

图4-1 部分新媒体平台及特点

 工作任务1 调研平台特性与优势

一 主流新媒体平台概览

在新媒体时代,旅游行业与新媒体的结合日益紧密,涌现众多主流新媒体平台。这些平台以其独特的优势和特色,成为旅游行业宣传、营销和服务的重要渠道。

（一）OTA平台：携程、去哪儿等

1. 平台简介

携程是中国领先的在线旅游服务提供商，其提供机票、酒店、度假、签证等全方位的旅游服务。用户可以在携程平台上轻松比较不同供应商之间的价格和服务，选择适合自己的旅游产品。携程几乎与全球的航空公司、酒店、旅行社等建立了合作关系，确保为用户提供丰富多样的旅游选择。在技术创新方面，携程也走在行业前列。通过引入先进的大数据分析和人工智能等技术，携程不断优化用户体验感，提升服务效率。

去哪儿是另一个知名的在线旅游服务平台，其提供与携程类似的服务。去哪儿的特色在于其强大的搜索和比价功能，用户可以快速找到优惠的机票、酒店等旅游产品。

2. 商业模式

携程、去哪儿等OTA（在线旅游）平台通过整合旅游资源，提供酒店预订、机票购买、旅游攻略等一站式在线服务。携程、去哪儿等OTA平台与酒店、航空公司、旅行社等建立了合作关系，通过技术手段将各类旅游产品或服务汇聚在一个平台上，为用户提供便捷、全面的旅游服务。

3. 盈利方式

OTA平台的主要盈利方式包括佣金收入、广告收入和增值服务收入。佣金收入是指OTA平台从合作伙伴处获得的销售提成，这是OTA平台主要的盈利方式。广告收入是指OTA平台通过展示合作伙伴的广告而获得的收入。增值服务收入是指OTA平台通过提供额外服务如保险、租车等而获得的收入。

OTA平台的个人盈利模式多种多样，但核心都在于为用户提供有价值的预订服务并赚取佣金。

（二）视频平台：抖音、快手、B站、腾讯视频、爱奇艺等

1. 平台简介

抖音和快手，是短视频社交平台的代表。通过短则几秒、长则几分钟的视频，短视频社交平台可将旅游目的地的美景、文化、风俗等生动地呈现在用户眼前。旅游机构和个人可以利用这些平台进行旅游推广，通过平台高度个性化和算法驱动的推荐系统，吸引更多游客。同时，短视频平台也为旅游行业带来了"网红效应"，一些热门景点和特色酒店因为短视频的传播而迅速走红。

腾讯视频和爱奇艺等是中国领先的长视频平台。虽然长视频不像短视频那样易于传播，但长视频具有的深度性和专业性可以为旅游行业的发展提供更多的可能性。例如，一些旅游纪录片、综艺节目等长视频内容，能够更深入地挖掘旅游目的地的历史文化和风土人情，提升旅游目的地的文化内涵和品质。对于喜欢深度游的游客来说，长视频是其获取旅游灵感和知识的重要渠道。

B站（哔哩哔哩）是一个以ACG（动画、漫画、游戏的总称）文化为主的综合视频社区，其也涵盖了其他内容，包括旅游。在B站上，用户可以找到大量的旅游攻略和景点介绍等视频。与抖音和快手相比，B站的用户群体更加年轻化，因此旅游内容在B站上往往更加注重

深度和独特性。B站还通过弹幕和评论区等,为用户提供了一个互动交流的平台。

2. 商业模式

短视频平台(如抖音、快手等)鼓励用户创作和分享与旅游相关的内容,通过算法将这些内容推送给可能感兴趣的用户。短视频平台通过与旅游景区、酒店、旅行社等合作,共同推广特定的旅游目的地或产品,展示它们的独特魅力。旅游目的地可利用平台的直播功能,进行实时的旅游景点导览、活动直播等,为用户提供真实、即时的旅游体验感。短视频平台通过点赞、评论、分享等社交互动功能,可以增强用户的参与感和黏性,形成旅游内容的口碑传播。

长视频平台(如腾讯视频、爱奇艺等)通过投资并制作高质量的旅游纪录片、综艺节目等,深入挖掘旅游目的地的文化和历史。长视频平台通过与电视台、制作公司等进行版权合作,能够引进优质的旅游项目,丰富平台的旅游板块。部分独家或高质量的旅游内容可以实行付费观看,这样能够满足不同用户的观看需求。长视频平台通过电视、手机、平板等多屏互动功能,为用户提供更加便捷和个性化的观看体验感。

B站鼓励用户上传与旅游相关的原创视频,如旅游Vlog、攻略等。B站通过与专业的旅游内容创作者或机构合作,能够提供高质量的旅游视频。通过独特的弹幕系统和评论区功能,B站可以增强与用户之间的互动和交流,形成独特的社区氛围。另外,B站推出的大会员服务,能够满足用户对高清画质等的需求。同时,B站还销售与旅游相关的周边产品。

3. 盈利方式

短视频平台的主要盈利方式包括广告收入、电商分成和品牌合作等。广告收入是指短视频平台通过展示与旅游相关的广告而获得的收入。电商分成是指短视频平台与旅游合作伙伴共同推广旅游产品,并从中获得销售分成。品牌合作是指短视频平台与旅游品牌进行合作,通过定制内容、活动策划等方式提升品牌影响力并获得收入。

长视频平台一般会推出会员服务,提供无广告观看、高清画质、独家内容等。对部分热门或独家的旅游节目实行付费点播,满足用户的个性化需求。长视频平台在视频播放前可展示广告,或与广告主合作进行内容植入和定制推广。同时,长视频平台可将平台上的优质旅游内容分销给其他平台或媒体,获取版权费用。

(三) 社交分享平台:小红书、马蜂窝、知乎等

1. 平台简介

马蜂窝是目前国内较大的旅游社交分享平台,用户可以在马蜂窝上找到丰富的旅游攻略和真实的用户评价,为用户决策提供支持。马蜂窝通过提供高质量的旅游内容和社区服务可以吸引用户的参与和互动。

小红书是一个以用户生成内容为主的社交分享平台,在旅游领域具有广泛的应用。用户可以在小红书上分享自己的旅游攻略、旅行体验感等,形成口碑效应。小红书注重内容的质量和真实性,通过精准的推荐算法将相关内容推送给感兴趣的用户。

知乎是一个中文互联网高质量问答社区和创作者聚集的原创内容平台。知乎凭借认真、专业、友善的社区氛围和独特的产品机制,吸引了中国互联网上科技、商业、文化等领域的创造者。在旅游领域,知乎也具有一定的应用价值。知乎上的创作者通常具有相关专业

背景、职业经历或深度兴趣,他们积累了大量优质内容,形成了从创作者、内容到消费者的正向循环生态。知乎的百度搜索权重很高,且长尾流量充足。

2. 商业模式

小红书和马蜂窝以用户生成内容为核心,聚集了大量对旅游有浓厚兴趣的用户,他们分享的内容为旅游行业带来了口碑传播和用户互动的机会。知乎凭借其专业和高质量的内容,为旅游行业提供了一个深度探讨和学习的平台。这三个平台都通过提供有价值的内容和服务,吸引了大量的用户和旅游行业的关注。

3. 盈利方式

社交分享平台的主要盈利来源包括广告收入、内容付费和品牌合作等。广告收入是指社交分享平台通过展示旅游相关广告而获得的收入。内容付费是指社交分享平台提供付费旅游攻略、定制行程等增值服务而获得的收入。品牌合作是指社交分享平台与旅游品牌进行合作,通过推广活动、定制内容等方式获得的收入。

(四)社交媒体平台:微信、微博、今日头条等

1. 平台简介

(1)微信。

微信公众号和小程序已经成为旅游行业的重要营销工具。旅游企业可以通过微信公众号发布旅游资讯、推广活动、提供客服服务等,增强与游客的互动和联系。同时,微信小程序也为游客提供了便捷的旅游服务,如预订酒店、购买机票、查询旅游攻略等。

同步案例 4-1:
微信公众号深度
解析:功能、用户
画像、旅游应用
与盈利模式

(2)微博。

微博的传播速度和影响力使其成为旅游行业的重要宣传渠道。旅游企业可以通过微博发布旅游动态、分享美景图片和视频等内容,吸引更多潜在游客的关注。同时,微博的热点话题和趋势也为旅游企业提供了市场洞察和舆情监测的依据。

(3)今日头条。

今日头条是一个以个性化推荐为主的资讯平台,在旅游领域也有一定的应用。今日头条通过推荐算法将与旅游相关的资讯内容推送给感兴趣的用户,满足用户对旅游信息的需求。同时,今日头条还提供数据分析服务帮助旅游企业了解用户喜好和行为习惯,帮助其实现精准营销。

2. 商业模式

微信、微博等社交媒体平台凭借其庞大的用户基础和强大的社交功能,为旅游行业提供了与用户互动和品牌推广的机会。社交媒体平台通过公众号、小程序、企业蓝V等功能,为旅游景区、酒店等提供了与用户直接互动的渠道。

3. 盈利方式

社交媒体平台的主要盈利方式包括广告收入、增值服务和数据服务等。广告收入是指

社交媒体平台通过展示旅游相关广告而获得的收入。增值服务是指社交媒体平台提供付费推广、会员服务等额外功能而获得的收入。数据服务是指社交媒体平台利用大数据分析技术为旅游企业提供市场洞察和用户画像等服务获得的收入。

二 平台特性与旅游内容契合度分析

（一）内容形式与传播特点对旅游内容的适应性

在数字化时代，平台的内容形式与传播特点对旅游内容的推广至关重要。旅游内容本身具有视觉化、情感化和体验化的特点，而现代社交平台的内容形式与传播方式，如短视频、直播和图文结合等，正好能够与之相适应，为旅游内容的推广提供了有力支持。

短视频的流行使得旅游内容能够在极短的时间内传达丰富的信息。通过精心的剪辑和特效处理，短视频能够突出旅游景点的亮点和特色，以更加直观、生动的方式呈现给用户，从而激发用户的兴趣和旅游欲望。短视频的传播速度快、覆盖面广，能够在短时间内吸引大量用户的关注和分享，进一步提升旅游目的地的知名度和吸引力。

直播平台则为用户提供了实时的旅游体验感。通过主播的镜头，用户可以实时感受旅途中的风景、文化和人情味，仿佛置身于旅游目的地。这种实时的传播方式增强了旅游的参与感和真实感，让用户能够更加深入地了解旅游目的地的实际情况和魅力所在。同时，直播平台还可以提供与主播的互动和交流机会，增强用户与旅游目的地之间的互动性。

图文结合的形式在深度报道和旅游攻略方面有着不可替代的优势。精美的图片和详细的文字说明相结合，能够为用户提供更加全面的旅游信息。图片可以直观地展示旅游景点的美景和特色，文字说明可以对图片进行补充和解释，帮助用户更好地了解景点的历史、文化和游玩方式等。精美的图片和详细的文字说明，能够为用户提供全面的旅游信息，帮助用户做出旅游决策。这种图文结合的形式不仅提升了旅游内容的可读性和吸引力，还为用户提供了更加便捷地获取旅游信息的方式。

（二）用户群体与定位和旅游目标受众的匹配度

不同的平台有着不同的用户群体和定位，这对于旅游内容的推广和目标受众的匹配至关重要。旅游行业的目标受众具有多样化的特点，包括不同年龄、性别、兴趣和消费能力的人群。因此，选择与旅游目标受众匹配度较高的平台进行推广，能够提高推广效果和用户转化率。主流新媒体平台用户群体画像如表4-1所示。

例如，一些以年轻用户为主体的社交平台，其用户群体具有活力、冒险精神和追求新鲜事物的特点，与旅游行业的年轻受众高度契合。在这些平台上推广旅游内容，能够更容易地引起用户的共鸣和兴趣。一些以家庭或中老年用户为主体的平台，则更适合推广家庭游、亲子游或中老年游等。

此外，平台的定位也会影响旅游内容的推广效果。一些高端、专业的平台，其用户群体对旅游的品质和服务有更高的要求，适合推广高端旅游产品或定制旅游服务。一些大众化、娱乐化的平台，则更适合推广普及型旅游产品或主题旅游活动。

表 4-1 主流新媒体平台用户群体画像

平台名称	月活用户人数	性别比例(男:女)	主要年龄层	主要学历	主要地域	主要收入阶层	主要喜好	旅游契合程度
携程	2.5亿+	55:45	25—45岁	大专及以上	一线及新一线城市	中等及以上	旅行、高品质服务	高
去哪儿	1.5亿+	50:50	18—35岁	广泛覆盖	全国覆盖	中等收入	旅行、性价比	高
抖音	8亿+	45:55	15—35岁	高中及以上	全国覆盖	广泛覆盖	短视频、音乐、舞蹈等	中等
快手	6亿+	50:50	18—35岁	高中及以上	全国覆盖,下沉市场较多	广泛覆盖,下沉市场偏低	真实、生活化内容	中等
腾讯视频	4.5亿+	52:48	18—45岁	大专及以上	全国覆盖	中等及以上	电影、电视剧、综艺	低
爱奇艺	5.5亿+	50:50	18—35岁	广泛覆盖	全国覆盖	中等收入	创新、独家内容	低
B站	3.5亿+	60:40	15—30岁	高中及以上	全国覆盖,大城市较多	学生和初入职场	动漫、游戏、二次元	低
小红书	2.5亿+	30:70	18—35岁	大专及以上	发达地区	中等及以上	美妆、时尚、购物	中等
马蜂窝	1.8千万+	55:45	18—40岁	大专及以上	全国覆盖	中等及以上	旅行、文化交流	高
知乎	1.5亿+	60:40	20—40岁	本科及以上	全国覆盖,大城市较多	中等及以上	知识分享、问答互动	低
微信	12亿+	52:48	覆盖所有年龄段	广泛覆盖	全国覆盖	覆盖各收入阶层	社交、聊天	低
微博	5.5亿+	45:55	15—35岁	广泛覆盖	全国覆盖	覆盖各收入阶层	时事新闻、娱乐八卦	低
今日头条	3.5亿+	55:45	以成年人为主	广泛覆盖	全国覆盖	覆盖各收入阶层	新闻资讯、个性化推荐	低

表格说明:

① 月活用户人数数据是基于公开资料(2023年各季度)搜索得出的,但具体数字可能随时间和市场变化而有所波动。

② 性别比例给出的是大致比例,具体比例可能因地区和用户群体而有所差异。

③ 年龄、学历、地域、收入和喜好等信息是基于用户画像和市场研究的普遍认知得出的,可能会存在个体差异。

④ 与旅游契合程度是基于平台的主要功能、用户行为以及旅游相关内容的丰富程度进行的评估,分为高、中等和低三个层次。高表示平台与旅游紧密相关,有大量旅游相关的内容和服务;中等表示平台上有一定的旅游相关内容,但不是主要功能;低表示平台与旅游关联较小,旅游相关内容相对较少。

(三)分析竞争对手在各平台的布局情况

在旅游行业的激烈竞争中,旅游企业对竞争对手在新媒体平台的布局进行深入分析至关重要。

1. 确定同类竞争对手

旅游企业要系统地识别在同一地域、提供相似旅游产品或服务的企业,这些企业是旅游企业的直接竞争群体。通过市场调研、行业报告分析以及在线旅游平台的搜索排名等数据,旅游企业可以筛选出主要的竞争对手。这一步骤的核心在于确保旅游企业关注的企业与其目标市场、用户定位和业务模式存在直接竞争关系。例如,在同一城市中,以青旅为主的民宿和野奢风格的民宿并不是直接竞争关系;以C端(用户端)用户为主的出境旅行社和以B端(企业端)用户为主的研学旅行社也不是竞争关系。

2. 分析竞争对手的新媒体布局

旅游企业在确定主要竞争对手后,需详细分析竞争对手在新媒体平台上的布局策略。具体包括以下内容。

(1)平台选择。

旅游企业要观察竞争对手主要在哪些新媒体平台上活跃,如微博、微信、抖音等,并评估这些平台与其业务模式的契合度。

(2)内容策略。

旅游企业要分析竞争对手发布的内容类型、风格、频率以及受众互动情况,以揭示其内容营销的有效性。

(3)用户互动。

旅游企业要评估竞争对手如何与用户互动,包括回复评论、处理投诉、举办线上活动等,以了解其在用户关系管理方面的表现。

同时,旅游企业还可以通过第三方工具来监测他们的账号表现,如粉丝数量、互动率、内容传播范围等。

3. 制定差异化竞争策略

旅游企业要基于对竞争对手新媒体布局的深入分析,制定差异化的竞争策略。具体包括以下内容。

(1)内容创新。

旅游企业要在保持与竞争对手相似内容质量的基础上,寻求内容形式、主题或呈现方式上的创新,以吸引用户的关注。

(2)平台差异化。

旅游企业要选择在竞争对手相对薄弱的平台上发力,或专注于某一特定平台以形成自己的优势。

(3)增强用户互动。

旅游企业要通过更加积极、个性化的用户互动方式,提升用户体验感和忠诚度,从而在市场竞争中脱颖而出。

(4)布局新兴平台。

旅游企业要布局新兴平台。例如，随着元宇宙概念的兴起，可以在虚拟世界中进行布局，为用户提供更加沉浸式的旅游体验。

如果旅游企业认为自己在某些方面可以超越竞争对手，那么也可以选择正面竞争。例如，旅游企业可以加大在新媒体平台上的投入，提高内容发布频率和质量，争取在同类内容中脱颖而出。或者，旅游企业也可以尝试与知名网红或意见领袖合作，通过他们的影响力提升自己的品牌曝光度。

（四）互动功能与社交属性

现代的社交平台一般具有强大的互动功能和社交属性。通过互动功能，社交平台能够促进用户与用户之间的交流和分享，形成旅游内容的口碑传播。同时，社交属性也使得平台成为旅游行业的重要营销阵地，旅游企业可以通过建立官方账号、发布旅游动态和优惠信息等方式，与用户进行直接互动和沟通，促进旅游产品的销售量和服务质量的提升。另外，社交平台还可以通过大数据和算法技术，对用户的旅游偏好和需求进行精准分析，为用户提供更加个性化的旅游推荐和服务，提高用户的满意度和忠诚度。

1. 旅游服务平台（携程、去哪儿等）

旅游服务平台凭借评论、打分、问答等互动功能，构建了一个全面的旅行者社交网络。用户可以在此分享经验、交流心得，形成宝贵的旅行参考资料。旅游服务平台的社交属性强化了用户与用户之间的连接与信任，为旅游行业提供了丰富的用户反馈和市场洞察机会。

2. 短视频平台（抖音、快手等）

短视频平台具有以点赞、评论、分享为核心的互动功能，这些功能使短视频平台成为高度社交化的内容消费场所。用户可以在此创作、观看和分享旅行短视频，形成生动的视觉体验感。这些平台能够通过短视频的直观展示激发用户的旅游兴趣，为旅游目的地和酒店等提供创新的营销和推广机会。短视频平台的社交属性促进了用户与用户之间的实时互动与共鸣。

同步案例4-2：抖音运营三大机制

一、去中心化

去中心化就是只要内容够吸引人，粉丝量肯定上涨。也就是说，尽管用户关注了某个旅游博主，但用户可能不会经常刷到这个博主的视频。这便与抖音的审核机制也就是去中心化有关。用户刷不到博主的视频跟用户是不是博主的粉丝是无关的，这只与博主的视频内容有关。也就是说，博主的视频内容质量越高，视频就越有可能被更多的人刷到，播放量也就越高。这个特点给了新人不少机会，只要视频内容质量高，就有可能被更多的人看到。

二、叠加推荐

叠加推荐是指博主发布视频之后，抖音会把视频推荐给一些人看，如果观看的人数较多或者转发量比较高，那么系统便认为这个视频不错，就会推荐给更多人,如此循环,只要视频质量高,就会获得更多推荐量。

三、查重机制

抖音保护原创,所以为了避免抄袭、搬运,抖音设置了查重机制。一旦某一博主的视频跟别人的相似度太高或者被抖音认为是抄袭的,那么此博主的视频就无法得到推荐,甚至该博主还有可能被封号。总之,在抖音上要想火,就要多发原创。

3. 综合视频平台(腾讯视频、爱奇艺等)

尽管综合视频平台以视频内容消费为主,但评论、点赞等互动功能仍然为用户提供了与内容创作者和其他用户交流的机会。在旅游行业,这些综合视频平台能够通过播放与旅游相关的纪录片、综艺节目等吸引用户关注,激发用户对旅游目的地的兴趣。同时,这些综合视频平台也可能成为旅游品牌宣传和推广的重要渠道。

4. 社区分享平台(小红书、B站等)

社区分享平台以用户生成内容为核心,通过点赞、评论、关注等互动功能形成了用户兴趣相投的社群。用户在平台上分享旅行笔记、视频等,形成了独特的内容生态。社区分享平台的社交属性强化了用户之间的认同感。在旅游行业,这些社区分享平台通过精准的用户定位和高质量的内容传播,为旅游目的地和酒店等提供了有针对性的营销和推广依据。

5. 问答社区平台(知乎等)

知乎等问答社区平台汇聚了大量专业人士和普通用户的知识和经验。通过问答、评论等互动功能,问答社区平台形成了深入的讨论和交流氛围。在旅游行业,问答社区平台可以讨论较为专业的旅游问题。

6. 旅游社交平台(马蜂窝等)

马蜂窝等旅游社交平台以旅行攻略分享、评论交流为主,形成了紧密的旅行爱好者社交圈。用户在旅游社交平台能够深入交流旅行心得,获取第一手旅游目的地信息。旅游社交平台的社交属性强调共同兴趣与经验分享,为旅游行业提供了宝贵的用户反馈和市场洞察等机会。

7. 综合性社交平台(微信等)

微信通过朋友圈、公众号等互动功能构建了强大的社交网络。用户可以在综合性社交平台上分享旅行的点滴、获取旅游资讯和服务等。综合性社交平台的社交属性体现在广泛地连接人与人、信息与服务的能力上。微信是较封闭的社交圈,必须成为某一用户的好友才能看到他发布的内容,这为私域流量精准运营打下了良好的基础。

8. 公共信息平台(微博等)

微博等公共信息平台以内容发布、转发和评论为主,具有极强的实时性和传播性。用户可以在公共信息平台上关注旅游达人、获取旅行动态和推荐等。公共信息平台的社交属性体现在公共信息平台能够快速传播旅游内容并获得广泛关注的能力上。在旅游行业，公共信息平台的应用潜力在于其能够迅速聚集用户，通过话题讨论、活动推广等形式提升旅游目的地和酒店等的曝光度和影响力。

工作任务2　平台搭建与账号完善

一　账号信息概览与定位调整

（一）账号现状评估

在新媒体高速发展的时代，旅游企业想要在众多竞争者中脱颖而出，拥有一个或多个优质的新媒体账号至关重要。现在绝大多数旅游企业都有了自己的新媒体账号，对现有账号（如果存在）进行全面评估，是完善或搭建新媒体账号不可或缺的步骤。

1. 分析粉丝数量及其构成

粉丝数量是衡量新媒体账号影响力的重要指标之一，了解粉丝构成能更深入地了解目标受众的特征。通过数据分析工具，新媒体运营者可以获取粉丝的性别、年龄、地域分布等信息，为后续的内容策划和推广提供有力支持。

2. 互动频率和内容发布质量

互动频率反映了账号与粉丝之间的黏性，而内容发布质量则直接影响了粉丝的参与度和账号的口碑。新媒体运营者需要定期检查账号的互动情况，包括点赞、评论、转发等，以及内容的阅读量、分享量和收藏量等。同时，新媒体运营者还要对发布的内容进行质量评估，分析其原创性、有趣性、实用性等，以便找出新媒体账号的优势和劣势。

3. 用户反馈

用户反馈通常包括直接反馈和间接反馈两种。直接反馈是指用户通过评论、私信等方式直接表达的意见和建议，而间接反馈则可以通过用户行为数据（如停留时间、跳出率等）来推断。通过收集和分析用户反馈，新媒体运营者可以更准确地了解用户的需求和期望，进而优化新媒体账号的运营策略。

同步案例4-3：长沙市导游协会公众号分析

请学生利用粉丝数量、互动频率、内容发布质量以及用户反馈等关键指标，分析长沙市导游协会公众号，分析账号的优势和劣势，为后续的账号定位调整和内容优化提供依据。

用户分析页面如图4-2所示，流量分析页面如图4-3所示，流量来源页面如图4-4所示，日趋势页面如图4-5所示。

图 4-2 用户分析页面

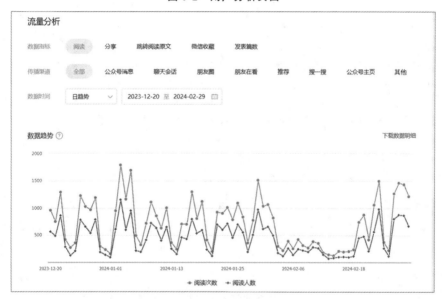

图 4-3 流量分析页面

图 4-4 流量来源页面

图 4-5 日趋势页面

（资料来源：根据长沙市导游协会公众号运营者授权信息整理所得）

（二）账号定位调整策略

定位调整策略的核心在于确保账号的内容、风格及整体定位与目标受众的需求紧密相连，从而在激烈的市场竞争中脱颖而出，实现品牌形象、用户黏性的提升以及业务的有效转化。

1. 明确目标受众

通过现状评估，新媒体运营者可以掌握粉丝数据，包括粉丝的性别、年龄、地域分布等，再通过深入的数据分析、市场调研以及用户行为研究等，进一步挖掘数据的价值。

市场调研是明确目标受众的重要手段之一。通过问卷调查、访谈等，学生可以与目标受众进行对话，了解目标受众的旅游偏好、消费习惯、信息获取渠道以及对新媒体内容的需求等。这些数据将为后续的账号定位调整以及内容策划提供支撑。

同时，密切关注市场动态和竞争对手的情况。通过分析行业趋势、竞争对手的账号定位和内容策略，新媒体运营者可以发现尚未被充分满足的用户需求和市场空白点，从而为自己的账号定位找到独特且有价值的方向。

2. 调整账号内容的主题和风格

调整账号内容的主题和风格的关键在于确保内容与目标受众的喜好和需求高度契合。例如，如果目标受众是年轻一代的旅行者，他们可能更喜欢轻松、有趣、富有创意的旅游攻略和见闻分享。因此，新媒体运营者可以尝试以更加幽默、接地气的语言风格来呈现账号内容,同时结合当时的流行元素和话题,吸引年轻一代旅行者的关注。

中老年旅行者可能更注重旅游的实用性、文化内涵以及安全性。因此,在账号内容主题选择上,新媒体运营者可以选择更加深入、详细的景点介绍、历史文化解读以及旅行安全提示等。在风格上,账号内容应保持亲切、专业且易于理解,让中老年旅行者感受到关心和尊重。

除了内容主题和风格,保持稳定的更新频率和高质量的内容输出也是至关重要的。在旅游行业,季节性和时效性是非常明显的。因此,新媒体运营者需要根据旅游的淡旺季、节假日以及重大事件等,合理规划内容的发布时间和频率。

3. 设定预期传播效果目标

接下来,新媒体运营者需要设定明确且可衡量的传播目标,这些目标应该与整体业务战略紧密相关。例如,新媒体运营者可以设定在未来半年内提升品牌知名度20%、增加粉丝数量50%等具体目标。同时,新媒体运营者还需要制定相应的评估标准和方法,以便定期追踪和评估账号的运营效果。

（三）账号信息梳理

定位调整策略确定后,新媒体运营者需要对账号的基本信息进行梳理和优化,包括名称、头像、简介、背景图等视觉元素,以及标签、关键词等文字信息。这些元素和信息会影响用户对账号的第一印象,因此必须确保它们的准确性、一致性且符合新的定位策略。

旅游企业需要在账号信息中凸显企业的专业性和特色。例如:在名称和简介中明确提及旅游企业的主营业务和特色产品;在头像和背景图中使用与企业形象相符的视觉元素;在标签和关键词中设置与企业业务相关的词汇等。这些做法有助于提升账号的专业形象,并增加用户对旅游企业的信任度和好感度。另外,新媒体运营者还需要定期更新这些信息以保持账号的活跃度和吸引力。

二 账号注册与验证设置

（一）相关证件的准备

部分主要平台注册证件要求一览表如表4-2所示。

表4-2 部分主要平台注册证件要求一览表

平台	类型	企业证件	运营者身份信息
微信	服务号	营业执照副本扫描件或照片(三证合一) 全国组织机构统一社会信用代码(未三证合一) 税务登记证(未三证合一) 法定代表人身份证正反面扫描件或照片 企业对公银行账户信息(用于验证)	运营者身份证正反面扫描件或照片 运营者手机号码 运营者邮箱(用于验证) 授权委托书(如运营者非法定代表人)

续表

平台	类型	企业证件	运营者身份信息
微信	订阅号	营业执照副本扫描件或照片（可选，个人也可注册） 如为企业注册，可能需要企业的全国组织机构统一社会信用代码证等相关证件	运营者身份证正反面扫描件或照片 运营者手机号码 运营者邮箱（可选）
微博	企业蓝V	营业执照副本扫描件 全国组织机构统一社会信用代码扫描件（如适用） 企业银行开户许可证明或基本存款账户信息	授权委托书（如运营者非法定代表人） 运营者身份证正反面扫描件 运营者联系电话
	个人橙V	个人身份证扫描件或照片	个人身份证正反面扫描件 个人联系电话
小红书	企业号	营业执照副本电子版 税务登记证（未三证合一） 企业银行账号信息	运营者身份证电子版 运营者手机号 授权委托书（如运营者非法定代表人）
	个人号	个人身份证电子版（用于实名认证）	个人身份证电子版 个人手机号
抖音	企业蓝V	营业执照副本扫描件 全国组织机构统一社会信用代码（未三证合一） 法定代表人身份证扫描件	运营者身份证正反面扫描件 运营者手持身份证照片（部分情况需要） 运营者手机号
	个人黄V	个人身份证扫描件或照片（用于实名认证）	个人身份证正反面扫描件 个人手机号
马蜂窝	企业认证	营业执照副本电子版或扫描件 企业银行开户证明 税务登记证和税务登记证（未合并） 法定代表人身份证正反面电子版	运营者授权书（如运营者非法定代表人） 运营者身份证正反面电子版 运营者联系邮箱和电话
	个人认证	个人身份证电子版或扫描件（用于实名认证）	个人身份证正反面电子版 个人手机号或邮箱（用于账号注册和验证）

注：以上信息是根据各平台的一般要求整理的，以上内容可能随着平台政策的更新而发生变化。在实际注册和认证前，建议各企业或运营者直接查阅各平台的官方指南或联系平台客服获取准确的信息。

（二）手机号与邮箱设置建议

在新媒体平台的账号注册和后续运营中，手机号和邮箱地址起到了至关重要的作用。它们不仅是平台与用户之间沟通的桥梁，还是确保账号安全、及时接收平台通知和反馈的关键渠道。

1.联系方式与邮箱地址的作用

(1)账号安全验证。

在进行注册、登录等操作时,新媒体平台通常会通过发送验证码到用户手机号或邮箱的方式,来确保操作的安全性。

(2)接收联系方式平台通知。

新媒体平台的活动通知、政策更新、审核结果等重要信息,都会通过手机号或邮箱及时传达给用户。

(3)找回账号密码与账号申诉。

当忘记自己账号的密码或账号出现异常时,用户可以通过预留的手机号或邮箱地址找回密码或进行账号申诉。

(4)与粉丝互动。

对于新媒体运营者来说,手机号和邮箱还是与粉丝建立直接沟通的渠道。

2.设置有效的手机号和邮箱地址的建议

(1)确保真实有效。

用户提供的手机号和邮箱地址必须是真实、有效的且能够正常接收信息和邮件。

(2)定期检查与更新。

由于手机号和邮箱地址可能会因为各种原因发生变更,建议用户定期检查并更新预留的手机号和邮箱地址。

(3)避免使用临时或公用号码。

为了提高账号的安全性,建议用户避免使用临时手机号或公共邮箱进行注册。

(4)开启双重验证。

建议支持双重验证的平台开启双重验证功能,以提升账号的安全性。

(三)注册流程和账号验证

注册流程和账号验证在各个新媒体平台上都较为相似。一般来说,用户需要访问新媒体平台官网或App,点击"注册"按钮并填写相关信息,如用户名、密码、手机号或邮箱等进行注册。在提交相关信息后,新媒体平台会发送验证码到用户的手机号或邮箱里,以确保信息的真实性。账号验证的方法通常包括手机短信验证、邮箱验证或人脸识别验证等。现今,各个新媒体平台的注册都有非常详尽的指导步骤,用户可根据指导步骤的提示一步步完成,在此不赘述。

这些指导步骤旨在保障用户账号的安全性和平台的可靠性,虽然具体操作细节可能因平台而异,但总体流程大同小异。

(四)账号注册后的初步设置

账号注册成功后,为了保障账号的安全和方便后续运营,需要进行一些初步设置,具体如下。

1.修改默认密码

账号注册时通常会设置一个默认密码,为了提高账号的安全性,建议用户及时修改默认密码,并设置一个保密强度较高的密码。

2. 完善个人资料

用户要根据个人或企业的实际情况,完善账号的个人或企业资料,包括头像、昵称、简介等。这有助于增加账号的可信度和吸引力。

3. 开启双重验证

建议支持双重验证的平台开启双重验证功能。双重验证可以在用户登录或进行敏感操作时增加额外的安全保障机制。

4. 设置安全保护问题

部分新媒体平台设置了安全保护问题功能,用户可以设置一些与个人信息相关的问题和答案。当用户忘记账号密码或账号出现异常情况时,这些问题可以用于验证用户的身份并帮助用户找回账号。

5. 绑定其他社交账号

为了方便用户在不同平台之间的切换和互动,部分新媒体平台支持绑定其他社交账号(如微信、QQ等)。绑定后,用户可以通过其他社交账号直接登录新媒体平台,无须再次输入用户名和密码。需要注意的是,绑定其他社交账号也可能增加账号被盗用或信息泄露的风险,因此建议用户谨慎选择是否绑定其他社交账号。

三 账号视觉元素优化

在新媒体时代,视觉元素对于旅游企业的账号来说,其重要性不言而喻。一个好的头像、封面图以及一致的视觉风格,都能为账号吸引更多的关注者,提升用户的互动体验感。

(一)头像与封面图设计

1. 作用

头像的好坏直接影响用户是否愿意进一步了解账号内容。对于旅游企业来说,一个清晰、有特色的头像能够迅速传达企业的品牌形象和服务理念。封面图像是账号的"名片背景",它为用户提供了一个更为广阔的视野,来展示旅游目的地的美景、企业的特色产品或服务。

2. 设计原则与技巧

(1)简洁明了。

新媒体运营者应避免使用过于复杂或难以辨认的图案,确保头像在各种尺寸下都能清晰显示。

(2)突出特色。

结合旅游企业或个人的特点,新媒体运营者要选择能够代表企业形象或旅游目的地标志性的元素进行设计,个人自媒体账号用个人头像比较好。

(3)高质量图片。

新媒体运营者应使用高分辨率的图片,确保图片在不同设备上都能保持良好的视觉效果。

同步案例4-4:旅游博主微信个人主页

旅游博主微信个人主页设计如图4-6所示。

图4-6 旅游博主微信个人主页设计

注:以上资料已获博主本人授权。

(二) 视觉风格的一致性

在新媒体平台上,账号往往需要在多个平台之间进行推广。保持视觉元素在不同平台间的风格一致性,有助于加强用户对品牌的识别度,提升用户对品牌的信任感和忠诚度。同时,统一的视觉风格也能够提升品牌的专业形象,增强账号的整体美感。

1. 色彩统一

新媒体运营者可选择与企业品牌形象相符的主色调,并在所有平台上保持一致。例如,一家以环保为主题的旅游企业,可以选择绿色作为主色调,以体现其环保理念。

2. 字体选择

除了色彩,字体也是实现视觉风格统一的重要元素。选择与品牌形象相符的字体,并确保不同平台上的文字信息具有一致性。例如,对于一家注重历史文化的旅游企业,可以选择具有古典韵味的字体来体现其文化底蕴。

3. 图形元素重复使用

新媒体运营者可设计一些独特的图形元素,如标志、图案或图标等,并在不同平台上重复使用。这些图形元素可以作为品牌的辅助识别符号,加深用户对品牌的印象。

(三)视觉元素更新策略

对于旅游新媒体账号来说,定期更新视觉元素是非常必要的。这不仅可以保持账号的新鲜感和活力,还能够吸引用户的持续关注。

1. 更新时机

根据节假日、特殊活动或季节变化等时机,新媒体运营者要及时更新新媒体账号的视觉元素。例如:在春节期间,可以将新媒体账号头像和封面图更换为红色,来营造春节的节日氛围;在夏季,可以将清凉的海岛风光作为新媒体账号的头像和封面图,来吸引用户的关注。此外,当旅游企业推出新的旅游产品或服务时,也可以及时更新相关视觉元素来配合宣传和推广。

2. 作用分析

定期更新视觉元素有助于提升用户的关注度和互动率。新的视觉元素能够激发用户的好奇心和探索欲,促使他们更加关注账号内容并积极参与互动。

四 账号文字信息修改与完善

除了视觉元素,文字信息也是旅游新媒体账号不可或缺的重要组成部分。一个清晰、简洁且易于记忆的名称和简介能够让用户迅速了解账号的定位和内容。精准、有吸引力的标签和关键词能够帮助账号在海量内容中脱颖而出。

(一)账号名称与简介修改

随着企业的发展和市场环境的变化,原有的账号名称和简介可能已经不再适应企业或市场当前的发展需求。此时,运营者就需要对账号的名称和简介进行修改和完善,以确保它们能够更好地反映企业的品牌形象和服务理念。同时,通过修改账号的名称和简介还可以提升账号的搜索排名和曝光率,吸引更多潜在用户的关注。账号名称与简介修改原则与技巧如下。

1. 简洁明了

账号的名称应简洁、易于记忆和拼写,避免使用过长或过于复杂的名称。账号的简介应能简洁明了地介绍账号的定位、特色和服务内容。

2. 突出特色

账号的名称和简介中应突出旅游企业的特色或服务亮点,有助于提升用户对企业品牌的认知度和信任感。例如:可以在账号的名称中加入企业的核心卖点或旅游目的地的特色元素;在账号的简介中强调企业的专业优势、服务质量等。

3. 使用关键词

在账号的简介中合理使用关键词有助于提高账号在搜索引擎中的排名。这些关键词可以是与企业相关的行业术语、热门景点等。需要注意的是,关键词的使用应自然、合理,避免过度堆砌和滥用。

以一家专注于欧洲高端旅游市场的旅行社为例。旅行社可以将其账号名称修改为"欧洲奢华之旅",并在账号的简介中强调旅行社提供的高端定制服务、专业导游团队以及优质的用户体验感等。这样的设置既突出了旅行社的品牌特色又便于用户记忆和搜索。

(二)标签与关键词优化

标签和关键词在新媒体运营中起着举足轻重的作用。它们不仅能够帮助用户快速找到感兴趣的内容,还能够提高账号的曝光率和流量。对于旅游企业来说,选择合适的标签和关键词能够让更多潜在用户发现旅游企业的账号并了解旅游企业的产品和服务。选择与设置标签与关键词的方法如下。

1. 相关性分析

选择与旅游企业相关的标签和关键词进行分析。这些标签和关键词应能够准确反映账号的定位和内容。例如,对一家专注于海岛旅游的旅行社来说,"海岛旅游""沙滩度假""潜水体验"等都是与其相关的标签和关键词。

2. 热门与长尾结合

在选择标签和关键词时,旅游企业既要考虑热门的流行词汇也要考虑长尾关键词。热门的流行词汇能够带来较大的流量,但竞争也相对激烈;长尾关键词虽然流量相对较小,但竞争也较小且更加精准。因此,旅游企业可以结合两者的优势选择和设置标签和关键词,以提高账号的曝光率和转化率。

3. 数量与分布策略

标签和关键词的使用应避免过度堆砌。同时,在不同平台上,标签和关键词的分布和密度要符合各平台的规范和算法要求。一般来说,在主要的内容区域如标题、正文开头和结尾等位置放置关键词有助于提高账号的搜索排名;标签的使用则可以根据平台的具体要求进行设置。

同步案例4-5:微博主页分析

用户决定是否关注一个博主前,可以先查看该博主的昵称、头像、简介、背景图以及曾经发布的创作内容等。由以上内容组成的页面被称为主页。

主页是博主留给用户的第一印象,可以说第一印象是至关重要的。用户能点开头像进入主页,就证明他已经被该博主的创作内容吸引了,想要进一步了解该博主。此时,用户究竟能不能关注该博主,就要靠该博主主页的运营了。主页分为昵称、头像、简介和封面。

一、个人博主主页分析

昵称是博主的代名词,提到昵称用户就会想到该博主发布过的内容,所以昵称的选择特别关键。

使用头像的核心目的也是突出账号的主体内容。一般情况下,用户可能会被博主的头像吸引。例如:某博主是一个讲母婴知识的博主,那么最好就用博主和孩子的亲子照片作为头像;某博主是一个讲理财知识的博主,那成熟稳重的西装头像就比较适合该博主。旅游博主的头像最好是个人在旅游中的形象,而非某景点的风景照。

头像的选择要做到和简介、昵称等主页内容相互关联,形成集聚效应,从而更好地推销自己。同时,博主的头像等要有较强的辨识度,不要和他人重复,要形成自己的品牌。

简介,要用简单的话概括账号内容、突出账号主体定位。一句话让大家知道博主专注于哪一领域。

封面要风格统一、简洁明了。封面的边框、包装、字体等需要有统一的规范和要求。

总的来看,主页(包含昵称、简介、头像、封面)是博主想要展示给用户看的,要想让用户第一眼"沦陷",就要给用户留下一个良好的印象。主页的内容看似简单、细碎,但也要做好设计,要做到四者(昵称、简介、头像、封面)之间的有机统一、互相印证,同时还要突出特色,把博主最好、最优秀的一面展示出来,让这个窗口成为一个放大镜,无限放大博主的优点,吸引用户的关注。

二、某旅游企业微博主页分析

"凤凰古城微博"是一个营销导向较强的旅游景区品牌微博账号,该账号特点:一是微博名称为"凤凰古城微博",而不是"凤凰古城",这是为了更好地开展搜索引擎营销,因为在名称上增添"微博"两字,微博账号内容对搜索引擎更加友好;二是简介部分清晰明了,涵盖了凤凰古城的品牌定位、核心景点以及微客服的服务互动平台等;三是友情链接有讲究,"凤凰古城微博"的三个友情链接均为北京天下凤凰文化传播有限公司旗下的旅游景区品牌,以微博矩阵形式,有利于达到旅游景区品牌联合传播的效果。"凤凰古城微博"首页如图4-7所示。

图4-7 "凤凰古城微博"首页

1. 头像设计

"凤凰古城微博"的头像为凤凰吊脚楼,能够区别于普通微博用户。另外,"凤凰古城微博"为企业微博,有企业蓝V认证,能让用户在第一时间就接收景区信息。

2. 简介

凤凰古城是中国历史文化名城,是中国旅游强县,曾被新西兰著名作家称赞为中国最美丽的小城。凤凰古城主要景点有虹桥风雨楼、万寿宫、崇德堂、杨家祠堂、东门城楼、沈从文故居、熊希龄故居等。另外,苗寨有山江苗寨、苗人谷苗寨。

3. 友情链接

凤凰古城微博设有三个友情链接,分别为张家界黄龙洞旅游微博、洪江古商城微博、烟雨张家界演出微博。

(三)文字信息更新策略

根据企业动态和市场变化及时更新账号的文字信息是非常重要的。例如:当企业推出新的旅游产品或服务时,企业应该及时在简介中进行介绍;当遇到节假日或特殊活动时,企业也可以发布相关的动态或活动信息,以吸引用户的关注。此外,企业还可以结合当前的热点话题或时事事件创作内容,以提高账号的活跃度和用户黏性。需要注意的是,更新的内容应与账号的定位和目标用户相符合,避免盲目跟风或发布与旅游无关的信息。

定期更新文字信息能够让用户感受到账号的活力和新鲜感,从而保持对账号的持续关注。同时,账号内容要与企业动态和市场变化紧密相关,这样能够引发用户的关注和兴趣。通过不断更新和优化文字信息,企业可以更好地与用户互动、传递品牌价值并提升市场竞争力。

五 账号功能设置与安全维护

(一)账号功能设置

1. 功能设置概述

各个新媒体平台都为运营者设置了多种功能,如自定义菜单、自动回复、数据分析等。这些功能使得运营者能够更加精准地触达目标用户,提供个性化服务。微信公众号提供了自定义菜单、自动回复、模板消息等功能,旅游企业可以通过自定义菜单展示旅游产品、旅游攻略等;设置自动回复功能,旅游企业能够及时回答用户问题;利用模板消息推送优惠活动、行程提醒等,提升用户体验感。微博注重短内容传播,旅游企业可以利用短视频、直播等功能展示旅游景点、旅游活动;通过话题、超话等功能聚合用户讨论,提高品牌曝光度。旅游企业可以利用小红书的商城功能,推广旅游产品,实现流量变现。在抖音和快手中,旅游企业可以通过挑战赛、话题挑战等形式吸引用户关注,提升品牌知名度。

同步案例4-6：小红书的商城功能

小红书商城功能提供了多种推广渠道，这些渠道有效地将旅游产品展示给目标用户，并促进目标用户购买。

一、直接店铺展示

旅游企业可以在小红书的商城中开设自己的官方店铺。通过精心设计的店铺页面和详细的产品介绍，旅游企业可以直接展示旅游产品，吸引用户关注并促成交易。

二、内容营销

结合小红书的内容分享特性，旅游企业可以发布高质量的旅游攻略、景点介绍、用户游记等，并在内容中嵌入商城产品的链接。这种"内容+购买"的模式能够激发用户的购买欲望，实现内容与销售的完美结合。

三、KOL与网红合作

小红书上有众多旅游领域的KOL和网红，他们拥有大量的粉丝和较高的影响力。旅游企业可以与这些KOL和网红合作，邀请他们体验本企业的旅游产品并发布相关的推广内容，借助他们的影响力提升旅游产品的曝光度。

四、社区互动

小红书的社区功能允许用户发表笔记进行评论和互动。旅游企业可以积极参与社区讨论，回答用户问题，发布有价值的信息，建立良好的品牌形象。在社区中，旅游企业可以与用户建立信任关系，而后适时推广商城产品，这样往往能够获得更好的效果。

五、广告投放

小红书提供了广告投放平台，旅游企业可以根据目标用户的特征和兴趣偏好精准投放广告。通过投放广告，旅游企业能够迅速提升本企业产品的曝光度，吸引潜在用户的关注。

六、优惠活动与促销

旅游企业可以定期举办优惠活动和促销活动，如折扣、满减等。

综上所述，小红书商城的多样化推广渠道为旅游企业提供了有效的营销手段。通过充分利用这些渠道，旅游企业可以增强品牌知名度、提高产品曝光度，从而推动销售业绩的提升。

（资料来源：编者整理所得）

2. 功能利用策略

在制定功能利用策略时，旅游企业应根据平台的特点和用户需求进行选择。例如：在小红书上发布高质量的旅游攻略和景点推荐笔记，吸引喜欢旅游的用户关注；在抖音上制作创意短视频展示旅游景点的美景和特色活动，以吸引年轻用户。

旅游企业可以通过功能设置提升用户的体验感和运营效率。例如：旅游企业可以利用自动回复功能，及时回答用户的问题；利用数据分析功能，了解用户的阅读习惯和兴趣偏好，为用户推送更加精准的内容；通过定期举办互动活动，增强用户与品牌之间的黏性。同时，旅游企业还可以利用数据分析功能,了解用户的行为习惯和兴趣偏好,为用户推送更加精准的内容和服务。

3.功能更新与迭代

随着技术的不断发展和用户需求的不断变化,各个新媒体平台也在不断更新和迭代自己的产品。因此,旅游企业需要关注新媒体平台的新动态和用户反馈,及时调整自己的策略。

(二)账号安全设置与敏感信息保护

在保障账号安全方面,除了设置强密码、绑定安全手机号等常规措施,用户还需要:定期对账号进行安全检查和漏洞扫描;限制访问权限和操作权限,防止未经授权的人员访问或操作自己的账号;定期备份重要数据,防止文件丢失或损坏等。

在敏感信息保护方面,用户需要关注:明确哪些信息属于敏感信息并进行分类管理;对敏感信息进行加密处理或采取其他安全措施;限制其他用户对敏感信息的访问和使用权限;定期对敏感信息进行安全检查和风险评估等。同时,用户还需要加强安全意识并定期参加培训,提升自己对敏感信息保护的认识和重视程度。

工作任务3　搭建与管理矩阵

一 旅游新媒体平台矩阵架构设计策略

(一)核心平台与辅助平台的角色定位与资源配置

在旅游新媒体平台矩阵架构中,核心平台与辅助平台的角色定位是至关重要的。它们各自承担着不同的责任,共同构成了一个全方位、多角度的宣传与服务体系。

核心平台应是用户基数大、活跃度高且与旅游行业高度相关的平台。例如,微信、微博等社交媒体巨头,凭借它们庞大的用户群体和高度活跃的社交环境,成为旅游新媒体宣传的必争之地。微信朋友圈的分享功能、微信公众号的深度内容推送功能,以及微博的实时更新动态功能和话题讨论功能等,都为旅游行业提供了极佳的宣传窗口。在这些新媒体平台上,旅游企业可以发布旅游资讯、推广旅游产品、提供用户服务,并与用户实时互动等。

然而,仅有核心平台是不够的。辅助平台的选择同样非常重要。辅助平台通常具有特定的用户群体或专业内容,能够为核心平台提供有力的补充。例如,旅游论坛是旅游爱好者聚集的社区,用户在这里可以交流旅游经验、分享旅游攻略,这样形成了丰富的UGC(用户生成内容)资源。短视频平台则以生动有趣的视频内容吸引了大量的用户,为旅游行业提供了展示旅游目的地旅游风光的新途径。

在资源配置方面,旅游企业需要根据平台的重要性和效果预期进行合理分配。对于核心平台而言,其在用户规模、用户活跃度和行业相关性方面具有优势,通常需要投入更多的资源进行内容制作、运营推广和广告投放。对于辅助平台而言,虽然用户规模可能较小,但由于其特定的用户群体和专业内容,往往能够形成较高的用户黏性和转化率,因此也需要给予足够的重视和支持。

(二)内容差异化与协同传播

在新媒体时代,"内容为王"的道理依然适用。对于旅游新媒体平台矩阵来说,内容的差异化和协同传播策略是提升传播效果的关键。

内容差异化是指针对不同新媒体平台的用户特点,制作符合新媒体平台调性和用户喜好的内容。例如:在微信平台上,内容可以更加注重深度和互动性,通过长文推送、H5互动游戏等方式吸引用户;在微博平台上,内容需要更加注重时效性和话题性,通过短文快讯、直播等方式吸引用户的注意。同时,针对不同新媒体平台的用户群体特征,新媒体运营者也需要调整内容的风格和定位。例如:对于年轻用户聚集的短视频新媒体平台,可以制作更加轻松有趣、具有创意的旅游短视频;对于专业旅游论坛,则需要提供更加深入、专业的旅游攻略和分享。

协同传播策略通过跨平台合作、活动联动等方式,实现内容的互补。例如,旅游企业可以联合多个平台共同举办线上旅游活动或赛事,通过互动参与和奖励机制吸引用户关注和参与。同时,旅游企业也可以利用跳转链接、二维码等方式实现平台之间的互联互通,引导用户在不同新媒体平台之间进行流转和互动。这种协同传播策略不仅能够提升单个新媒体平台的传播效果,还能够促进整个新媒体平台矩阵的协同发展。

(三)用户体验感的一致性与平台之间的互动

在旅游新媒体平台矩阵中,保持用户体验感的一致性和增强平台之间的互动设计是提升用户满意度和忠诚度的关键。

用户体验感的一致性是指在不同新媒体平台之间保持品牌形象、服务质量和交互体验的一致性。这要求旅游企业在各个平台上都遵循统一的设计风格、语言规范和服务标准,确保用户在任何一个新媒体平台上都能够获得一致且优质的体验感。例如:无论是在微信公众号还是在旅游论坛上,用户都能够快速找到所需的旅游信息和服务入口;无论是在微博还是在短视频平台上,用户都能够体验到旅游企业专业、热情的服务。

新媒体平台之间的互动设计是利用跳转链接、互推等方式增强平台之间的用户互动和流量转化。新媒体运营者通过合理设置跳转链接和推荐位,可以引导用户在不同新媒体平台之间进行流转和互动,从而提升整个新媒体平台矩阵的活跃度和用户黏性。例如:在微信公众号中发布一篇旅游攻略时,新媒体运营者可以在文末设置跳转链接引导用户前往旅游论坛参与讨论;在短视频新媒体平台上发布一段精彩的旅游视频时,新媒体运营者可以设置推荐位引导用户关注并转发微博上的相关话题。

综上所述,旅游新媒体平台矩阵的架构设计需要综合考虑:核心平台与辅助平台的角色定位与资源配置;内容差异化与协同传播策略的应用;用户体验感的一致性与平台之间互动设计原则。通过合理规划和精心运营,旅游企业可以打造一个全方位、多角度的新媒体宣传与服务体系,为旅游行业的发展注入新的活力。

同步案例4-7：新媒体矩阵搭建

一、某非著名自然风景区的矩阵搭建

某非著名自然风景区（简称景区），虽然拥有独特的自然环境，但由于知名度不高和宣传不足，游客数量有限。现在，该景区开设了露营、亲子定向越野、丛林飞越等付费游乐项目。为了提升景区的知名度，吸引更多游客前来体验，并方便游客预订各类付费游乐项目，该景区决定搭建新媒体平台矩阵。

（一）核心平台

1. 微信公众号

功能：作为景区的官方信息发布和服务平台，微信公众号提供景区介绍、活动通知、游乐项目预订、在线客服等。

内容：微信公众号可发布景区的风景照片、活动资讯、旅游攻略等，吸引用户关注并将用户转化为游客。

2. 抖音和快手

功能：抖音和快手可发布景区的短视频，展示自然风光、游乐项目等，并通过直播定向越野、丛林飞越等活动吸引游客，在抖音上开通购买链接，方便游客购买。

内容：在抖音和快手上，新媒体运营者可制作精美的短视频，展示景区的独特魅力，根据节日、天气、游乐项目等，不定时开展直播活动。

（二）辅助平台

微博：新媒体运营者可在微博上发布景区的实时动态、活动预告、游客互动活动等，增加景区的曝光度，也可与旅游博主、当地达人等合作，进行转发和推广，扩大影响力。

小红书：新媒体运营者可在小红书上发布旅游攻略、景点推荐、游客心得等，吸引年轻用户的关注，也可邀请旅游达人、摄影师等发布高质量的图文内容，提升景区在小红书上的口碑和知名度。

OTA平台（如美团、大众点评等）：该景区主要针对周边游客，OTA平台与携程等的合作较少。因此，该景区的新媒体运营者可与OTA平台合作，共享门票和游乐项目信息，提供在线预订和团购优惠。利用OTA平台的流量和用户基础，增加景区的曝光度和预订渠道。

（三）资源整合与协同传播

统一品牌形象：确保在各个平台上展示统一的景区标识、宣传口号和视觉风格，增强品牌识别度。

内容差异化：根据不同平台的用户特点和内容形式，制作差异化的内容，以满足不同用户的需求。

互动活动：在各个平台上举办互动活动，如摄影比赛、游记分享、点赞转发抽奖等，提升用户的参与度和黏性。

（四）服务与用户体验感

优化购票流程：在微信公众号和OTA平台上提供便捷的购票和预订服务，支持多种支付方式,减少用户等待时间。

在线客服:在微信公众号和抖音等平台上设置在线客服,及时回应游客的咨询并解决用户的问题,提高游客满意度。

用户反馈:定期收集和分析用户反馈,不断改进服务质量并提升游客体验感。

通过搭建新媒体矩阵,该景区可以实现多渠道宣传和推广,提高知名度和影响力。同时,便捷的预订服务和优质的游客体验也将吸引更多游客前来游玩和体验。

二、某美食自媒体平台矩阵搭建

某美食自媒体专注于某城市的美食探索,通过抖音和小红书平台推荐特色餐厅和美食,并利用抖音小黄车功能推广餐厅套餐。其目的是吸引更多对美食感兴趣的用户,并促进餐厅的消费。

(一)核心平台选择

抖音:作为短视频新媒体平台,自媒体运营者可在抖音上发布美食制作教程、餐厅探店视频等,展示美食的魅力和餐厅的特色,也可利用抖音小黄车功能,直接推荐并销售餐厅套餐。

小红书:以图文结合的形式发布美食打卡、餐厅点评等,吸引用户分享美食品尝心得和对餐厅的体验感,也可在小红书上开展一些互动活动,提升用户参与度和黏性。

(二)辅助平台选择

微信社群:引流到私域流量的微信社群,可用于发布活动通知、优惠信息等,组织并引导用户线下聚会。

(三)资源配置

核心平台(抖音、小红书):投入主要资源,包括优秀的内容创作团队、摄影团队和运营团队,确保内容的质量和更新频率。重点投入在短视频制作和图文编辑上,以吸引用户的注意。

辅助平台(微信社群):配置适量的内容和运营人员,保持内容的更新和互动。可以利用微信社群实时互动的特点,为用户提供更多维度的美食体验感。

(四)内容差异化与协同传播

抖音:注重短视频的创意和趣味性,展示美食的制作过程和餐厅环境。结合抖音小黄车功能,推荐并销售热门餐厅套餐。

小红书:以用户视角分享品尝美食的心得和对餐厅的体验感,注重图文的美观性和吸引力。可以开展互动活动,提升用户参与度和黏性。

微信社群:实时更新美食动态和餐厅优惠信息,与读者进行实时互动。可以与其他新媒体平台进行互推,提升影响力。

(五)用户体验感的一致性与平台之间的互动设计

统一品牌形象和服务标准,确保用户在不同新媒体平台上能够获得一致的美食体验感。在各大新媒体平台上,应保持专业且热情的服务,以确保为用户提供满意的体验感。

利用跳转链接、二维码等方式实现新媒体平台之间的互联互通,方便用户在不同新媒体平台之间流转和互动。例如,在抖音视频中可以附带小红书的链接或二维码,引导用户前往查看更多相关内容或参与互动活动。

设计跨平台互动活动,如美食打卡挑战、餐厅点评分享等,提升用户的参与度和黏性。跨平台的互动活动可以促进自媒体平台矩阵的协同发展。

二 其他矩阵类型

在旅游新媒体运营中,搭建与管理新媒体平台矩阵是实现品牌曝光、用户增长和业务扩展的关键。除此之外,还有其他几种重要的矩阵类型,它们各有特点。

(一)账号矩阵

在旅游行业中,同一新媒体平台的不同账号矩阵策略被广泛应用,以更有效地吸引游客并满足不同细分市场游客的需求。这种策略通常涉及一个主账号和多个子账号,每个账号都有其特定的定位和内容运营策略。

以抖音平台为例,一个大型的旅游企业可能会设立一个主账号,用于发布旅游企业的整体形象、主打旅游线路、促销活动等。这个主账号通常会获得较多的关注,成为旅游企业在抖音上的"门面"。

除了主账号,该旅游企业还可能设立多个子账号,每个子账号都专注于一个特定的主题或市场细分。例如:旅游企业可以设立一个专注于国内游的账号,发布旅游企业关于国内各个热门旅游目的地的详细信息和旅游攻略;另一个账号可能专注于海外游,提供签证信息、海外旅游目的地介绍以及海外旅游贴士等。此外,旅游企业还可以根据目标受众的年龄段、兴趣点或旅行方式等设立更多的子账号,如专门针对亲子游的账号、冒险旅游的账号或定制旅游的账号等。

这种矩阵策略的好处在于,它能让旅游企业更精准地触达不同的目标受众,提供用户真正感兴趣的内容。同时,通过主账号与子账号的相互引流和互动,旅游企业可以形成一个强大的内容传播网络,提高旅游企业在抖音平台上的整体影响力和用户参与度。

此外,账号矩阵策略还有助于旅游企业更好地应对市场变化和竞争挑战。例如,当某个特定的旅游目的地或主题突然变得热门时,旅游企业可以迅速调整其子账号的内容,以满足游客的新需求,抓住市场机遇。

总的来说,同一新媒体平台上的不同账号矩阵策略是旅游行业在数字化营销中的一种有效手段,它能帮助旅游企业更好地传递品牌价值、满足游客需求,从而实现商业目标。

(二)类目矩阵

类目矩阵是指在不同的产品或服务类别中建立多个账号,以覆盖更广泛的受众群体。在旅游行业中,旅游企业可以从不同的旅游目的地、旅游类型或旅游服务等方面入手,构建类目矩阵。例如,一个旅游企业可以拥有针对不同国家或地区的账号,或者针对不同类型的旅游产品(如度假、冒险、文化等)建立不同的账号。这样做的好处是可以更精准地定位目标受众,提供更具有针对性的内容和服务。

(三)项目矩阵

项目矩阵是指在同一平台或不同平台上开展多个相关或不相关的项目,以实现多元化发展和风险分散。在旅游行业中,项目矩阵可以包括不同类型的旅游活动、旅游线路或旅游主题等。通过同时推进多个项目,旅游企业可以在不同领域探索新的机会,提升市场占有率和品牌知名度。值得注意的是,项目矩阵的管理较为复杂,需要充分考虑资源配置、团队协作和市场变化等。

(四)人群矩阵

人群矩阵是指根据目标受众的不同特征(如年龄段、性别、兴趣等)建立多个账号,以提供更个性化的内容和服务。在旅游行业中,人群矩阵的应用尤为广泛。例如:针对年轻人可以推出以冒险、探险为主题的旅游产品;针对家庭客群可以提供亲子游、家庭度假等特色服务。通过精准定位不同人群的需求和偏好,旅游企业可以提升营销效果和用户满意度。

(五)地域矩阵

地域矩阵是指在不同地区或城市建立多个账号,以满足当地市场的特殊需求。在旅游行业中,地域矩阵对于开展本地化营销和提供定制化服务至关重要。通过深入了解当地文化、风俗和旅游资源等信息,旅游企业可以制定更具针对性的营销策略,提高在当地市场的竞争力。同时,地域矩阵还有助于旅游企业建立与当地合作伙伴之间的紧密联系,促进资源整合和协同发展。

(六)切片矩阵

切片矩阵是一种较为特殊的矩阵,它通常是指将一个大型项目或活动切割成多个小部分或阶段,并为每个部分或阶段建立独立的账号进行运营。在旅游行业中,切片矩阵可以应用于大型旅游活动、主题活动或宣传推广活动等。通过将活动切割成不同的环节或主题,并为每个环节或主题配备专门的运营团队和资源支持,旅游企业可以实现更高效的项目管理和更精准的目标受众定位。同时,切片矩阵还有助于降低旅游企业的运营风险并提高整体效益。

在搭建与管理平台矩阵的过程中,旅游企业要避免盲目扩张和过度迷恋矩阵玩法带来的好处。旅游企业应根据自身实际情况和市场需求进行合理规划和布局,注重团队业务执行力的培养与提升。通过不断学习和探索新的矩阵类型和玩法策略,旅游企业可以在激烈的市场竞争中脱颖而出并实现可持续发展。

同步案例4-8:矩阵搭建成功案例

一、万达集团

万达集团通过构建新媒体联盟,成功实现了矩阵搭建。这个联盟涵盖了万达集团及其下属系统的400多个微信号,粉丝总数达到了1000多万人。此外,万达集团还建立了几个500多名员工的微信群,覆盖了30000多名员工。万达集团不仅通过微信矩阵实现了信息的广泛传播,还成功地将外部优质资源集结起来,预计能够覆盖上亿人群。此外,万达集团在微信小程序方面也有所布局,如万达广场优惠券、万达电影、万达官网等,进一步提升了用户的体验感和服务的便捷性。

二、锤子科技

锤子科技以微博和微信为主要平台,建立了多个账号,形成了微博和微信矩阵。在微博上,锤子科技有"锤子科技""坚果手机""文青版坚果手机"等账号,账号之间相互协作,共同传播品牌信息。在微信上,锤子科技有"坚果手机""锤子科技"等公众号,为用户提供了丰富的内容和服务。此外,锤子科技还将小程序关联到公众号内,为用户提供了更为便捷的服务和购物体验感。通过矩阵搭建,锤子科技成功地提升了品牌影响力,实现了信息的广泛传播和销售变现。

三、旅游自媒体"行走40国"

"行走40国"是一个以旅游为主题的自媒体账号,它通过微博、微信公众号、抖音等多个平台发布旅游内容。"行走40国"的矩阵运营策略包括定期发布高质量的旅游文章、视频和图片,与粉丝进行互动,以及与其他旅游相关账号的合作推广等。通过矩阵运营,"行走40国"成功吸引了大量旅游爱好者。同时,"行走40国"还通过广告合作和品牌推广实现了商业变现。

项目课后

教学互动

(1)针对年轻客群和家庭客群,应如何在旅游新媒体平台上进行差异化内容设计?

(2)短视频平台在旅游营销中有哪些优势和局限性?

(3)如何通过社交媒体平台提升旅游目的地的知名度和吸引力?

(4)在进行旅游新媒体账号的视觉元素优化时,应该如何保持品牌的一致性和识别度?

(5)在优化旅游新媒体账号的文字信息时,哪些技巧可以提升搜索排名和用户关注度?

(6)分享一个成功的旅游企业新媒体账号运营案例,分析其架构设计、资源配置及运营策略,并讨论其成功的原因。

项目实训

实训项目	自媒体平台矩阵搭建
实训准备	根据项目一、项目二、项目三的项目实训成果,进行本项目实训
实训要求	(1)小组根据项目三成果"自我定位分析表"(表3-4),商讨选择核心平台和辅助平台,商讨头像、名称、封面、简介等主页内容; (2)在选择的新媒体平台上注册账号,进行资源配置,确定内容差异化与协同传播策略
实训成果	小组绘制自媒体宣传矩阵思维导图
评价方式	学生自评、互评与教师评价相结合,并实际进行新媒体运营实践

项目小结

内容提要

本项目专注于旅游新媒体平台矩阵的搭建与管理，深入探索了核心与辅助平台的协同作用，为旅游企业在新媒体时代的宣传与服务提供了全面指导。本项目涵盖了从平台特性分析到策略制定，再到账号搭建与优化的全流程，确保了理论与实践的紧密结合。

核心概念

通过本项目，学生可以深入理解新媒体平台的特性与旅游内容的契合度，为制定精准的营销策略提供理论支撑。

重点实务

在实务操作层面，本项目重点培养了学生的旅游新媒体矩阵架构设计、资源配置、内容差异化与协同传播、用户体验感的一致性及平台之间互动设计等方面的能力。通过实践，学生能够独立完成新媒体账号的搭建、优化与管理工作。

项目五
用户运营与社群管理

◇ 项目描述

　　本项目全面介绍了如何进行用户运营和社群管理。通过理解用户运营策略、构建精准用户画像和社群、设计互动策略以及优化用户体验感等任务,学生可以掌握用户运营和社群管理的核心技巧和方法。通过本项目的学习,学生能够深入了解用户需求和市场动态,通过数据分析、用户调研等手段,挖掘用户需求和痛点,优化运营策略,提升用户体验感和满意度,并能顺利运营并管理私域流量的社群。

◇ 项目目标

知识目标	掌握用户运营和社群管理的基础理念与核心策略;深入了解用户画像构建、数据分析及用户调研的方法;理解用户体验感优化的重要性及实施路径
能力目标	能够独立策划和执行用户运营策略,提升用户活跃度和留存率;能优化运营策略,提升用户体验感,并管理私域流量
素养目标	培养市场敏感度,捕捉行业动态,保持创新意识;塑造认真负责的工作态度,对用户需求和反馈保持高度关注

◇ 学习难点与重点

重点	如何制定并执行有效的用户运营与社群管理策略,这是整个项目的核心; 为了制定更具针对性的策略,学生必须熟练运用数据分析与用户调研工具,深入挖掘用户需求和市场动态

难点	如何根据市场变化和用户反馈,持续不断地调整和优化运营策略,以保持用户活跃度和满意度; 如何根据不同旅游企业和个人的实际情况,制定个性化的私域流量池搭建方案

◇ 项目导入

案例:《2023年在线旅游平台用户洞察研究报告》

《2023年在线旅游平台用户洞察研究报告》是通过艾瑞(iClick)在线调研社区,利用定量研究方法,对在线旅游平台用户的出游行为、预订习惯、消费行为等方面进行的在线调查及研究,旨在帮助在线旅游平台去哪儿了解整体旅游用户和自身用户群体特征,识别自身优势,展现去哪儿旅行平台的价值。

《2023年在线旅游平台用户洞察研究报告》

通过阅读该报告,学生可了解2023年旅游经济发展状况。《2023年在线旅游平台用户洞察研究报告》通过分析参与了2023年旅游活动的用户,绘制了用户画像和在线旅游用户行为分析。该报告覆盖了去哪儿、携程、飞猪、马蜂窝、同程等主流在线旅游平台用户。

工作任务1　认识旅游新媒体用户运营

一　了解旅游新媒体用户运营

(一)旅游新媒体用户运营的概念

旅游新媒体用户运营,是指利用新媒体平台对旅游产品的目标用户进行吸引、维护、转化和管理的一系列运营活动。旅游新媒体用户运营旨在通过与用户的互动和沟通,提升用户对旅游产品的认知、兴趣以及用户的购买意愿。这包括了解用户的需求和偏好,提供个性化的旅游信息和服务,建立稳定的用户关系,以及引导用户进行口碑传播等。

(二)旅游新媒体用户运营的目标

旅游新媒体用户运营的目标是实现旅游品牌与用户之间的有效连接,推动旅游业务的发展。具体来说,这一目标可以细分为以下几个方面。

1.增加用户数量是旅游新媒体用户运营的基础目标

旅游新媒体运营者通过各种新媒体推广手段,如社交媒体广告、内容营销、合作推广等,吸引更多潜在用户关注旅游品牌,扩大品牌的曝光度和影响力。这不仅可以为旅游品牌带来更多潜在用户,还可以为后续的用户活跃度和转化率提供坚实的基础。

2. 提升用户活跃度是旅游新媒体用户运营的关键目标

旅游新媒体运营者通过发布优质内容,如旅游攻略、景点介绍、用户游记等,以及举办各种线上活动,如摄影比赛、话题讨论等,增加用户的互动和参与。这样可以让用户更深入地了解旅游品牌和产品,提高用户对品牌的认知度和好感度,同时也可以为品牌收集更多用户反馈和数据,为后续的产品和服务优化提供参考。

3. 促进用户转化是旅游新媒体用户运营的核心目标

通过精准的目标用户定位和内容推送,旅游新媒体运营者可以引导用户完成从关注到购买的转化过程。这可以通过设置优惠活动、提供个性化旅游定制服务、加强用户沟通等方式实现。促进用户转化不仅可以提高旅游产品的销售量,还可以为品牌带来更多口碑传播和重复消费的机会。

4. 维护用户忠诚度是旅游新媒体用户运营的长期目标

旅游新媒体运营者通过提供持续的、优质的服务,如定期更新旅游资讯、提供贴心的售后服务、建立用户社群等,能够保持用户的忠诚度。这不仅可以为旅游品牌带来稳定的用户群体和口碑传播效应,还可以为品牌的长远发展奠定坚实的基础。

(三)旅游新媒体用户运营的步骤

旅游新媒体用户运营是一个系统且持续的过程,它涵盖了从吸引新用户到维护老用户的各个环节。下面将详细阐述这一过程中的四个关键步骤:拉新、促活、转化和留存。

1. 拉新:吸引新用户关注

拉新是旅游新媒体用户运营的第一步,也是为后续用户增长和活跃度提升奠定基础的关键步骤。拉新的主要目标是通过各种手段吸引潜在用户的注意力,引导他们关注旅游新媒体账号。

为了实现这一目标,旅游新媒体运营者可以采用广告投放策略,在社交媒体、搜索引擎等渠道精准投放广告,吸引潜在用户的关注。此外,与内容创作者或意见领袖进行合作也是一种有效的拉新方式,通过他们的推荐和分享,旅游新媒体账号可以被推送给更多的用户。同时,旅游新媒体运营者还可以通过优质的内容营销来吸引用户,如发布有趣的旅游攻略、景点介绍等,让用户感受旅游新媒体账号的价值和吸引力。

同步思考:拉新方法

> 旅游行业的新媒体拉新方法多种多样,结合旅游企业的特点和个人旅游自媒体的特性,请结合以下拉新方法,思考自媒体拉新策略。
>
> 一、内容营销
> 创作高质量的旅游攻略、景点介绍、文化解读等,以吸引潜在用户。
> 发布用户生成的旅行故事、游记和点评等,增加内容的真实性和吸引力。
> 利用视频、直播等形式,提供沉浸式的旅游预览。
> 二、社交媒体互动
> (一)旅行社、酒店、景点等企业
> 在微博、抖音、小红书等社交媒体平台上发起话题讨论、挑战赛、短视频征集

等活动,鼓励用户参与并分享。

与意见领袖或网红合作,通过他们的影响力推广旅游产品和服务。

设置专门的社交媒体客服,提供实时咨询和帮助,增强用户的互动体验感。

(二)个人旅游自媒体

积极参与社交媒体上的旅游话题讨论,发表见解,吸引用户关注。

与其他旅游自媒体或意见领袖互动和合作,进行联合推广或交换推广。

三、优惠促销

提供新用户专享的优惠券、限时优惠套餐、折扣码或免费体验机会,刺激用户注册和购买。

设立会员制度,提供会员专属优惠和积分兑换服务,增强用户黏性。

跨企业合作,推出打包优惠或联合会员卡活动,扩大用户群体。

四、用户推荐计划

实施推荐计划,鼓励现有用户邀请亲友注册或购买,双方均可获得奖励。

利用用户社交网络的力量,通过分享链接、二维码等进行病毒式传播。

五、线上线下结合

(一)旅行社、酒店、景点等

在线下门店或景点设置新媒体互动装置,如扫码关注获取导览服务、AR(增强现实)体验等。

举办各种主题活动,如摄影比赛、户外探险等,以带动用户购买旅游产品。通过口碑传播效应,扩大品牌影响力和用户群体。

(二)个人旅游自媒体

组织线下见面会或旅行团,通过新媒体平台发布招募信息和活动回顾。

与当地旅游企业合作,为粉丝提供专属优惠或定制旅游。

六、数据驱动精准营销

对于所有具备一定数据分析能力的旅游企业和个人来说,可通过以下方式拉新。

(1)利用用户数据分析工具,识别目标用户群体和潜在市场机会。

(2)根据用户兴趣和行为进行个性化内容推送和广告定向投放。

(3)持续优化营销策略,基于数据反馈调整拉新活动的设计和执行。

2.促活:提高用户活跃度

当成功吸引了一批用户关注后,下一步就是提高这些用户的活跃度,让他们更加积极地参与互动和分享等活动。为了实现这一目标,旅游新媒体运营者需要深入了解用户的需求和兴趣点,为他们提供个性化的内容推送和活动举办。

例如:可以根据用户的浏览历史和偏好,为他们推荐相关的旅游资讯和景点介绍;举办一些有趣的线上活动,如摄影比赛、话题讨论等,激发用户的参与热情。这些措施不仅可以提升用户对旅游新媒体账号的黏性,还可以提高账号的曝光度和影响力。

3. 转化：引导用户产生购买行为

在成功吸引了用户的关注并提高了他们的活跃度后，下一步就是引导这些用户产生购买行为，为旅游企业带来实际的收益。为了实现这一目标，旅游新媒体运营者需要制定有效的转化策略。

例如：可以通过设置优惠促销活动来激发用户的购买欲望；根据用户的兴趣和需求，为他们提供个性化的旅游定制服务；通过加强用户沟通来了解他们的疑虑和需求，从而提供解决方案和更加贴心的服务。这些措施可以有效提升用户的购买转化率和客单价，为旅游企业带来更多的收益。

4. 留存：维护用户关系，减少用户流失

最后一步是留存，即维护旅游企业与现有用户的关系，减少他们的流失。在留存阶段，旅游新媒体运营者需要持续提供优质的产品和服务，以满足用户的期望和需求。

例如：可以定期更新旅游资讯和景点介绍，让用户保持对旅游新媒体账号的关注；建立用户社群，为他们提供一个交流和分享的平台；通过定期的用户调研和反馈，了解用户对产品和服务的满意程度和改进意见，从而及时调整和优化运营策略。这些措施可以有效地提高用户的忠诚度和满意度，减少用户流失率。

旅游新媒体用户运营是一个系统且持续的过程，需要旅游新媒体运营者在不同阶段采取不同的策略和手段来实现拉新、促活、转化和留存的目标。旅游新媒体运营者只有不断优化和完善这一过程，才能为旅游企业带来持续的业务增长和发展。

同步案例5-1：旅游新媒体用户运营中的留存——网易云音乐与用户之间的"情深义重"

网易云音乐不仅是一个音乐播放平台，更是一个充满情感与故事的音乐社区。网易云音乐从产品设计、用户体验感到商业化策略，都体现了与用户之间深厚的情感纽带。

首先，网易云音乐的产品设计注重用户体验感和情感共鸣。网易云音乐独特的UI（用户界面）布局、热门的用户UGC点评以及分享动人故事的功能，都为产品定下了有情怀的基调。这种设计不仅增加了用户在选歌时的视觉体验，还通过分享故事的方式增强了用户与产品之间的情感联系。同时，网易云音乐还通过品牌合作和明星主播FM（调频）等方式，为用户带来新鲜感和陪伴感，进一步提升了用户对产品的黏性和认知度。

其次，网易云音乐在商业化方面也充分考虑了用户体验感和情感需求。网易云音乐没有采取强行植入广告的策略，而是通过会员体系、与明星艺人的合作以及与品牌赞助商在音乐领域的深度合作等实现盈利。这种商业化模式始终以音乐为中心，注重盈利与用户体验感的平衡，让用户在使用产品的过程中不会感到被打扰或产生反感情绪。

最后，用户对网易云音乐的喜爱和认同也基于产品的好用和有趣。用户在使用网易云音乐的过程中，能够感到产品的便捷性和趣味性，从而产生情感共鸣。这种共鸣使得用户愿意为产品付出时间和精力，甚至成为产品的忠实用户。即使面对其他平台的竞争,用户也会因为对网易云音乐的情感寄托而选择留下来。

分析:在旅游行业中,新媒体如公众号、小程序、App(应用程序)等,都扮演着至关重要的角色。对于旅游新媒体来说,用户的留存同样是一个核心指标,关系到产品的持续发展和商业价值。

1. 明确用户留下来的理由

明确用户留下来的理由包括喜欢、认同和期待三个要素。对于旅游新媒体来说,用户喜欢的是产品提供的旅游信息、攻略、游记等,认同的是产品的价值观和服务理念,期待的是产品能够持续提供有价值的旅游内容和更好的服务体验感。因此,旅游新媒体需要不断提升内容质量和用户体验感,满足用户的期待和需求。

2. 找到用户留下来的关键因素

在找到用户留下来的关键因素方面,旅游新媒体运营者可以借鉴两种模式:其一,小米与"米粉"的互动模式,即建立用户社区,鼓励用户分享旅游经验、攻略等,增强用户对产品的认同感和归属感;其二,网易云音乐的情感营销模式,即打造有情怀、有温度的旅游新媒体品牌,让用户在使用产品的过程中获得情感共鸣和价值认同。

3. 留下更多用户的核心方法

留下更多用户的核心方法包括找到增加用户留下来的动作和主动延长用户对产品的需求。旅游新媒体运营者可以通过增加互动活动、积分奖励、个性化推荐等方式,提高用户的参与度和黏性;也可以通过扩展产品线和服务范围,比如提供旅游攻略、酒店预订、机票购买等一站式服务,满足用户在不同旅游场景下的需求,从而延长用户对产品的使用周期和留存率。

(资料来源:编者总结所得)

二 旅游新媒体用户运营的核心原则

(一)用户中心原则

在新媒体时代,用户是运营的核心。深入了解用户需求,不仅是表面的问卷调查或简单的数据收集,更要沉下心来,真正站在用户的角度去体验、去思考。每一次点击、每一次滑动,背后都隐藏着用户的真实需求和期望。因此,旅游新媒体运营者要深入挖掘这些用户需求,理解用户的痛点,并以此为中心制定个性化的运营策略。具体措施包括以下内容。

1. 深入研究旅游用户群体

旅游新媒体运营者可通过旅游相关的调查问卷、访谈和社交媒体分析等,深入了解用户的需求、旅行偏好及行为模式。例如,分析用户选择旅游目的地的因素、旅行中存在的消费行为等。

2. 构建旅游用户画像

旅游新媒体运营者可根据收集到的数据,构建用户画像,包括但不限于旅行频率、偏好的旅游类型(如休闲度假、探险旅行、文化游览等)、消费能力和常用的预订渠道等。

3. 旅游个性化推荐系统

旅游新媒体运营者可开发和利用个性化推荐系统,为用户提供定制化的旅游产品和服务,如推荐个性化旅游套餐、推荐旅游目的地、定制旅行路线等。

4. 迭代优化旅游产品和服务

旅游新媒体运营者可通过收集用户反馈和进行A/B测试(分割测试),不断优化旅游产品和服务,提升用户满意度和旅游体验感。

(二)数据驱动与精细化运营原则

在大数据时代,数据已经成为指导决策的重要依据。对于新媒体用户运营来说,更是如此。旅游新媒体运营者可利用数据分析工具,深入挖掘用户的行为、偏好和习惯,为精细化运营提供有力支持。比如,通过对用户浏览、点击、购买等数据进行分析,旅游新媒体运营者可以发现用户的兴趣点和消费习惯,从而为用户推荐更加精准的内容和产品。具体措施包括以下几方面。

1. 加强旅游数据分析能力

旅游企业要在旅游数据分析工具和专业人才上进行投资,强化新媒体运营员工对旅游市场趋势、用户行为和消费模式的分析能力。

2. 跟踪旅游用户行为

旅游新媒体运营者要利用技术手段(如Cookie、移动应用SDK(软件开发套件)等)追踪用户在不同旅游平台上的行为,了解用户偏好和需求变化。

3. 数据驱动的旅游营销策略

基于数据分析,旅游新媒体运营者要制定更精准的内容创作、广告投放和产品优化策略,提高旅游营销效果。

4. 优化旅游用户留存和转化

通过深度分析旅游用户的行为数据,旅游新媒体运营者能够识别并优化关键的用户留存和转化,提高用户忠诚度。

(三)创新与用户黏性原则

创新是保持用户新鲜感的重要手段。在新媒体时代,信息更新速度极快,用户很容易对一成不变的内容产生厌倦。因此,旅游新媒体运营者要时刻保持创新精神,不断尝试新的内容形式、新的互动方式、新的营销策略等,以吸引用户的注意力并激发用户的兴趣。具体措施包括以下几方面。

1. 创新旅游内容和服务

旅游企业要定期推出新的旅游体验项目、增值服务或者应用功能,如虚拟现实旅游体验、个性化旅游顾问服务等,以满足用户对新鲜事物的追求。

2. 建立旅游社群和交流平台

通过社交媒体、旅游论坛和App等,旅游新媒体运营者可建立旅游社群,鼓励用户分享旅行经验和互动讨论,提升用户对品牌的忠诚度和黏性。

3. 举办旅游相关活动

旅游企业要定期或不定期组织线上线下结合的旅游主题活动,如摄影比赛、旅行分享会等,增强用户的参与感和归属感。

4. 旅游忠诚度计划

旅游企业要推出积分奖励、会员制度等激励机制,鼓励用户持续参与,提升用户黏性和品牌忠诚度。

(四)多渠道触达与便捷触达原则

在新媒体时代,触达用户的渠道越来越多样化。除了传统的微博、微信等社交媒体,还有抖音、快手等短视频平台以及各类垂直领域的App等。因此,作为旅游新媒体运营者,要善于利用多种新媒体渠道触达目标用户,提高品牌的曝光度和知名度。这不仅可以扩大品牌的影响力,还可以吸引更多潜在用户的关注和认可。具体措施包括以下几个方面。

1. 整合旅游营销渠道

旅游新媒体运营者可利用微博、微信、短视频平台和在线旅游平台等,制定差异化的内容营销策略,覆盖更多潜在用户。

2. 与旅游领域的KOL和网红合作

旅游企业可与旅游领域的KOL和网红进行合作,通过KOL和网红的影响力传播旅游品牌和产品,吸引更多用户关注。

3. 优化旅游用户体验

优化旅游用户体验,即简化旅游产品的预订和购买流程,提升用户在各个接触点上的体验感,减少潜在用户的流失。

4. 降低旅游用户获取成本

通过精准的市场定位和有效的营销策略,旅游企业可以提高投资回报率,实现成本效益的最大化。

(五)用户反馈与危机管理原则

建立有效的用户反馈机制是旅游企业维护品牌形象和用户满意度的重要保障。旅游新媒体运营者要时刻关注用户的反馈,无论是正面的赞扬还是负面的投诉,都要认真对待并及时处理。对于正面的反馈,旅游新媒体运营者要表示感谢并鼓励用户继续支持;对于负面的反馈,旅游企业则要深入调查原因并尽快给出解决方案,以消除不良影响。具体措施包括以下几个方面。

1. 建立旅游用户反馈机制

旅游企业要提供便捷的反馈渠道,确保用户意见能够被及时收集和处理,以持续提升服务质量和用户满意度。

2. 旅游负面反馈的积极处理

旅游企业要对用户的投诉和负面反馈给予积极响应,及时解决问题,并通过透明的沟通赢得用户的理解和信任。

3. 旅游危机管理预案

旅游企业要建立完善的危机应对机制,包括危机预警、应对措施、后期修复等,确保在面对突发事件时能够迅速、有效地应对,使负面影响最小化。

4. 持续监测旅游品牌舆情

旅游企业要运用舆情监控工具,实时了解旅游企业在网络上的声誉,及时调整运营和营销策略,维护旅游企业的形象。

三 旅游新媒体用户运营管理常用模型

在新媒体运营中,特别是在旅游行业的新媒体运营背景下,理解并应用用户运营管理的常用模型至关重要。这些模型有助于旅游企业更精准地把握用户行为,优化用户体验感,进而提升用户对新媒体账号及其内容的满意度和忠诚度。以下是几个适用于旅游新媒体用户运营管理的常用模型。

(一)用户生命周期模型

用户生命周期模型描述了用户与新媒体账号及其内容之间关系的演变过程。在旅游行业的新媒体运营中,这个过程涉及用户从初次接触到成为忠实粉丝的各个阶段。具体阶段介绍如下。

1. 获取阶段

用户通过各种渠道了解旅游新媒体账号及内容,并开始对该旅游新媒体账号产生兴趣。这要求旅游新媒体运营者制定有效的推广策略,提高账号的可见性和吸引力。

2. 关注阶段

用户对旅游新媒体账号产生兴趣后,可能会选择关注成为粉丝。在这个阶段,旅游新媒体运营者需要提供优质的内容和服务,以吸引用户的持续关注。

3. 互动阶段

用户开始积极参与旅游新媒体账号的互动,如点赞、评论、分享等。此时,旅游新媒体运营者需要积极回应用户的互动行为,提升用户的参与感和归属感。

4. 成长阶段

用户对旅游新媒体账号的依赖程度逐渐增加,此时用户可能成为该旅游新媒体账号的忠实粉丝或积极参与推广活动。在这个阶段,旅游新媒体运营者需要提供更多元化的内容和服务,满足用户不断增长的需求。

5. 流失阶段

用户开始减少与旅游新媒体账号的互动,甚至取消关注。此时,旅游新媒体运营者需要分析用户流失的原因,并采取措施重新吸引用户,如提供有针对性的内容推荐、举办互动活动等。

用户生命周期模型如图5-1所示。

图5-1 用户生命周期模型

(二) AARRR 模型

在旅游行业的新媒体运营中,AARRR模型(海盗模型)同样具有指导意义。该模型将用户增长过程分为五个阶段:获取、激活、留存、转化和传播。具体应用如下。

1. 获取

通过广告、合作伙伴、社交媒体等多种渠道,吸引潜在用户关注旅游新媒体账号。这要求旅游新媒体运营者具备精准的目标市场定位能力和有效的推广策略。

2. 激活

旅游新媒体运营者要确保新用户在首次接触旅游新媒体账号时就获得良好的体验感,如提供有趣且有价值的内容、简洁易用的界面等。这有助于提升用户的活跃度和留存率。

3. 留存

旅游新媒体运营者要定期更新优质内容、举办线上线下活动等,以鼓励用户持续关注并互动。这有助于建立稳定的用户群体和提升账号的影响力。

4. 转化

旅游新媒体运营者要将用户对新媒体账号的关注转化为实际行动,如参与推广活动、购买相关旅游产品等。这要求旅游新媒体运营者提供有吸引力的激励措施和便捷的转化路径。

5. 传播

旅游新媒体运营者要鼓励满意的用户分享他们的体验感,通过口碑传播吸引更多潜在用户的关注。这可以通过提供分享奖励、优化社交媒体传播等方式实现。

AARRR模型如图5-2所示。

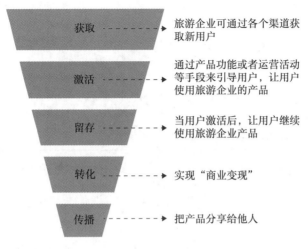

图 5-2　AARRR 模型

(三) 需求满足模型

在旅游新媒体运营中,旅游企业可以借鉴 KANO 模型(卡诺模型)的思想,将用户对新媒体账号及其内容的需求分为不同的层次。具体如下。

1. 基本需求

用户对旅游新媒体账号及其内容的基本要求有信息的准确性及更新频率等。满足这些需求是提升用户满意度的基础。

2. 期望需求

用户希望旅游新媒体账号及其内容具备的特性有个性化推荐、丰富多样的内容形式等。满足这些需求可以提升用户的满意度和忠诚度。

3. 兴奋需求

旅游新媒体账号及内容要超出用户的期望,如独特的创意、引人入胜的故事情节等。满足这些需求可以给用户带来惊喜感和愉悦感,提升用户的忠诚度和口碑传播效果。

4. 无差异需求

用户对某些旅游新媒体账号及其内容的特性并不会特别在意,但这些特性的存在也不会引起用户的不满。在旅游新媒体运营中,旅游新媒体运营者可以关注这些需求,但不必过分强调。

5. 反向需求

用户对某些旅游新媒体账号及其内容的特性可能存在反感或不满,如过度营销、内容质量低下等。在旅游新媒体运营中,旅游新媒体运营者应尽量避免触及这些问题,以免影响用户的满意度和忠诚度。

通过深入理解和应用这些用户运营管理常用模型,旅游行业的新媒体运营者可以更好地满足用户需求,优化用户体验,从而实现账号的持续增长和用户的忠诚支持。

KANO 模型如图 5-3 所示。

图 5-3　KANO 模型

工作任务 2　构建用户画像

一　数据收集

（一）数据收集在旅游新媒体运营中的核心地位

随着互联网的快速发展，新媒体运营已成为旅游企业与用户之间沟通的重要桥梁。在这个过程中，数据收集作为构建用户画像的基础，显得尤为重要。通过全面、准确地收集用户数据，旅游企业能够更深入地了解用户，为后续的运营策略提供有力支持，从而实现精准营销和提升用户体验感。

（二）基础数据收集：构建用户画像的基石

基础数据收集是构建用户画像的第一步，也是至关重要的一环。这些数据通常包括用户的年龄段、性别、地域、职业、收入等静态数据，它们构成了用户画像的基本框架。通过问卷调查、注册信息、社交媒体账号关联等方式，旅游企业可以获取这些宝贵的数据资源。

问卷调查是一种常用的数据收集方法，通过设计有针对性的问题，旅游企业可以引导用户主动提供相关信息。注册信息则是在用户注册新媒体账号时收集的数据，如邮箱、手机号等，这些数据有助于旅游企业与用户建立联系。社交媒体账号关联则是一种更为便捷的数据获取方式，用户可以通过关联自己的社交媒体账号，快速分享个人信息和兴趣偏好。

基础数据的收集不仅有助于企业初步了解用户的群体特征，还为后续的精细化运营提供了有力支持。例如：根据不同年龄段的用户特征，旅游企业可以推送符合用户兴趣爱好的内容；针对不同地域的用户，旅游企业可以策划具有地域特色的营销活动。

(三)行为数据追踪:深入洞察用户需求的关键

行为数据是指用户在新媒体平台上的行为轨迹,包括浏览路径、停留时间、点击率、评论、分享等动态数据。通过分析这些行为数据,旅游企业可以实时了解用户的兴趣偏好、消费习惯以及行为模式,为优化运营策略提供有力支持。

随着大数据技术的不断发展,越来越多的分析工具可以帮助旅游企业实时追踪用户行为数据。这些工具不仅可以记录用户的每一次点击、每一次浏览,还能对用户的评论和分享进行深入分析,从而揭示用户的真实需求和情感倾向。

行为数据的追踪和分析对于提升用户体验感和优化运营策略具有重要意义。例如,通过分析用户的浏览路径和停留时间,企业可以发现用户感兴趣的内容并补充页面设计上的不足,进而优化和改进内容。同时,根据用户的点击率和分享行为,旅游企业可以评估营销活动的效果,及时调整策略以提升营销效果。

(四)偏好数据调研:精准把握用户需求的保障

除了基础数据和行为数据,偏好数据调研也是构建用户画像不可或缺的一环。偏好数据是指用户对特定产品或服务的喜好、需求和期望等的数据。通过用户反馈、查看消费记录等,旅游企业可以深入了解用户偏好,这样有助于旅游企业更精准地把握用户需求,提升用户体验感和满意度。

在进行偏好数据调研时,旅游企业可以通过多种渠道收集信息。例如:设置在线调查问卷了解用户对旅游主题、旅游目的地、旅游预算等方面的偏好;通过社交媒体平台发起话题讨论或投票活动,引导用户表达自己的观点和需求;分析用户的消费记录和行为轨迹,发现用户潜在的偏好和需求等。

偏好数据的收集和分析对于指导旅游企业运营决策具有重要意义。例如:在旅游行业的新媒体运营中,了解用户的旅游偏好可以帮助旅游企业策划更具吸引力的旅游线路和活动;掌握用户的预算和出游时间等信息,有助于旅游企业制定更合理的价格策略和营销计划。同时,根据用户的反馈和需求,旅游企业还可以不断改进产品和服务质量,提升用户满意度和忠诚度。

旅游企业新媒体用户数据调研表如表5-1所示。

表5-1 旅游企业新媒体用户数据调研表

类型	数据项	描述	收集方式
基础数据	年龄段	用户的年龄段	问卷调查、注册信息
	性别	用户的性别	问卷调查、注册信息
	地域	用户所在地区或常居地	问卷调查、注册信息、IP地址
	职业	用户的工作类型或行业	问卷调查、注册信息
	收入	用户的收入水平或范围	问卷调查、注册信息(可选填)
	受教育水平	用户的学历或受教育程度	问卷调查、注册信息
行为数据	浏览路径	用户在新媒体平台上的浏览路径	网站分析工具

续表

类型	数据项	描述	收集方式
行为数据	停留时间	用户在页面或内容上的停留时长	网站分析工具
	点击率	用户对内容、广告或链接的点击情况	网站分析工具、热图相关工具
	评论	用户对内容或服务的评价和反馈	内容评论区、调查问卷
	分享	用户将内容分享到其他新媒体平台的行为	分享按钮追踪、社交媒体API（应用程序编程接口）
	访问频率	用户访问新媒体平台的频次和规律	网站分析工具
	设备信息	用户使用的设备类型、操作系统等	网站分析工具
偏好数据	数据项	描述	收集方式
	旅游主题偏好	用户偏好的旅游类型（如自然风光、城市探索等）	问卷调查、消费记录分析、内容互动
	出游时间偏好	用户偏好的出游季节或时间段	问卷调查、消费记录分析
	预算偏好	用户对旅游预算的范围和期望	问卷调查、消费记录分析
	旅游目的地偏好	用户偏好的旅游目的地或地区	问卷调查、搜索记录、内容互动
	住宿偏好	用户对住宿类型（如酒店、民宿等）和档次的偏好	问卷调查、消费记录分析
	交通偏好	用户对交通方式（如飞机、高铁等）舒适度的偏好	问卷调查、消费记录分析
	活动偏好	用户对旅游过程中参与的活动类型（如户外探险、文化体验等）的偏好	问卷调查、内容互动、消费记录分析

（五）旅游自媒体用户数据收集

对于旅游自媒体来说，基础数据主要包括用户的年龄段、性别、地域等。旅游企业可以定期或不定期地发布问卷调查，了解用户的基本情况和兴趣爱好。如果用户选择通过社交媒体账号关联的方式登录，那么旅游企业就可以从关联的账号中获取一些信息。

在收集行为数据时，旅游企业可利用网站或应用分析工具追踪用户的浏览路径、停留时间、点击率等。旅游企业可以鼓励用户在内容下方留言评论，或参与投票、问卷调查等活动。

旅游企业通过分析用户的评论和互动,分享和转发自媒体内容的情况,以及分享到哪些社交平台等,可以了解用户对内容的看法和需求。

偏好数据涉及用户对自媒体内容的偏好和需求,旅游企业可以分析用户过去在自媒体平台上浏览、点赞、评论和分享的内容,以了解用户的兴趣和偏好。如果用户参与了旅游企业组织的线上活动或专题讨论,旅游企业就可以收集用户反馈和建议,了解用户对活动和专题的看法和需求。旅游企业也可以通过私信、群聊或公开渠道直接询问用户对该企业自媒体内容的偏好和需求。这种方式虽然较为直接,但能够获得用户的真实反馈。

请注意,旅游企业在收集用户信息时,一定要遵循相关法律法规和隐私政策,确保用户信息获得的合法性和安全性。同时,旅游企业要尊重用户的意愿和选择,不要强制用户提供信息或进行不必要的追踪。

二 标签体系建立

(一)建立旅游用户标签体系的重要性

在旅游新媒体运营中,一套细致、全面的用户标签体系能够帮助旅游企业从海量的用户数据中提取有价值的信息,实现用户的精细化管理和个性化服务。通过用户标签,旅游企业的新媒体运营团队可以对用户进行更加精准的分群,为不同的用户群体提供更贴合其需求的旅游产品和服务,从而提高用户的转化率和满意度。

(二)用户标签体系建立的步骤

1. 数据收集与处理

旅游企业要通过问卷调查、在线交互、行为跟踪等多种方式收集用户的基础信息、行为数据和偏好反馈。之后,旅游企业要对收集到的数据进行清洗和归类,为标签的建立提供准确的数据基础。

2. 基础标签的建立

基础标签是对用户基本属性的描述,如年龄段、性别、职业、居住地等。在旅游行业,用户可被细分为"年轻背包客""家庭出游者""高端旅游爱好者"等,这些标签有助于旅游企业初步划分用户群体,为后续营销策略的规划奠定基础。

3. 行为标签的确定

行为标签是通过用户的浏览记录、预订历史、旅游偏好等行为数据分析得出的。例如,"喜欢自然风光""热衷城市探索""对历史文化感兴趣",这些标签能够帮助旅游企业更准确地把握用户兴趣,为用户推荐相关的旅游产品和服务。

4. 偏好标签的精细化

偏好标签是基于用户的反馈和选择偏好进一步细化的标签,如"喜欢高端度假酒店""对当地美食有独特追求""注重旅游体验感和文化内涵"。这类标签能够帮助旅游企业深入了解用户的个性化需求,为用户提供更为贴心和个性化的服务。

同步案例 5-2：用户画像分析

用户画像标签如图 5-4 所示。

上海人
"90 后"媒体人
携程深度用户
时尚城市漫游
自有住房（还贷中）
喜欢艺术酒店民宿

本科
时间充裕
拍照达人
常年慢跑健身

使用银行：工行

某省会人
"00 后"研究生
住宿强调性价比
知乎、B 站、豆瓣日活用户
环保主义

几乎每个周末都周边游
单身
使用小额花呗
喜欢摇滚乐
常常进行户外运动

图 5-4　用户画像标签

请查看以上两位旅游者的用户画像标签，并讨论以下问题。

（1）查阅以上不同用户画像，看看 哪些是基础标签，哪些是行为标签，哪些是偏好标签？

（2）讨论两位旅游者会喜欢什么类型的旅游新媒体内容。

（3）请根据以上两位旅游者的不同用户画像，为他们推荐适合的旅游产品。

（4）请为自己或身边的亲人朋友做一个用户画像。

（三）标签体系的应用与优化

1. 个性化内容推荐

根据用户画像标签，推送与用户兴趣偏好相匹配的旅游目的地、活动信息和旅游攻略，提升用户体验感和互动率。

2. 精准营销策略

利用用户画像标签进行细分市场营销，针对不同的用户群体设计个性化的营销活动和优惠方案，提高营销效率和 ROI（投资回报率）。

3. 产品和服务的优化

通过分析用户标签和反馈，旅游企业可以持续优化其产品和服务，更好地满足用户需求，提高用户满意度和忠诚度。

4. 动态调整和更新

用户的偏好和行为模式会随时间变化，因此旅游企业需要定期通过数据分析更新用户标签，确保标签体系的准确性和实时性。

同步案例5-3：旅游新媒体平台用户分析应用

假设有一个旅游新媒体平台专注于推广度假胜地，其运营团队基于用户分析，开会商讨新媒体内容策略，具体如下。

一、确定目标用户群体

目标用户群体：年龄在25—40岁的中产阶级，喜欢度假旅行的都市白领，渴望逃离繁忙的城市生活，追求休闲、放松和文化体验感的旅行。

用户画像：以30岁的职业女性为例，她热爱旅行，追求独特的旅游体验感，喜欢品尝美食、购物和探索。她经常使用社交媒体平台获取旅行灵感和旅游目的地信息。

二、确定目标和指标

目标：提高旅游新媒体平台的品牌知名度、增加用户参与度，并增加度假胜地的预订率。

指标：在社交媒体平台粉丝增长方面，每月增加500个社交媒体粉丝，提高品牌知名度；在用户参与度方面，每月增加用户评论和分享的数量，提高用户参与度；在预订转化率方面，将浏览度假胜地页面的用户转化为实际预订的用户，目标是每月提高5%的预订转化率。

三、制定内容策略

核心主题和价值主张：强调度假胜地的独特性、优美的环境和丰富的文化体验感。突出度假胜地的各种活动、景点和特色。

多样化内容类型：发布旅行指南、旅游目的地介绍、体验感分享、美食推荐以及购物攻略、文化活动信息等多样化的内容。

引入用户生成内容：鼓励用户分享他们在度假胜地的照片、视频和旅行故事。通过用户生成内容，用户的参与度和品牌互动频率均会提升。

发布计划和渠道选择：制定每周发布一篇旅游目的地介绍文章、每月发布一次用户体验感分享活动、每周发布一张美食推荐照片等具体的发布计划。选择适合目标用户的社交媒体平台和旅游相关网站进行内容发布。

点评：以上案例对于旅游新媒体平台在推广度假胜地方面的目标和内容策略制定提供了一定的指导。案例明确了目标用户群体，这有助于旅游企业更精准地针对目标用户的需求和偏好进行内容制定和营销活动策划。设定了明确的目标和可衡量的指标，如社交媒体粉丝增长、用户参与度和预订转化率等，有助于旅游企业衡量旅游新媒体平台的营销效果，并进行针对性的改进和优化。案例还提到了多样化的内容类型，包括旅行指南、旅游目的地介绍、体验感分享、美食推荐等，能够满足目标用户的不同需求和兴趣。同时，鼓励用户生成内容也有助于提高用户的参与度和与品牌互动的频率。

工作任务 3　设计互动策略与流程

一　互动策略设计

在当前的社交媒体和在线平台环境中,用户的参与度和互动性成为衡量一个新媒体平台成功与否的关键指标。特别是与旅游相关的新媒体平台,如何吸引用户、留住用户,并使用户积极参与和分享,是至关重要的。接下来,学生将学习如何通过一系列互动策略设计,提升用户参与感、增强内容吸引力,以及提升活动趣味性。

（一）提升用户参与感

1. 话题挑战

话题挑战是社交媒体上一种非常流行的互动方式,它能够迅速引发用户的关注和参与。旅游新媒体平台可以定期发布与旅游相关的话题挑战,如"我的独特旅行经历""难忘的旅行瞬间"等,鼓励用户发表自己的看法和分享自己的经历。这不仅能够增加新媒体平台的活跃度,还能拉近新媒体平台与用户之间的距离,增强用户对新媒体平台的认同感和归属感。

为了进一步提升话题挑战的效果,新媒体平台还可以考虑与知名旅游博主或意见领袖合作,邀请他们参与话题挑战并分享自己的经历,从而带动更多用户的参与。同时,新媒体平台也可以设置一些奖励机制,如评选出较佳分享并赠送该分享用户旅游礼品或优惠券等,以激励用户更积极地参与话题挑战。

2. 问答互动

问答互动是一种非常有效的知识共享方式,它能够让用户在提问和回答的过程中获得满足感和成就感。旅游新媒体平台可以设置一些与旅游相关的问题,如"去某地旅游需要注意什么?""某地有哪些不为人知的景点?"等,邀请用户来回答并分享他们的专业知识和旅行经验。这样不仅能够形成知识共享的氛围,还能够提升用户对该新媒体平台的信任度和依赖度。

为了增加问答互动的趣味性和吸引力,旅游企业还可以考虑引入一些游戏化的元素,如设置积分系统或排行榜,根据用户的回答质量和数量给予相应的积分奖励,并在排行榜上展示积分高的用户。这样不仅能够激发用户的竞争心理,还能够提升他们的参与积极性和活跃度。

3. 用户生成内容竞赛

用户生成内容竞赛是激发用户创造力并增强参与感的好方法。旅游新媒体平台可以组织诸如"旅行摄影""独特旅行 Vlog"或"创意旅行故事"等。邀请用户提交他们原创的旅行照片、视频或故事,并邀请其他用户进行投票。

除了设立吸引人的奖品（如摄影装备等）,还可以将获奖作品在旅游新媒体平台显眼位置展示,甚至通过合作伙伴的渠道进行推广,以增强获奖者的荣誉感,进一步激励其他用户参与。

4.旅游打卡活动

利用旅游新媒体平台的定位功能或结合特定的地标,发起旅游打卡活动。用户可以在特定的旅游目的地拍照并上传至旅游新媒体平台,证明他们到访过该地。这不仅可以增加用户对旅游目的地的兴趣,还能鼓励用户在社交媒体上分享自己的旅行体验。另外,旅游企业还可以为完成特定打卡任务的用户提供徽章、数字证书或小礼品,增加活动的趣味性。

5.实时互动直播

通过直播,旅游新媒体运营者可以组织导游、旅游达人或当地居民进行实时互动直播,带领用户探索旅游目的地。用户可以实时提问,并获得即时回答,增强了互动性和真实感。直播中可设置互动环节,如答题赢礼品、用户投票选择下一个探索地点等。此外,旅游企业还可以将直播内容制作成精华短视频,供未能参与直播的用户回看,扩大活动的影响力。

同步案例5-4:不同新媒体运营者在不同平台上的激励用户活动

案例1:旅行社新媒体——旅行故事接龙

旅游新媒体平台:旅行社官方网站、社交媒体账号等。

玩法:旅行社发起一个"旅行故事接龙"活动,邀请用户在社交媒体上分享自己的旅行故事片段,并要求下一个用户根据前一个用户的故事片段继续编写。这种接龙式的故事分享不仅能够激发用户的创造力,还能形成旅行社与用户之间的有趣互动。

增强策略:为了增加活动的吸引力,旅行社可以提供一些奖励,如最佳故事奖、最有创意奖等,并邀请获奖者参与旅行社组织的免费旅行体验活动。

案例2:酒店新媒体——短视频平台客房DIY挑战

旅游新媒体平台:短视频平台(如抖音、快手等)。

玩法:酒店可以发起一个客房DIY(自己动手制作)挑战,邀请用户拍摄并分享自己在酒店客房中的布置和装饰创意。用户可以使用酒店提供的基础物品,也可以自带装饰品,创造独具特色的客房风格。

增强策略:酒店可以评选出最佳创意视频,并在官方账号上展示,同时为获奖者提供免费的住宿或折扣券等奖励。这种挑战活动不仅能够展示酒店的客房设施,还能激发用户的创造力和参与热情。

案例3:景点自媒体——微信平台"我眼中的最美景点"摄影大赛

旅游新媒体平台:微信公众号及小程序。

玩法:景点可以在微信平台上举办一个"我眼中的最美景点"摄影大赛,邀请游客上传自己在该景点拍摄的照片,并分享照片背后的故事或感受。通过投票和评审,景点可以选出最佳作品并给予奖励。

增强策略:除了设置奖项,景点还可以将获奖作品制作成明信片、画册等纪念品进行销售,进一步增加用户的参与感和归属感。同时,通过展示获奖作品,景点也能吸引更多潜在游客的关注。

案例4:餐厅新媒体——美食打卡挑战

旅游新媒体平台:餐厅官方社交媒体账号及美食分享平台。

玩法：餐厅可以发起一个"美食打卡挑战"活动，鼓励顾客在品尝美食的同时，拍摄美食的照片并将照片分享到社交媒体上，同时附上特定的标签或话题。挑战可以包括品尝特定菜品以及完成一系列美食任务等。

增强策略：餐厅可以为完成挑战的顾客提供优惠或赠品，如免费甜品、下次就餐折扣等。同时，餐厅还可以设置专门的打卡区域，提供拍照道具和背景，增加顾客的参与感和分享欲望。

案例5：景点导览App——增强现实寻宝游戏

旅游新媒体平台：景点导览App。

玩法：在App中嵌入一个增强现实（AR）寻宝游戏，用户可以在参观景点的同时，使用App寻找虚拟宝藏。通过在景点内设置线索和任务，景点可以引导用户探索并学习景点的历史和文化。

增强策略：景点要为找到宝藏的用户提供奖励，如景点纪念品、优惠券等。这种游戏化的导览方式不仅增加了用户的参与感，还能提升用户对景点的兴趣和满意度。

案例6：旅游社区网站——旅行计划分享大赛

旅游新媒体平台：旅游社区网站、公众号等。

玩法：鼓励用户分享他们的旅行计划，包括目的地、行程安排、预算等。其他用户可以对这些计划进行点赞、评论和投票，选出较受欢迎的旅行计划。

增强策略：为获奖者提供旅行基金或赞助，帮助获奖者实现旅行计划。同时，旅游社区可以在专栏上展示优秀的旅行计划，为其他用户提供灵感和参考。

（二）增强内容吸引力

1. 原创内容创作

在内容为王的时代，高质量的原创内容是吸引用户的关键。旅游企业要注重发布独家旅游攻略、游记、视频等高质量原创内容，以提升新媒体账号的权威性和吸引力。这些内容可以涵盖热门旅游目的地的详细介绍、独特旅行路线的规划建议、旅行中的实用贴士等，为用户提供全面而深入的旅游信息和服务。

为了进一步提升原创内容的吸引力和传播效果，旅游企业还可以考虑与知名旅游作家或摄影师合作，邀请他们为旅游企业的新媒体平台创作独家内容。同时，旅游企业也可以利用社交媒体等渠道进行内容的推广和分享，以扩大旅游新媒体平台的影响力和用户基础。

2. 用户内容征集

用户生成内容是社交媒体和在线平台的重要组成部分。用户生成内容能够丰富旅游新媒体账号的内容多样性并提升用户的参与感。新媒体运营者可以开展用户内容征集活动，鼓励用户分享自己的旅行故事和照片。这些内容可以展示用户的独特旅行经历以及感受和思考等，为其他用户提供启发和参考。

为了激发用户参与内容征集的积极性，旅游企业可以设置一些奖励机制，如评选出最佳故事或照片并赠送旅游礼品或提供旅行机会等。同时，旅游企业也可以将征集到的优质内容在旅游新媒体平台上进行展示和推广,让更多的用户看到和分享。

3. 多媒体内容融合

单纯的文字描述往往难以充分展现旅游目的地的魅力和特色,因此需要将文字、图片、视频等进行有机融合。通过精美的图片展现旅游目的地的风景之美,通过短视频和直播让用户感受旅游目的地现场的氛围,再结合详细的文字描述为用户提供全面的旅游信息。这样的多媒体内容不仅能够吸引用户的注意力,还能够提升内容的传播效果。

4. 个性化内容推荐

用户的旅游需求和兴趣点往往不同,因此旅游企业需要根据用户的喜好和行为数据进行个性化内容推荐。通过分析用户的浏览记录、搜索关键词、点赞评论等信息,旅游企业可以了解用户的旅游偏好,进而为用户提供更加精准和有价值的内容。

5. 跨界合作与内容创新

旅游行业与其他多个领域都有着紧密的联系,如美食、文化、艺术、体育等。通过与这些领域的知名品牌或专家进行跨界合作,旅游企业可以打造出更加丰富和多元的旅游内容。例如,与美食节目合作推出旅游美食指南,与文化机构合作推出深度文化旅游线路等。这样的跨界合作不仅能够为用户带来全新的旅游体验感,还能够提升新媒体账号的影响力和内容吸引力。

(三)提升活动趣味性

1. 线上竞赛活动

线上竞赛活动是一种非常有趣且能够激发用户参与热情的活动。旅游企业可以组织如"最美旅行照片评选""旅游攻略大赛"等线上竞赛活动,邀请用户提交自己的作品并参与评选。这些活动不仅能够展示用户的才华和创意,还能够提升平台的活跃度和用户黏性。

为了增加线上竞赛活动的趣味性和吸引力,旅游新媒体平台可以考虑引入一些创新元素和互动环节。例如,旅游企业可以设置投票环节让用户为自己喜欢的作品投票;或者设置评论环节让用户对作品进行点评和建议;还可以设置颁奖环节对获奖用户进行表彰和奖励。这些环节都能够让用户更深入地参与活动并感受旅游新媒体平台对用户的关怀和认可。

2. 线下见面会

线下见面会是增强用户与用户之间互动和社交体验的有效方式之一。旅游企业可以策划线下见面会或旅行团活动,并邀请用户参与。这些活动可以包括主题分享、互动交流、游戏娱乐等,让用户有机会面对面地交流彼此的心得和感受。

通过线下见面会或旅行团活动,用户不仅能够结识志同道合的朋友并拓展社交圈子,还能够更深入地了解平台的文化和价值观。这对于提升用户对平台的认同感和忠诚度具有非常积极的意义。同时,线下活动也能够为旅游新媒体平台提供宝贵的用户反馈和建议,帮助旅游新媒体平台不断完善和优化服务。

3. 旅游主题挑战

旅游企业可定期发布旅游主题挑战,如"一周内游览本地五个未知景点"或"用一天时间体验当地传统文化"等。这些旅游主题挑战能够鼓励用户探索景点的美丽和文化,同时也能够提升用户对旅游新媒体平台的关注和使用频率。

4. 节日和纪念日特别活动

旅游企业可以结合重要的节日或纪念日(如国庆节、春节、世界旅游日等),策划相关的旅游活动。这些旅游活动可以围绕节日和纪念日主题设计互动活动、发布限时优惠、推出特色旅游线路等,以吸引用户的关注和参与。此外,设置节日和纪念日专属徽章或头像框等虚拟奖励,也能有效提升用户的参与感和归属感。

二 互动流程规划

在旅游新媒体运营中,互动流程规划是至关重要的一环。一个合理、流畅且吸引人的互动流程,能够极大地提升用户的参与感和满意度,从而增强旅游新媒体平台的吸引力和竞争力。接下来,我们将从参与门槛设定、互动形式设计以及奖励机制设置三个方面,探讨如何设计一个高效且有趣的互动流程。

(一)参与门槛设定

1. 简化操作流程

对用户来说,参与互动活动的第一步往往是决定是否要投入时间和精力。因此,简化操作流程、降低参与门槛是吸引用户的关键。旅游新媒体平台应该确保用户能够轻松参与互动活动,减少不必要的注册、验证等步骤。例如,可以采用社交账号一键登录的方式,避免用户重复填写个人信息。同时,优化活动页面设计,使用户能够一目了然地了解活动的内容和参与方式。

此外,旅游新媒体平台还可以考虑提供操作指南或在线客服,帮助用户快速解决在参与过程中遇到的问题。这样不仅能够提升用户的参与体验感,还能够树立旅游新媒体平台专业、友好的形象。

2. 明确活动规则

活动规则的清晰明了对于用户的参与意愿和体验感至关重要。旅游新媒体运营者应该在活动页面中明确说明活动规则、参与条件、奖励机制等,避免用户在参与过程中产生困惑或误解。同时,规则的设置也应该尽量公平、合理,确保每个用户都有平等的机会参与并获得奖励。

3. 优化用户体验感

旅游新媒体平台运营者应该注重从用户的角度出发,设计符合用户习惯和需求的互动流程。例如,可以采用响应式设计技术,确保活动页面在不同设备上都能够良好地展示和交互;优化网络加载速度,减少用户等待时间;还可以提供个性化的推荐和提醒服务,帮助用户及时发现并参与自己感兴趣的活动。

通过不断优化用户体验感,旅游新媒体运营者能够提升用户在参与互动活动过程中的愉悦感和满足感,从而增强用户对旅游新媒体账号的黏性和忠诚度。

4.保障用户隐私安全

旅游新媒体运营者应该严格遵守相关法律法规和行业标准,确保用户的个人信息和隐私数据能够得到充分保护。例如,可以采用加密技术对用户数据进行存储和传输;建立完善的权限管理体系和审计机制,防止未经授权访问和滥用用户数据。

(二)互动形式设计

1.多样化互动形式

旅游企业可以结合旅游行业的特点和用户需求设计多种互动形式。例如,投票评选最佳旅游目的地、分享旅游经验故事、晒出旅游美照等多样化的互动形式,这些互动形式能够相互补充和配合,形成一个丰富多样的互动体系。

2.实时反馈机制

实时反馈机制也是提升用户参与感和满足感的重要手段之一。旅游企业可以采用的方式有:设置实时更新的排行榜或积分系统,让用户能够随时了解自己的参与进度和排名情况;提供即时的消息通知或弹窗提示告知用户互动结果和奖励发放情况等。这些措施能让用户感受到自己的参与是有价值和意义的。此外,旅游企业还可以考虑建立竞争机制,如设置用户之间的互动竞赛或团队竞赛等。这样不仅能够增加活动的趣味性和挑战性,还能够促进用户与用户之间的交流和互动,以形成良好的社区氛围。

3.个性化互动体验

每个用户都是独一无二的,他们有着不同的兴趣偏好和参与需求。因此,旅游新媒体运营者应该注重提供个性化的互动体验感。例如:可以根据用户的浏览历史和搜索记录推荐相关的互动活动;设置用户画像和标签系统以便进行更精准的个性化推荐;还可以提供定制化的互动服务,如私人定制的旅行攻略或专属的旅游咨询服务等。

个性化的互动体验感设计,能够让用户感受到被关注和被重视,从而提升用户对旅游新媒体账号的满意度和忠诚度。同时,个性化互动体验也能够帮助旅游新媒体运营者更好地了解用户需求和市场趋势,为未来的产品和服务创新提供有力的支持。

4.跨平台互动整合

在数字化时代,用户往往同时活跃在多个社交媒体和在线平台上。因此,旅游新媒体运营者应该考虑实现跨平台的互动整合。通过跨平台的互动整合设计,旅游企业能够扩大活动的传播范围和影响力,吸引更多潜在用户的关注和参与。

(三)奖励机制设置

1.物质奖励策略

旅游企业可以提供旅游折扣券、小礼品等作为奖励。这些奖励可以与活动主题和旅游新媒体账号特色相结合,如提供特定旅游目的地的折扣券或当地特色小礼品等。物质奖励策略的设置,能够直接刺激用户的参与欲望和积极性,从而提升用户的参与度。

2. 精神奖励策略

旅游企业可以设立积分体系、荣誉称号等精神奖励来提升用户的荣誉感和归属感。例如，旅游企业可以根据用户的参与程度和贡献程度设立不同的积分等级和荣誉称号；还可以展示用户的积分排名和荣誉勋章等。

精神奖励策略的设置，能够满足用户的自我认同和社交需求，增强用户对旅游新媒体账号的归属感和忠诚度。同时，这也能够帮助旅游新媒体账号形成良好的社区氛围和文化底蕴，为未来的品牌建设和用户拓展奠定坚实的基础。

三 服务质量提升

（一）建立快速响应的用户服务机制

旅游新媒体平台上的用户往往期望得到及时、有效的回应。因此，建立快速响应的用户服务机制至关重要。这包括设立专门的用户服务团队，负责监控旅游新媒体平台上的用户留言、评论和私信，确保用户在遇到问题时能够迅速获得帮助和解答。同时，用户服务团队还应具备良好的沟通能力和专业知识，能够针对用户的各种疑问和需求提供准确、有价值的回应。

为了进一步提升响应速度，旅游新媒体运营者还可以考虑引入智能化客服系统。智能化客服系统能够自动识别用户的留言和问题，提供快速、准确的自动回复。这将大大减轻用户服务团队的工作负担，提高服务效率。

（二）注重数据分析与运用

在旅游行业中，数据分析与运用已成为提升用户体验感、优化服务质量和推动业务发展的关键环节。对于旅游企业新媒体运营者和旅游自媒体从业者来说，通过数据分析可以深入了解用户需求、行为偏好，从而制定更加精准的内容策略和服务方案（详见项目八）。

工作任务4　管理私域流量与社群

一 私域流量的概念与应用

（一）私域流量的概念与旅游新媒体

私域流量，即旅游企业的旅游新媒体平台拥有的用户资源，包括网站、App、微信公众号等各类渠道累积的用户流量。在旅游行业中，私域流量尤为重要，因为旅游消费决策过程复杂，消费者需要更多个性化的信息和服务，而私域流量能够提供精准的用户触达和高效的服务体验感。对于旅行社、酒店、景点、餐厅等涉旅企业来说，打造自己的私域流量池，是提升服务质量、提高用户满意度、增加复购率的有效途径。同时，对于想要进入旅游新媒体领域的个人来说，了解和掌握私域流量的概念和优势，有助于未来更好地承担岗位职责并创造价值。

（二）私域流量优势

1. 稳定性优势

旅游行业受季节、天气、突发事件等的影响较大，因此客流量的波动性也较大。私域流量作为旅游企业的自有资源，其稳定性要远高于外部流量。无论市场如何变化，只要旅游企业维护好与用户的关系，私域流量就能为旅游企业带来持续、稳定的客源。对于旅行社、酒店等涉旅企业来说，通过运营私域流量，涉旅企业可以更好地抵御市场波动，实现平稳发展。另外，私域流量池的打造和运营，能够为企业创造稳定的用户来源和价值。

2. 可控性优势

私域流量让旅游企业直接掌握用户的第一手数据，从而旅游企业能更深入地理解用户需求和行为，并根据这些信息制定个性化的营销策略，实现精准营销。同时，通过私域流量的精细化运营，旅游企业还可以提高用户对品牌的认知和忠诚度，形成良性的营销闭环。

3. 低成本优势

与需要付费才能获取的外部流量相比，私域流量的获取和运营成本较低。通过合理的策略和手段，旅游企业可以将一次性的用户引流转化为长期的会员或粉丝，实现低成本的用户留存和复购。这不仅有助于提升旅游企业的盈利能力，还能使旅游企业在激烈的市场竞争中赢得更多的发展机会。个人旅游自媒体也可以通过私域流量的运营，以较低的成本实现用户增长和业务拓展。

二 私域流量池搭建策略

在旅游行业中，搭建私域流量池是实现旅游企业营收持续、稳定增长的关键。私域流量池不仅能够帮助旅游企业更好地了解用户需求，为用户提供个性化的服务，还能降低旅游企业的营销成本，提高用户转化率和复购率。

（一）微信生态布局

微信作为中国较大的社交媒体平台之一，拥有庞大的用户群体和完善的生态体系，是搭建私域流量池的重要阵地。

1. 微信公众号运营

微信公众号是旅游企业与用户建立连接的重要桥梁。旅游企业通过发布旅游资讯、活动信息等，可以吸引用户的关注，建立用户对品牌的认知。同时，旅游企业还可以提供客服支持解决用户疑问，增强用户信任感和满意度。在运营过程中，旅游新媒体运营者需要注意以下几点。

（1）内容策划。

根据目标用户群体的需求和兴趣，旅游新媒体运营者要策划有价值、有趣味性的内容，如旅游攻略、景点介绍、当地美食介绍等。同时，结合时事热点和节假日等时间节点，旅游新媒体运营者还可以策划相关主题活动，吸引用户参与和互动。

(2)互动沟通。

旅游新媒体运营者要及时回复用户的留言和评论,解决用户的问题。通过互动沟通,旅游新媒体运营者要与用户建立良好的关系,提高用户忠诚度和口碑传播效果。

(3)数据分析。

旅游新媒体运营者要定期分析微信公众号的运营数据,包括用户增长、阅读量、转发量等数据,了解用户的行为和需求变化,为后续的运营策略调整提供依据。

2.企业微信应用

企业微信是旅游企业实现用户关系管理的重要工具。通过建立用户关系管理系统,旅游企业可以为用户提供个性化的服务,如旅游咨询、行程定制等,增强用户黏性等。同时,企业微信还支持与微信生态内的其他工具衔接,如小程序、微信支付等,为用户提供便捷的服务体验感。

3.精心打造朋友圈,构建私域流量池

在社交媒体盛行的时代,朋友圈已然成为我们展示自我、交流情感的重要平台。对于想要打造个人IP、积累私域流量的旅游新媒体运营者来说,朋友圈更是一个不可多得的宝地。另外,微信朋友圈不仅是一个社交场所,更是一个充满潜力的私域流量池。利用微信朋友圈进行私域流量运营,已经成为旅游新媒体运营者一个不可或缺的能力。

(1)个人形象与朋友圈美学的完美融合。

旅游新媒体运营者需要通过头像、昵称、签名和封面等元素,快速建立个人形象。这些元素不仅能够帮助用户快速识别旅游新媒体运营者,还能在一定程度上反映账号的审美和品位。因此,在选择这些元素时,旅游新媒体运营者一定要注重它们之间的协调性和一致性,以打造独特且具有吸引力的个人形象。

(2)发布吸引人的朋友圈内容。

旅游新媒体运营者需要发布高质量、有趣味性的朋友圈内容。这些内容可以围绕个人事业、日常生活和个人成长等方面展开。例如,可以分享自己的事业官宣、旅行体验、学习收获等,让朋友们见证旅游新媒体运营者的成长和改变。同时,旅游新媒体运营者还可以利用强社交属性,与朋友们进行互动和交流,增强彼此之间的信任和黏性。

在发布内容时,旅游新媒体运营者需要注意以下几点:一是保持更新频率,让朋友们能够时刻关注;二是注重内容的排版和美观,提升阅读体验感;三是适当使用标签和话题,增加内容的曝光度和互动性。

(3)打造赞爆朋友圈的图片排版。

旅游新媒体运营者需要掌握一些图片排版技巧,让朋友圈更加美观和吸引人。例如:可以利用九宫格排版法,将多张图片巧妙地组合在一起;或者使用对比色和滤镜等效果,增强图片的视觉冲击力和美感。这些技巧不仅能够帮助旅游新媒体运营者提升朋友圈的"颜值",还能让内容在众多朋友圈中脱颖而出。

总之,想要打造私域流量王国,旅游新媒体运营者就需要在朋友圈这个小小的舞台上精心耕耘。通过个人形象与朋友圈美学的融合、发布高质量的内容以及掌握图片排版技巧等方法,一定能够吸引更多人的关注和支持。在这个过程中,旅游新媒体运营者也将不断积累自己的影响力和粉丝基础,为未来的事业发展奠定坚实的基础。

同步案例5-5：要术业有专攻，不要纷纭杂沓

在朋友圈中，旅游网红应该专注于某一个明确的主题或领域。例如，旅游网红可以选择专注于探索特定地区的美食、介绍独特的文化体验感或分享世界各地的壮丽风景等。通过选择明确的主题，旅游网红能够建立自己在该领域的专业性和权威性。

你有没有发现，虽然作为一名导游，你带了许多的团，加了许多的游客，朋友圈发的护肤品的代购或酒店门票预订的信息也挺勤的，但是找你下单的客户却很少。你或许会想肯定是大家没有购物的欲望，也没心情度假游玩。但真的是这样吗？

如果你也和下面这位导游一样，今天卖打底裤，明天卖减肥茶，后天卖门票，那么大家只会觉得你是一个敬业的微商，不会认为你是一名专做旅游的网络红人。哪怕你是专业代购，代购的产品类型也要专一，如果你决定代购护肤品，那么你就专发护肤品的广告，这样长期以来你肯定会积累固定的客源，如果你只想卖景点门票或旅游产品，那你就专发这类广告，不要既捡西瓜又抓芝麻。

旅游网红朋友圈如图5-5所示。

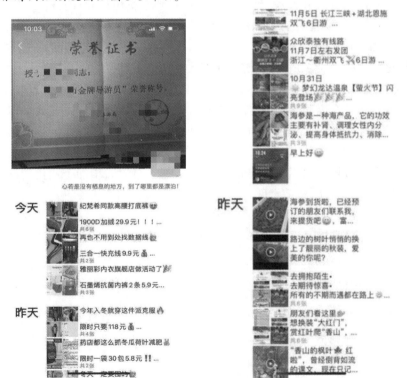

图5-5 旅游网红朋友圈

（二）企业自有平台打造

除了微信生态，旅游企业还可以通过打造自有平台来搭建私域流量池。自有平台包括官网、App等渠道，是旅游企业展示旅游产品、服务信息的重要窗口。

1. 官网建设

官网是旅游企业的门面,是用户了解旅游企业的重要途径。通过展示旅游产品、服务信息等,官网还提供在线预订和客服支持,能够提升用户体验感和转化率。在建设官网时,旅游企业需要注意以下几点。

(1) 界面设计。

界面设计要简洁、美观,符合用户的审美习惯和使用习惯。同时,注重响应式设计,确保设计在不同设备上都能提供良好的浏览体验感。

(2) 内容策划。

根据目标用户群体的需求和兴趣,策划有价值、有吸引力的内容。同时,注重内容的更新和维护,确保信息的准确性和时效性。

(3) 功能完善。

提供在线预订、支付、客服支持等功能,满足用户一站式服务需求。同时,注重用户体验优化,简化操作流程,提升用户满意度和转化率。

2. App 开发

随着移动互联网的普及和发展,越来越多的用户开始使用移动设备进行旅游产品和服务预订。因此,开发一款功能完善的旅游 App 对于旅游企业来说至关重要。通过提供一站式旅游服务体验感,包括预订、支付、行程规划等,App 可以满足用户移动端使用需求,提高用户黏性和转化率。在开发 App 时,旅游企业需要注意以下几点。

(1) 用户体验优化。

注重界面设计和操作流程简化,确保用户可以快速找到所需功能并完成操作。同时,针对移动设备的特点进行优化,如适配不同屏幕尺寸、支持离线下载等。

(2) 功能完善与迭代。

根据用户需求和市场变化不断完善和迭代 App 功能。例如,增加个性化推荐、智能客服等特色功能,提升用户体验感和满意度。

(3) 数据安全保障。

加强数据安全保障措施,确保用户信息的安全性和隐私性。通过加密技术、定期备份等手段,旅游企业可以提高数据的安全性。

(三) 其他社交媒体拓展

除了微信生态和旅游企业自有平台,旅游企业还可以拓展其他社交媒体渠道来搭建私域流量池。这些渠道包括微博、短视频平台、小红书等,可以帮助旅游企业扩大品牌影响力并吸引更多潜在用户关注。

1. 微博运营

微博是一个短文本社交媒体平台,类似 Twitter,用户可发布短文本、图片和视频,进行互动和交流。微博内容丰富,包括个人生活、新闻时事、娱乐八卦等,也是公共话题讨论和商业化推广的平台。现今,微博已成为中国网络文化的重要组成部分。

旅游企业、公众人物、自媒体和 KOL 等可在微博上打造个人品牌,与粉丝建立紧密联系。在关注量和影响力提升后,微博可将这些转化为商业价值,如与品牌合作推广或开设个人网店等。品牌在选择合作对象时,会考虑合作对象的用户影响力、受众和内容风格。合作期间,合作对象需根据品牌内容进行宣传,吸引粉丝和潜在用户,从而获得报酬。

2. 短视频运营

短视频已成为现代社交媒体中不可或缺的一部分,它融合了影像、声音和文字,以更为直观和生动的方式呈现内容。短视频平台如抖音、快手等,以其独特的内容形式和算法推荐,吸引了大量用户,尤其是年轻用户。

对于旅游企业、公众人物、自媒体和KOL等,短视频运营同样是一个展示个人品牌、与粉丝建立紧密联系并转化为商业价值的重要渠道。通过短视频,他们可以更为直观地展示产品、服务以及个人魅力,吸引更多粉丝和潜在用户的关注。

在短视频运营中,通过精心策划和制作优质的内容,旅游企业、自媒体等可与粉丝建立良好的互动关系,从而实现商业和个人价值的双重提升。

同步案例5-6:小红书运营技巧

小红书,这个年轻、时尚且多元的社交平台,已经吸引了数亿年轻用户,尤其是女性用户。许多人通过精心运营小红书账号成为百万粉丝的博主。成功的背后,除了运气,更多的是对小红书运营技巧和策略的深入理解和巧妙运用。

一、了解用户喜好至关重要

小红书的用户主要是年轻女性,她们对美妆、护肤、旅游、美食等内容有着浓厚的兴趣。因此,如果小红书运营者想在小红书上脱颖而出,那么分享这些领域的优质内容将是一个不错的选择。比如,可以分享独特的旅游攻略、美食打卡点,或者如何用优惠的价格购买到热门景点的门票等。总之,要始终站在用户的角度,提供她们感兴趣的内容。

二、小红书的流量具有长尾效应

一篇优质的笔记在发布后,可能会持续吸引流量,甚至在发布很长时间后仍然能被用户搜索到。因此,对于小红书运营者来说,持续输出高质量的内容是至关重要的。这样不仅可以吸引更多的新用户,还能让老用户保持关注。

三、充分利用小红书的搜索流量功能,学会使用关键词

关键词是用户在搜索时输入的词汇,如果你的笔记中包含了这些关键词,那么你的笔记就有可能出现在搜索结果中。因此,在发布笔记时,小红书运营者一定要在标题、正文中合理使用关键词。同时,小红书运营者还要注意关键词的密度和分布,避免过度堆砌,以免被搜索引擎视为作弊行为。

四、让更多人看到你的笔记也是提升小红书运营效果的关键

小红书运营者可以通过关注其他用户、使用热门标签、发布高质量内容、参与小红书活动、分享到其他社交媒体平台以及加入小红书社群等方式来增加你的曝光率。只有让更多的人看到你的内容,才能吸引更多的粉丝和关注。

五、提升小红书运营效率的方法

关注其他用户并互动可以增加你的账号权重和曝光率;使用热门标签可以让你的笔记更容易被用户搜索到;发布高质量的内容是吸引用户的关键,需要注重

排版和图片质量,让笔记更具吸引力;参与小红书的活动和挑战可以增加曝光率,还能让你与其他用户建立联系;将你的笔记分享到其他社交媒体平台可以让更多的人看到你的内容;加入小红书的社群可以让你与志同道合的用户交流,互相学习和分享经验。

总之,小红书的运营需要耐心和技巧。小红书运营者需要深入了解用户喜好,持续输出高质量的内容,并学会利用关键词和增加曝光率的方式来提升运营效果。只有这样,小红书运营者才能在小红书这个竞争激烈的平台上脱颖而出,成为深受用户喜爱的网红博主。

三 社群管理技巧与方法

(一)规则设定与执行

1. 社群公约制定

设立明确的社群规则和行为准则是维护良好社群氛围的基础。这些规则应包括言论规范、禁止打广告、尊重他人等。言论规范主要是指用户在社群中发布的内容应符合法律法规和社会道德标准,不发布低俗、暴力、恶意攻击等不良信息。禁止打广告则是为了保持社群的纯净性,防止过多商业信息的涌入影响用户体验感。尊重他人则要求用户在交流中保持友好的态度,不人身攻击或恶意挑衅他人等。

除了基本的规则,旅游新媒体运营者还可以根据社群的特点和需求,制定一些个性化的规定。例如:旅游社群可以要求用户分享的内容必须与旅游相关,不得发布与主题无关的信息;或者规定在特定的时间段内禁止发言,以保证社群的正常运转和用户的良好体验感。

2. 管理员选拔

管理员不仅需要负责维护社群的日常秩序,还需要及时解决用户的问题,协调处理各种矛盾。因此,选拔有责任心和活跃度的用户担任管理员是至关重要的。这些用户通常对社群有较高的认同感和归属感,愿意为社群的发展贡献自己的力量。

(二)内容运营与激励

1. 提供有价值且吸引人的内容

内容是吸引和留住用户的关键,旅游新媒体运营者需要提供有价值且吸引人的内容,让社群成员愿意停下来阅读、点赞、评论甚至转发。

例如,旅游攻略与旅游目的地介绍、旅游心得与体验感、旅游产品与路线推荐、视觉内容呈现等。

2. 发布独家福利与优惠活动

独家福利与优惠活动是吸引社群成员、提高转化率的有效手段。在私域社群中,可以发布一些独家的、具有吸引力的福利与优惠活动,如下所示。

(1)独家优惠券与折扣。

旅游新媒体运营者可与合作伙伴共同推出独家优惠券、折扣等活动,吸引社群成员购买和使用。

（2）限时特价与抢购活动。

旅游新媒体运营者可定期推出限时特价、抢购等活动,制造紧张感,吸引社群成员快速决策。

（3）独家旅游路线与体验感。

旅游新媒体运营者可根据自己的资源和经验,推出独家的旅游路线、体验等活动,让社群成员感受到独特性和专业性。

（4）旅游攻略与电子书赠送。

旅游新媒体运营者可将精心制作的旅游攻略、电子书等作为福利赠送给社群成员,增加用户黏性和忠诚度。

3. 用户内容激励

鼓励用户分享优质内容是提升社群活跃度和价值的重要途径。为了激励用户积极参与内容创作,旅游新媒体运营者可以设立一些奖励机制,如积分兑换、获得荣誉称号等。当用户分享的内容被认可并获得一定的点赞或评论时,用户可以获得相应的积分或荣誉称号,这些奖励可以进一步激发用户的创作热情和参与意愿。对于积极参与分享的用户,管理员要定期进行表彰和感谢,让用户感受到自己的付出得到了认可和尊重。这种认同感能够促使用户更加深入地参与社群的活动和讨论,为社群的发展贡献更大的力量。

总之,社群私域流量运营需要有策略、有技巧地进行。通过提供有价值的内容、构建互动与信任的用户关系以及发布独家福利与优惠活动等方式,旅游新媒体运营者可以有效地吸引和留住用户,实现私域流量的高效转化和利用。

（三）成员互动与凝聚力提升

1. 话题讨论组织

定期组织热门话题讨论是激发成员参与热情、提高社群活跃度的有效方法。管理员可以根据时下的旅游热点或用户的兴趣点,设置一些有趣且具有争议性的话题,引导用户积极参与讨论。在讨论过程中,管理员需要密切关注用户的发言和动态,及时解决他们的问题,保持讨论的热烈和有序。

旅游新媒体运营者还可以发起投票与调研活动,通过这种方式,了解用户的需求和兴趣,同时增加用户的参与感和归属感。另外,还可以设立签到、分享等奖励机制,激励用户积极参与互动和传播社群的内容。对于社群成员的评论、私信等,要及时回复、互动,建立良好的沟通关系。

通过这些互动,用户不仅可以增加对社群的关注度和黏性,还能够促进用户与用户之间的交流和互动,加深彼此的了解和信任。这种互动和信任是社群凝聚力的重要组成部分,能够为社群的长远发展奠定坚实的基础。

2. 线上线下活动相结合

结合旅游主题组织线上线下活动是增强社群凝聚力的有效途径。线上活动包括摄影比赛、旅游攻略分享会、旅行故事征集等,这些活动能够充分调动用户的积极性和创造性,让用户在参与过程中感受到社群的价值和魅力。线下活动则可以组织一些实地考察、旅行团等,让用户在实际体验中加深对旅游目的地的了解和认知,同时增强彼此之间的情感联系。

通过线上线下活动的有机结合,用户可以在轻松愉悦的氛围中结交志同道合的朋友,共同分享旅行的快乐和收获。这种共同经历和情感体验感能够进一步增强用户对社群的归属感和忠诚度,为社群的长远发展提供有力支撑。

(四)数据分析与优化调整

1. 用户行为分析

通过数据分析工具了解用户行为特征和偏好是优化社群管理的重要手段。管理员需要密切关注用户的活跃度、留存率、参与度等指标,分析用户的兴趣和需求变化,以便更好地满足他们的期望和需求。这些数据可以反映用户对社群内容的喜好和接受程度,以及用户对社群活动的参与意愿和热情。

通过深入分析这些数据,管理员可以更加准确地把握用户的心理和行为特点,从而有针对性地调整内容运营策略和活动组织形式。例如:如果发现用户对某一类型的旅游资讯特别感兴趣,管理员可以提高该类内容的发布频率和质量;如果用户在某一时间段的活跃度较低,管理员可以尝试在该时间段安排一些有趣的活动或话题讨论来吸引用户的注意。

2. 运营效果评估

定期评估社群运营效果是持续优化管理的重要依据。管理员需要关注粉丝增长、互动情况、转化率等,评估社群的吸引力和影响力是否达到预期。如果效果不佳,管理员需要及时调整策略,优化管理方法和手段。例如,管理员可以分析粉丝增长缓慢的原因,是内容质量不高还是推广力度不够?针对问题制定相应的改进措施,如提升内容质量、加大推广力度等。

同时,管理员还需要密切关注行业动态和竞争对手的动向,及时了解和借鉴竞争对手的成功经验和管理技巧。通过不断学习和创新,管理员可以不断提升自己的专业素养和管理能力,为社群的发展注入新的活力和动力。

综上所述,社群管理是一个复杂而细致的工作,管理员需要具备丰富的知识储备和敏锐的市场洞察力。管理员需要制定明确的规则和执行标准、持续输出优质内容并激励用户参与、加强与用户之间的互动与凝聚力,以及数据分析与优化调整等手段的综合运用等。旅游企业和自媒体等的运营者可以在社交媒体上打造一个充满活力和价值的社群,实现商业和自我价值的双重提升。

项目课后

教学互动

(1)对于一个新媒体平台来说,如何定义并识别其核心用户?这些核心用户对新媒体平台的长期发展有何意义?

(2)在构建用户画像时,基础数据的收集为什么至关重要?请举例说明。

(3) 如何确保用户标签体系的准确性和实时性？你有哪些建议？

(4) 如何结合旅游产品的特点，制定有效的社群内容运营策略？在面对用户投诉和负面评论时，管理员应如何妥善处理以维护良好的社群氛围？

(5) 请分析一个你熟悉的新媒体平台在用户运营方面的成功案例，并探讨其成功的关键。

项目实训

实训项目	微信私域流量朋友圈或社群搭建
实训准备	根据项目一、项目二、项目三、项目四的课后实训成果，进行本项目实训
实训要求	（1）小组根据项目三的成果"自我定位分析表"（表3-4），以及项目四搭建的核心平台和辅助平台，改造自己的微信朋友圈； （2）建立并运营一个与旅游行业相关的微信社群，并于学期末对社群运营数据进行分析
实训成果	（1）根据自我定位打造自己的朋友圈； （2）配套自媒体的微信社群
评价方式	学生自评、互评与教师评价相结合，并实际进行新媒体运营实践

项目小结

内容提要

本项目深入探讨了新媒体用户运营的多个关键环节，包括用户画像构建、用户增长、活跃度提升以及留存与转化等。另外，本项目还明确了新媒体用户运营的定义和重要性，同时还探讨了私域流量在旅游行业中的应用，介绍了如何在微信生态、旅游企业自有平台等社交媒体上搭建私域流量池。

核心概念

本项目涵盖了用户画像、用户生命周期管理、社群运营和数据分析与运营优化等关键知识点，这些概念共同构成了新媒体用户运营的核心知识体系。

重点实务

在实务操作层面，本项目着重培养学生的用户运营实践能力，使学生能够运用用户调研和数据分析工具制定有效策略。在用户画像构建和私域流量管理方面，本项目着重培养学生的数据收集、标签体系建立及应用优化能力，为学生未来的职业发展奠定了坚实基础。通过实践，学生能够独立完成用户运营策略的制定与实施。

项目六
内容策划与多媒体创作

◇ 项目描述

本项目全面且深入地介绍了旅游新媒体内容运营的基础知识、关键技能和实战操作,以及行业前沿动态,旨在帮助学生建立一个完整且系统的旅游新媒体内容运营知识体系。通过本项目的学习与实践,学生能够深入理解旅游新媒体内容的本质特征,熟练掌握多种内容来源和类型的特点及应用策略,了解并掌握新媒体内容的传播规律和用户互动机制。另外,学生能够针对不同旅游目的地、产品和服务,独立进行内容策划,精准把握目标用户群体,创作出高质量、有吸引力的文案、海报、视频、直播等。

◇ 项目目标

知识目标	掌握旅游新媒体内容运营的基本概念、原则和方法,包括UGC(用户生成内容)、PGC(专业生产内容)、PUGC(专业用户生成内容)和OGC(职业生产内容)的具体应用场景; 深入了解旅游新媒体内容的策划与推广策略,包括目标用户画像构建、内容类型选择、多渠道布局以及内容优化等; 熟悉旅游文案、海报、视频和直播等多媒体创作的基本知识和技巧,包括文案构思、视觉设计元素、拍摄与剪辑技术以及直播流程等。
能力目标	能够独立进行旅游新媒体内容的策划与创作,包括制定内容策略、挖掘产品卖点、创作吸引人的标题和正文等; 熟练掌握旅游海报与图片设计技能,运用各种设计工具和素材创作符合品牌调性和市场需求的视觉作品; 具备旅游视频制作与编辑能力,能够独立完成视频拍摄、剪辑和后期处理,提高视频质量和观感;

能力目标	能够熟练进行旅游直播活动,包括直播前准备、直播中的互动与表达以及直播后的复盘与提升等
素养目标	培养创新思维和审美能力,不断挖掘新的创意点,提升旅游新媒体内容的吸引力和趣味性; 形成用户至上的服务理念,关注用户需求和市场动态,及时调整和优化内容策略; 培养团队合作精神和项目管理能力,与他人协作完成复杂工作,提高工作效率和质量

◇学习难点与重点

重点	旅游新媒体内容策划与推广策略、文案与视觉设计的创意表达以及视频制作与直播的实战技巧
难点	如何精准把握用户需求与市场趋势,创作出既具创意又具实用性的旅游新媒体内容;如何在实践中灵活运用所学知识,提升内容的传播效果与转化率

◇项目导入

案例:新媒体小编和内容运营负责人的异同

招聘信息一

职位:新媒体小编

公司:某知名旅游企业A

职位描述:

(1)负责旅游新媒体相关内容的撰写、编辑与优化。

(2)能够管理和维护公司的新媒体平台,确保内容更新及时。

(3)能够协助进行内容推广,增加粉丝互动与黏性。

(4)能够跟踪新媒体平台的数据,能够进行简单的数据分析。

任职要求:

(1)热爱旅游,对旅游行业有浓厚兴趣。

(2)具备良好的文字功底和编辑能力。

(3)熟悉新媒体平台操作流程,有一定的推广经验。

(4)能够承受一定的工作压力,具备良好的团队合作精神。

招聘信息二

职位:新媒体内容运营负责人

公司:某领先旅游企业B

职位描述：

（1）能够制定和执行新媒体内容策略，确保内容与品牌定位高度一致。

（2）能够组建、培训和管理新媒体内容运营团队，确保高质量内容输出。

（3）能够深度分析用户数据，调整内容策略，提升用户参与度和满意度。

（4）能够与外部合作伙伴建立联系，维护与合作伙伴之间良好的合作关系，共同推广内容。

（5）能够跟踪新媒体行业动态，为内容创新提供有力支持。

任职要求：

（1）本科及以上学历，具有3年及以上新媒体内容运营经验。

（2）对旅游行业有深入了解，具备敏锐的市场洞察力。

（3）具备出色的团队管理和领导能力。

（4）具备熟练的数据分析能力，能够运用数据指导内容运营策略。

（5）具备优秀的沟通和协调能力，能够与多方合作伙伴有效合作。

根据上述两则招聘信息，请思考新媒体小编和内容运营负责人有什么异同？

一、相同点

工作内容：两者都与新媒体内容有关，涉及内容的撰写、编辑、优化和推广。

旅游行业背景：两个职位都要求应聘者对旅游行业有一定的了解。

团队合作：无论是新媒体小编还是内容运营负责人，都需要与团队成员或其他部门合作，共同完成工作任务。

二、不同点

职责范围：新媒体小编更侧重内容的撰写和编辑；内容运营负责人需要全面负责内容策略的制定、团队的管理以及与外部合作伙伴的沟通等。

能力要求：新媒体小编需要具有良好的文字功底和编辑能力；内容运营负责人需要具有较为全面的能力，包括策略制定、团队管理、数据分析等。

职位级别：新媒体小编通常是初级或中级职位；内容运营负责人通常是高级职位，需要承担更多的责任，拥有更多的决策权。

经验要求：新媒体小编对经验要求相对较低；内容运营负责人通常需要具有丰富的行业经验和管理经验。

综上所述，虽然新媒体小编和内容运营负责人在工作职责上有一定的重叠，但在能力要求、职业发展和对旅游新媒体业务的影响力等方面存在显著差异。内容运营负责人需要具备更全面的能力和素质，以推动整个旅游新媒体业务的发展。

工作任务1　从入门到精通的内容运营技巧

一、旅游新媒体内容运营的基石

（一）旅游新媒体与内容运营概述

1. 旅游新媒体内容运营的定义及其关系

旅游新媒体内容运营，指基于旅游行业的新媒体平台，旅游新媒体内容运营者通过策划、创作、发布、优化旅游相关内容，以吸引和满足用户需求，实现商业目标。旅游新媒体内容运营的核心是内容，包括文字、图片、视频、音频等，旨在展示旅游目的地的魅力，为用户提供旅游攻略并分享旅游体验感等。

新媒体与旅游内容运营的关系密切。新媒体为旅游内容运营提供了广阔的平台和多样的传播方式，使得旅游内容可以更快速、更广泛地触达目标用户。旅游内容运营是指，旅游内容运营者通过精心策划和创作的内容，为新媒体平台吸引和留住用户，提升平台的活跃度和商业价值。

2. 旅游新媒体内容的独特价值

（1）旅游资源的数字化展示与传播。

通过新媒体技术，旅游新媒体内容运营者可将旅游资源的文字、图片、视频等信息进行数字化处理，以更直观、更生动的方式展示给用户，提升用户对旅游目的地的感知和兴趣。

（2）旅游信息的及时更新与互动。

新媒体平台具有即时更新的特点，旅游新媒体内容运营者可以实时发布旅游资讯、活动安排、优惠信息等，同时与用户进行互动，及时解答用户疑问，为用户提供个性化的旅游建议。

（3）旅游文化的深度挖掘与传播。

通过专业的内容策划和创作，旅游新媒体内容运营者可以深入挖掘旅游目的地的历史文化、风土人情等，以故事化、情感化的方式呈现给用户，增强用户对旅游目的地的认同感和归属感。

（4）旅游服务的线上化与智能化。

新媒体平台可以提供线上预订、智能推荐等旅游服务，方便用户进行旅游决策和行程安排，提升用户的旅游体验感和满意度。

3. 内容运营在旅游新媒体运营中的核心作用

在旅游新媒体运营中，内容运营是较基础、较核心的运营工作。内容运营针对旅游产品进行内容定位、策划和创作，以文字、图片、视频等展示旅游产品的魅力和价值。通过新媒体平台的传播和推广,新媒体账号能够吸引目标用户的关注,提升用户黏性、品牌形象和商业价值。

具体来说,内容运营在旅游新媒体运营中的核心作用包括提升用户黏性、品牌形象,并促进商业变现和优化用户体验等。通过优质的内容创作和发布,新媒体账号可以吸引用户的注意力和兴趣,增加用户在新媒体平台上的停留时间和互动频次;通过展示精心策划和创作的内容,旅游目的地可以提升自己旅游品牌的知名度和美誉度;通过内容付费、广告合作等,旅游目的地可以实现商业变现;通过深入了解用户的需求和行为习惯,新媒体账号可以为用户提供更精准、更个性化的内容推荐和服务体验感。

(二)旅游新媒体内容来源类型

1. UGC 的应用及场景

在旅游行业中,UGC 的应用非常广泛。例如,旅游者在社交媒体上分享自己的旅游照片、游记和心得等就属于 UGC 的范畴。这些内容真实反映了用户的旅游体验感,具有很高的参考价值和传播价值。对于旅游企业来说,鼓励用户生成内容并将其分享到新媒体平台上可以提升新媒体平台的活跃度和用户黏性,同时也可以为其他用户提供旅游灵感和决策支持。

2. PGC 的应用及场景

在旅游新媒体中,PGC 主要指由专业团队或机构创作并发布的高质量内容。例如,旅游达人、专业摄影师、旅游机构等创作的旅游攻略、景点介绍、美食推荐等就属于 PGC 的范畴。这些内容通常具有专业性、权威性和高质量的特点,可以满足用户对专业旅游信息的需求。对于旅游企业来说,与专业团队或机构合作生产高质量的内容可以提升品牌形象和知名度,同时也可以为用户提供更专业、更可靠的旅游信息和服务。

3. PUGC 的应用及场景

PUGC 是旅游新媒体平台中的一种重要内容来源,它结合了 UGC 的真实性和 PGC 的专业性。例如,一些旅游领域的意见领袖、网红等创作的旅游内容都属于 PUGC 的范畴。这些内容既反映了用户的真实体验感,又具有一定的专业性和权威性,具有很高的传播价值和影响力。对于旅游企业来说,与这些专业用户合作可以提升品牌影响力和知名度,同时也可以为用户提供更多元化、更个性化的旅游内容和服务。

4. OGC 的应用及场景

OGC 是由以创作内容为职业的人员创作并发布在新媒体平台上的内容。这些人员通常具备专业的创作技能和经验,能够创作出高质量且具有商业价值的内容。OGC 的应用场景有电影、电视剧、专业音乐作品等。

各种内容类型优势、劣势对比如表 6-1 所示。

表 6-1　各种内容类型优势、劣势对比表

内容类型	优势	劣势
UGC	创作门槛低,内容多样性和个性化强,互动性好	内容质量不稳定,需要大量用户参与,用户黏性差
UGC	人人可发布,能够满足大众需求,有庞大的内容基础	头部用户集中,普通用户创作驱动力较弱
PGC	内容专业、权威、质量高,能够满足用户的求知需求	创作门槛较高,对应收费内容容易存在盗版问题
PGC	有助于实现用户导流和知识付费,为变现打下基础	审核标准严格,内容采购成本高,社交属性较弱
PUGC	结合UGC的广度和PGC的深度,能够满足用户个性化需求	需要保证内容和质量,新媒体平台需要进行用户审核与认证
PUGC	提供有参考价值的内容,为专业用户提供变现机会	建立个人影响力需要时间
OGC	内容质量高,经过内部审核,具有商业价值	成本较高
OGC	专业性强,受到人们的信任和依赖	可能会对时效性产生影响

5.各类型内容在新媒体平台中的协同作用

在新媒体内容运营中,UGC、PGC、PUGC和OGC可以相互补充、协同作用,共同形成多元化的内容生态,具体如下。

(1) PGC和OGC可以提供专业、权威的信息和知识,能够满足用户对内容深度和广度的需求。PGC和OGC的区别是以是否有报酬作为边界。PGC出于爱好,OGC以职业为前提,OGC创作内容属于职务行为。

(2) UGC和PGC的区别是创作者有无专业的学识、资质,在其共享内容的领域是否具有一定的知识背景和工作经历。

(3) UGC和OGC基本没有交集,在一个平台上,用户和提供商总是相对的。但PGC和OGC也可以为UGC提供创作灵感和素材支持,UGC也可以为PGC和OGC提供真实的用户反馈和需求洞察。

(4) PUGC结合了PGC的专业性和UGC的多样性特点,可以为用户提供更精准、个性化的内容推荐和服务体验感。同时,PUGC也是新媒体平台培养专业用户的重要途径。

(三)旅游新媒体内容形式差异与融合

1.文案、图片、短视频的内容特点

文案、图片和短视频是新媒体内容运营的三大核心要素,它们各自具有不同的特点和应用场景。

(1) 文案。

文案是旅游新媒体内容运营的基础。通过精练的文字描述，旅游目的地可以展示本地的特色、历史文化、风土人情等，激发用户的旅游兴趣和欲望。

(2) 图片。

图片是旅游新媒体内容的视觉呈现。通过生动的视觉形象，旅游目的地可以展示本地的美景、建筑、风俗等，让用户更加直观地感受旅游目的地的魅力。

(3) 短视频。

短视频是旅游新媒体内容的动态展示。通过生动的画面和音效，旅游目的地可以将本地的美景、文化、活动等以生动、形象的方式呈现给用户，提升用户的感知和体验感。

2. 跨媒体内容的融合策略

跨媒体内容的融合已成为一种趋势。通过将不同媒体形式的内容进行有机融合，旅游企业可以形成更丰富、更多元的内容生态，提升用户的感知和体验感。在具体实施时，旅游企业可以采取以下策略。

(1) 文案与图片的融合。

通过精心的文案设计和图片选择，旅游新媒体运营者可以将文字与图片进行有机融合，形成图文并茂的内容，提升内容的可读性和吸引力。

(2) 图片与短视频的融合。

通过图片与短视频的巧妙搭配和组合，旅游新媒体可以形成动静结合的内容，提升内容的生动性和感染力。

(3) 多种媒体形式的综合应用。

在实际运营中，旅游企业可以根据具体需求和场景选择合适的媒体形式进行组合和应用，形成多样化的内容呈现方式。

3. 新媒体内容的创新趋势

随着新媒体技术的不断发展和用户需求的不断变化，新媒体内容运营也呈现以下创新趋势。

(1) 内容形式的创新。

除了传统的文案、图片和短视频，新媒体平台还出现了直播、AR（增强现实）、VR（虚拟现实）等新型内容形式。这些新型内容形式具有更强的互动性和沉浸感，可以为用户提供更丰富、更深入的体验感。

(2) 内容生产的智能化。

随着人工智能技术的不断发展，内容生产的智能化已成为一种趋势。通过利用人工智能技术进行内容创作、推荐和优化等，可以提升内容生产的效率和质量。

(3) 内容社交化的趋势。

在新媒体时代，内容已不再是单向传播的信息载体，而成为用户与用户之间交流和互动的社交工具。因此，在内容运营中，旅游新媒体运营者需要注重用户的社交需求和互动体验感,打造具有社交属性的内容生态。

(四)旅游新媒体内容的策划与推广

无论是文案、图片还是短视频,旅游新媒体内容的策划都有共同的原则与方法。同时,在推广内容的时候,旅游新媒体内容推广策略也具有一定的共性。

1. 旅游新媒体内容策划的原则与方法

在进行旅游新媒体内容策划时,旅游新媒体运营者需要遵循一定的原则和方法,以确保内容的质量和传播效果。首先,旅游新媒体运营者要深入了解目标用户的需求和兴趣,结合旅游目的地的特色和资源优势,进行精准的内容定位。其次,旅游新媒体运营者要注重内容的创意性和独特性,避免与竞品同质化。最后,旅游新媒体运营者要保持内容的更新频率和时效性,以吸引用户的持续关注。

在具体的策划方法上,旅游新媒体运营者可以采用故事化叙述、情感化营销、场景化体验等,将旅游目的地的美景、文化、风俗等融入内容中,提升用户的感知和体验感。此外,旅游新媒体运营者还可以借助数据分析工具,对用户的浏览、点赞、评论等进行深度挖掘和分析,为内容策划提供数据支持。

2. 旅游新媒体内容的推广策略

推广是旅游新媒体内容运营的重要环节,它关系到内容的传播范围和影响力。在推广策略上,旅游新媒体运营者可以采取以下措施:首先,要充分利用新媒体平台的流量入口,如首页推荐、热门榜单等,提升内容的曝光率;其次,要加强与意见领袖、网红等合作,通过意见领袖、网红的影响力带动内容的传播;最后,还可以开展线上线下联动活动,以扩大内容的传播范围。

此外,在推广过程中,旅游新媒体运营者还要注重用户反馈和互动。旅游新媒体运营者可以设置专门的互动板块或话题标签,鼓励用户发表意见和建议。对于用户的反馈和意见,旅游新媒体运营者要及时回应和处理,形成良好的互动氛围。这样不仅可以提升用户的参与感和归属感,还可以为后续的内容优化提供有益参考。

3. 评估旅游新媒体内容的效果

评估旅游新媒体内容的效果是内容运营的重要环节之一。通过科学的评估方法,旅游新媒体运营者可以了解内容的传播效果、用户反馈和市场反应等,为后续的内容优化和推广提供数据支持。

在评估方法上,旅游新媒体运营者可以采用以下方法:一是采用阅读量、点赞量、评论量等指标来衡量内容的传播效果;二是通过用户满意度调查、留言反馈等了解用户对内容的满意程度和意见;三是通过市场反应来评估内容对旅游业务的影响和贡献,帮助旅游新媒体运营者不断优化和提升内容的质量和效果。

（五）旅游新媒体内容运营的团队建设与管理

1. 组建专业的内容运营团队

打造高质量的旅游新媒体内容，需要组建一支专业的内容运营团队。这个团队应该具备丰富的旅游知识、新媒体运营经验和创意策划能力。在人员构成上，团队可以包括策划人员、编辑人员、设计师、摄影师等，以确保内容的专业性和多样性。

2. 建立高效的内容运营流程

高效的内容运营流程是确保内容质量和传播效果的关键。在流程设计上，旅游新媒体内容运营团队要明确各环节的职责和任务，建立科学的工作机制和沟通机制。从内容策划、创作、审核到发布、推广和评估等都要有明确的流程和规范，以确保内容的质量和传播效率。

3. 不断提升团队的专业素养和创新能力

随着新媒体技术的不断发展和用户需求的不断变化，旅游新媒体内容运营团队需要不断提升专业素养和创新能力。旅游新媒体内容运营团队提升专业素养和创新能力的方法有：一是可以通过定期的培训、学习和交流等来提升团队成员的专业知识和技能；二是可以通过激励机制和团队建设活动来激发团队成员的创新意识和协作精神。

二 策略与执行：内容运营的核心

（一）精准洞察与定位

精准的用户洞察和内容定位是内容运营的基础。旅游企业只有深入了解目标用户，才能创作出符合用户需求的内容。

1. 目标用户画像构建

用户画像是对目标用户的抽象描述，包括用户的年龄、性别、职业、兴趣、旅游目的和预算等。通过构建用户画像，旅游企业可以更加清晰地了解目标用户的需求和偏好，为内容创作提供指导（具体内容详见项目五）。

2. 用户内容需求深度挖掘

除了基本的用户画像，旅游企业还需要进一步挖掘用户的内容需求。这可以通过市场调研、用户访谈、数据分析等实现。了解用户的旅行规划习惯、兴趣点、旅行中的痛点以及信息获取渠道，有助于旅游企业创作出更加贴近用户需求的内容。

3. 市场趋势与内容定位策略

在了解目标用户的基础上，旅游企业还需要关注市场趋势，以便及时调整内容定位策略。例如，随着短视频和直播的兴起，旅游企业可以创作更多与旅游目的地实时互动的内容，让用户更加直观地感受旅游目的地的魅力。同时，内容定位也要与旅游企业的整体战略保持一致，以形成品牌特色。

(二)内容多元与渠道布局

在新媒体时代,内容的多样性和渠道的广泛性对于吸引和留住用户至关重要。

1. 内容类型的选择逻辑

根据目标用户的需求和偏好,旅游企业可以选择适合的内容类型。例如:对于年轻的用户,可以选择更加轻松、有趣的内容形式,如旅游Vlog(视频网络日志)、旅游攻略等;对于专业用户,需要提供更具深度和专业性的内容,如旅游目的地深度解读、文化历史背景介绍等。

2. 多渠道内容布局策略

将旅游内容分发到多个新媒体平台,以扩大内容的覆盖面和影响力。在选择渠道时,旅游企业需要考虑渠道的用户群体、内容形式以及传播效果等。例如:利用社交媒体平台(如微博、抖音等)进行短视频和直播内容的传播;利用旅游预订平台(如携程、去哪儿等)进行旅游攻略和旅游目的地信息的发布等。通过多渠道布局,旅游企业可以形成内容传播的合力,提升旅游内容的曝光度和用户黏性(具体内容详见项目四)。

3. 渠道协同与内容优化

多渠道内容布局不仅要求将内容分发到各个新媒体平台上,还需要实现渠道与渠道之间的协同。这包括内容的统一规划、不同渠道之间的内容差异化以及互动推广等。通过渠道协同,旅游企业可以确保用户在各个新媒体平台上都能获得一致且有价值的信息,提升用户对内容的信任度和满意度。

(三)高效团队与流程管理

一个高效的内容运营团队和流畅的生产流程是保障内容质量和数量的关键。

1. 内容运营团队协作模式

内容运营团队协作模式的选择对于团队的工作效率和质量具有重要影响。常见的协作模式包括分工明确、相互协作以及跨部门合作等。通过合理的协作模式,旅游企业可以充分发挥团队成员的优势,提高内容生产的效率和质量(具体内容详见项目二)。

2. 高效内容生产流程设计

除了团队协作,旅游企业还需要设计高效的内容生产流程。这包括选题策划、内容创作、审核发布以及效果评估等。通过明确各个环节的职责和流程,旅游企业可以确保内容生产的顺利进行,减少不必要的沟通成本和时间成本。

3. 流程优化与持续改进

内容运营是一个持续优化的过程。在实际操作中,旅游企业需要不断总结经验教训,对流程进行改进和优化。例如:旅游企业可以通过数据分析找出内容生产的瓶颈环节,进行有针对性的优化;也可以引入新的工具和技术,提升内容生产的效率和质量。

(四)质量保障与内容审核

在内容运营中,质量是生命线,只有高质量的内容才能够吸引和留住用户。

1. 原创内容的创作与保护

鼓励原创内容的创作是提升内容质量的重要方式。新媒体平台通过为创作者提供激励措施和保护机制,可以激发创作者的创作热情和创新精神。同时,新媒体平台也需要加强对原创内容的保护,打击抄袭和侵权行为。

2. 内容有趣性与实用性之间的平衡

在创作内容时,新媒体运营者需要平衡内容的有趣性和实用性。有趣的内容可以吸引用户的注意力,提高用户的参与度和黏性。实用的内容可以满足用户的需求,提升用户的满意度和忠诚度。因此,在内容策划和创作过程中,新媒体运营者需要充分考虑这两个方面的平衡。

3. 严格的内容审核机制

为了确保内容的质量和安全性,新媒体平台需要建立严格的内容审核机制。这包括对内容的文字、图片、视频等各个方面的审核,确保内容符合法律法规和平台规定。同时,新媒体平台运营者也需要对敏感话题和具有争议性的内容进行谨慎处理,避免引发不必要的风险和纠纷。

(五)智能分发与社交算法

在新媒体时代,智能分发与社交算法在提升内容曝光度和用户黏性方面具有举足轻重的作用。

1. 社交平台特性与内容匹配

作为利用社交圈层推广内容的新模式,社交分发正逐渐改变着传统的内容传播格局。社交分发强调内容在社交圈层内的自主流通,去中心化趋势明显。在这种模式下,每个人都可以成为自媒体人,通过社交关系自由传播内容。

社交分发的优势是能够借助朋友关系链,让用户接触更多元化的信息,拓宽视野。但由于缺乏编辑审核,可能导致内容质量参差不齐,甚至出现谣言扩散等。

因此,在分发内容时,新媒体运营者必须充分考虑不同社交平台的特性和用户群体需求,进行精准的内容匹配。例如,短视频平台更适合轻松、有趣的内容,而知识分享平台则需要提供更具深度和专业性的内容。

2. 算法分发与人工干预的结合

算法分发通过自定义规则,根据用户的兴趣和偏好推送内容。主要推荐方式包括内容推荐、协同推荐、扩展推荐和环境特征推荐等。这些推荐方式各有优缺点。例如:内容推荐可以精准满足用户需求,但可能导致信息类型单一;协同推荐可以基于群体智慧推荐内容,但可能受到用户相似度计算准确性的影响。

为了弥补算法分发的局限性,人工干预成为必要手段。人工审核、编辑推荐等可以对算法推荐进行补充和调整,确保内容能够更准确地触达目标用户。这种算法与人工相结合的分发方式,有助于提升内容的质量和用户体验感。

算法分发示意图和社交分发示意图如图6-1所示。

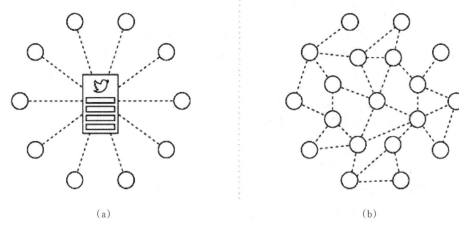

图 6-1　算法分发示意图和社交分发示意图

(a)为算法分发示意图；(b)为社交分发示意图

同步案例 6-1：算法分发智能推送

前几天在刷抖音的时候，我收到了一条关于奢华海外游的广告。可是我连护照都还没办，更别说计划出国旅游了，于是我点了"不感兴趣"。结果过了几天，抖音给我推送了国内知名景点的旅游攻略。可能是因为我之前点击了"不感兴趣"，抖音给我打上了一个"国内游潜力客群"的标签。

今天，我再次收到了抖音的旅游广告，只不过这次他们推广的是周末短途游，适合忙碌的都市人放松心情。在被各种海外游广告刷屏的时候，我忽略了原来周末也可以这么玩，体验不一样的风土人情，而这一切都是抖音的智能推送提醒了我。

思考：

(1) 请问以上案例采用了什么分发方法，该分发方法的优缺点是什么？

(2) 请你结合实际生活谈谈内容分发。

分析：案例中采用了基于用户行为和兴趣的智能推荐分发方法。这种分发方法的优点在于新媒体平台可以精准地根据用户的实际需求和偏好推送相关内容，提升用户的参与度和广告的转化率。这种分发方法的缺点在于如果用户的行为或兴趣发生了变化，系统可能需要一段时间来重新学习和调整推荐策略，而且这种方法也存在一定的隐私泄露风险，因为推荐系统需要收集和分析用户的个人信息。

内容分发已经成为现代互联网生活的一部分，尤其是在社交媒体和资讯平台上。通过智能推荐算法，用户可以更方便地获取自己感兴趣的信息，比如旅游目的地的攻略、餐饮推荐等。同时，内容分发应该注重用户体验感和隐私保护，避免过度推送和滥用用户数据。此外，用户也希望新媒体平台能够提供更多的个性化选项，让用户能够更主动地管理和调整自己的信息流。

3. 用户互动与内容反馈机制

用户互动和内容反馈是优化内容运营的重要依据。通过鼓励用户发表评论、点赞、分享等行为,新媒体平台可以深入了解用户对内容的喜好和态度。同时,新媒体平台可以建立有效的内容反馈机制,及时收集和处理用户的反馈意见,对内容进行持续改进和优化。

三 内容创作与分发的艺术

(一)创作要素与共性探索

要想在这个信息爆炸的时代脱颖而出,精准触达目标受众、策划创意内容、保持视觉设计与品牌一致性以及跨平台内容适应性调整等至关重要。

1. 目标受众的精准触达

在内容创作之前,新媒体运营者要先明确目标受众。通过深入的市场调研和数据分析,新媒体运营者要了解目标受众的需求、兴趣和行为习惯,从而为目标受众量身定制符合其需求的内容。例如,针对背包客和度假游客的不同需求,新媒体运营者要分别策划旅游线路并推荐旅游活动。

2. 内容策划与创意激发

内容是新媒体的核心竞争力。优秀的内容策划和创意激发能够让品牌在海量的信息中脱颖而出。在策划内容时,新媒体运营者要注重内容的原创性、有趣性和实用性,同时结合时事热点和目标受众需求进行创意发挥。通过不断尝试和创新,新媒体运营者要打造独具特色的内容风格,吸引更多目标受众的关注。例如,新媒体运营者要针对某个热门旅游目的地的特色美食或民俗活动进行深入挖掘和报道。

3. 视觉设计与品牌一致性

视觉设计是内容创作的重要组成部分。一个美观、大方的视觉设计能够提升内容的整体质感和观感,提升目标受众的阅读体验感。在设计过程中,新媒体运营者要保持内容与品牌形象的一致性,使用统一的色彩、字体和排版风格,形成独特的品牌辨识度。例如,新媒体运营者要为某个旅游目的地设计专属的视觉识别系统,包括Logo(商标)、宣传海报和社交媒体头像等。

4. 跨平台内容适应性调整

针对不同新媒体平台的特性和受众需求,新媒体运营者要对内容进行适当的修改和优化。例如,在短视频平台上发布旅游景点的动态展示和游客体验视频,并在社交媒体平台上发布旅游攻略、游记和景点介绍等。同时,关注各个平台的用户反馈和互动情况,及时调整内容策略,确保内容在各个平台上都能发挥出较佳效果。

(二)智能分发与节奏把控

1. 分发平台的选择与特性分析

在选择新媒体分发平台时,新媒体运营者要结合旅游内容的特点和目标受众的需求进行综合考虑。新媒体运营者要了解各个新媒体平台的用户群体、传播效果和合作方式等,从而选择适合自己的分发渠道。例如,针对年轻旅游爱好者,可以选择在短视频平台和社交媒体平台上进行内容分发(具体内容详见项目四)。

2. 内容发布时机与频率优化

根据旅游行业的特点和受众的活跃时间,新媒体运营者要合理安排旅游新媒体内容的发布时机和频率。例如,在旅游旺季和节假日,提前发布旅游攻略和景点介绍等,吸引更多潜在用户的关注。同时,新媒体运营者要保持一定的发布频率,避免过于频繁或稀疏地发布内容,导致关注者流失。

3. 用户互动与实时反馈处理

用户互动和实时反馈已成为内容分发过程中不可或缺的一部分。通过与受众进行积极的互动和交流,新媒体运营者可以及时了解用户的反馈意见和需求变化,从而对内容进行有针对性的改进和优化。同时,新媒体运营者要积极回应受众的评论和提问,与受众建立良好的互动关系,增强受众对品牌的信任。这种实时的互动和反馈处理有助于形成良性的内容生态循环,推动内容创作的可持续发展。

四 运营思维的培养与实践

在新媒体时代,运营思维的培养与实践对于旅游企业和个人来说都至关重要。一个优秀的新媒体运营者需要具备多样的思维模式和精湛的实践技能,以应对日益激烈的市场竞争和不断变化的用户需求。

(一)数据化思维

数据化思维要求新媒体运营者将数据作为日常工作的风向标,通过量化问题的思维方式来评估旅游产品的表现。在旅游新媒体运营中,数据化思维的应用包括关注并跟踪用户增长率、活跃度、留存率、转化率等,利用数据分析工具深入挖掘和分析用户数据、市场数据,为运营决策提供数据支持。同时,基于数据分析结果,新媒体运营者要不断优化旅游产品和服务,提升用户体验感。这种思维方式有助于新媒体运营者更加精准地了解用户需求和市场趋势,为内容创作和分发提供有力支持(具体内容详见项目八)。

(二)杠杆化思维

杠杆化思维鼓励新媒体运营者找到并利用好可以撬动整个运营过程的支点。在旅游新媒体运营中,这个支点可以是一句吸引人的文案、一个独特的活动环节或者一个热门的旅游景点。通过整合资源和最大化利用资源,杠杆化思维有助于提升项目的整体产出效率和工作效率。例如,携程通过整合私人购票站点改变了人们购票的模式,并将这一模式推广到酒店业、旅游业,从而扩大了自己的业务版图。这就是成功的资源整合和杠杆化思维的应用。

(三)流程化思维

流程化思维要求新媒体运营者对任务流程以及先后顺序有清晰的认识。在旅游新媒体运营中,流程化思维的应用包括明确旅游内容策划、制作、审核、发布、推广等环节的工作流程和责任划分,确保内容的质量和传播效率。同时,流程化思维也可以运用在项目复盘的过程中。通过重新梳理项目流程,新媒体运营者可以分析问题出现在哪些环节,并为下次活动做准备。

(四)矩阵思维

矩阵思维鼓励新媒体运营者从多元化、多角度进行布局,让产品布局更合理,使效果最大化。在旅游新媒体运营中,矩阵思维的应用包括构建图文、视频、直播等形式的多元化内容矩阵,满足不同用户获取信息的需求。同时,实现各元素之间的协同互补也是矩阵思维的重要体现。新媒体运营者通过充分发挥不同平台和渠道的优势,可以实现资源共享、互相推广等协同效应(具体内容详见项目四)。

(五)闭环思维

闭环思维要求新媒体运营者以终为始,让自己做的所有工作都服务于自己的业务,并形成良性循环。在旅游新媒体运营中,闭环思维的应用包括明确旅游运营目标、制订实施计划、执行运营任务、监控运营数据并评估运营效果,然后根据评估结果调整并优化策略。同时,部门之间的协同也是闭环思维的重要体现。

(六)用户至上思维

在旅游新媒体运营中,用户至上思维要求新媒体运营者始终将用户的需求和体验感放在首位,从用户的角度出发,为用户提供有价值的、个性化的旅游内容和服务。

五 旅游新媒体的未来发展趋势与挑战应对

随着科技的飞速发展和旅游市场的日益繁荣,旅游新媒体运营正面临着前所未有的机遇与挑战。

(一)数据驱动的精细化运营

在大数据时代,旅游新媒体应通过深度数据分析与挖掘技术,精准洞察用户行为、兴趣偏好和消费习惯,以揭示用户的潜在需求和旅行意愿。借助高级分析工具评估内容投放效果与用户互动效果,旅游企业可制定个性化内容策略,为用户定制符合其需求的内容,从而提升用户满意度、忠诚度并推动业务增长(具体内容详见项目八)。

(二)阶段成长与持续挑战应对

旅游新媒体的发展是一个不断成长的过程,每个阶段都会面临不同的挑战和问题。因此,新媒体运营者需要根据不同发展阶段的目标设定与策略调整,持续应对各种挑战。

1. 不同发展阶段的目标设定与策略调整

在初创期,旅游新媒体的主要目标是快速吸引用户关注,提升品牌知名度。因此,这个阶段的内容策略应侧重内容的创意性和有趣性,以吸引用户的关注。在成长期,目标应转向提升用户黏性和转化率,内容策略应更加注重实用性和深度。在成熟期,则应关注品牌维护和用户忠诚度的提升,通过优质内容和个性化服务巩固用户关系。

2. 核心挑战识别与应对方案制定

在旅游新媒体运营过程中,新媒体运营者可能会遇到诸如内容同质化、用户流失、竞争加剧等挑战。针对这些挑战,新媒体运营者需要保持敏锐的市场洞察力,及时识别并制定相应的应对方案。例如,新媒体运营者可以通过创新内容形式、引入新技术、加强用户互动等方式来应对内容同质化带来的挑战。

3. 持续学习与高级成长路径规划

为了保持旅游新媒体的竞争优势,新媒体运营者需要不断学习和提升自己的专业能力。同时,新媒体运营者还应规划高级成长路径,如参加专业培训、与行业专家交流、关注行业动态等,以不断拓宽自己的视野和知识面。

（三）内容质量的持续提升与创新

在旅游新媒体运营中,持续提升内容质量与创新力至关重要。新媒体运营者应通过不断优化策划与创作流程、引入专家评审及外部反馈机制,确保内容连贯、一致、精准且权威。同时,新媒体运营者要积极探索创新内容形式和技术应用,如虚拟现实、增强现实等,为用户带来沉浸式体验,从而保持品牌的吸引力和竞争力。

（四）AI技术的融合与发展趋势

通过挖掘AI技术在内容创作与分发中的潜力以及与AI技术共生的内容运营策略,旅游新媒体可以进一步提升运营效率和用户体验感。

1. AI技术在内容创作与分发中的潜力挖掘

利用AI技术,新媒体运营者可以自动化生成和推荐旅游内容,提升内容生产效率和分发的准确性。同时,AI还可以根据用户的实时反馈和行为数据对内容进行动态调整和优化,使内容更加符合用户需求和兴趣偏好。

2. 与AI技术共生的内容运营策略

在与AI技术融合的过程中,旅游新媒体运营者需要制定相应的内容运营策略,以适应新的技术环境。例如,旅游新媒体运营者可以利用AI技术对旅游内容进行标签化和分类管理,提高内容的可搜索性和可发现性。同时,旅游新媒体运营者还可以借助AI技术对用户的评论和反馈进行自动分析和处理,为内容优化提供有力支持。

（五）跨平台整合与内容生态构建

在旅游新媒体运营中,跨平台整合和内容生态构建对规模发展和竞争力提升至关重要。旅游新媒体运营者通过统一的内容管理系统、保持内容风格一致、快速更新同步发布,可以实现多平台无缝对接。同时,旅游新媒体运营者要注重对原创性和质量的把关,引入合作伙伴,打造健康、可持续的内容生态。此外,旅游新媒体运营者要与其他旅游企业、媒体、社交平台等进行合作,实现资源共享和优势互补,拓展业务并提升品牌影响力(具体内容详见项目四)。

工作任务 2　旅游文案与故事创作

一　旅游新媒体文案概览

（一）文案基础与分类

1. 旅游新媒体文案定义及功能

旅游新媒体文案，作为连接旅游目的地与潜在游客的纽带，是指在新媒体平台上发布的，旨在推广旅游目的地活动、产品或服务的文字内容。这些文案通过精准的定位和有针对性的内容策略，呈现旅游目的地的独特魅力和吸引力，为游客提供有价值的旅游信息和体验感。旅游新媒体文案的主要功能包括吸引注意、传递价值、激发情感共鸣，并最终影响游客的决策和行为等。

2. 文案类型与风格解析

旅游新媒体文案分类如表 6-2 所示。

表 6-2　旅游新媒体文案分类

分类维度	类别	特点
内容指向	旅游目的地介绍	侧重于全面介绍旅游目的地的特色、景点、文化、历史等
	旅行攻略	提供实用的旅行建议、景点推荐、行程规划、交通指南等
	体验感分享	分享旅行者的真实体验感和故事，强调个人感悟和趣事
	特色活动	推荐旅游目的地的特色活动和节日庆典，强调文化参与和体验
	美食文化	介绍旅游目的地的美食文化，包括特色菜肴、餐厅等
	地理历史	强调旅游目的地的地理特点和历史背景，提供具有知识性的内容
广告目的	销售文案	突出产品或服务的卖点，促进购买决策和销售转化
	品牌传播	塑造品牌形象，传达品牌价值，培养用户认同感和忠诚度
发布主体	专业平台	由专业旅游机构以及各地旅游局等发布，内容权威、真实可信
	自媒体	由个人或独立自媒体人发布，内容个性化、创意性强
发布渠道	社交媒体	用于微博、微信等，内容简洁、有趣且具有分享性
	短视频	用于抖音、快手等，强调视频内容的吸引力和可视化
	App	针对特定 App（第三方应用程序）平台，内容与平台风格和定位相契合
表现形式	文字文案	纯文字形式，能够传达信息、引起兴趣
	图文结合	文字与图片相结合，能够增加视觉冲击力和可读性

续表

分类维度	类别	特点
表现形式	视频文案	视频中的文字内容,能够概括和引导视频要点
	音频文案	音频内容中的文字描述和解说,能够吸引听众

不同类型的文案在风格上也有所差异。例如:旅游目的地介绍类文案可能更加权威、专业,注重全面、准确地传递旅游目的地信息;旅行攻略类文案可能更加实用、接地气,注重提供实用的旅行建议和技巧;自媒体文案往往更具个性化和创意性,带有作者的主观情感和观点;专业新媒体平台文案可能更加客观、中立,注重传递官方信息。

3. 旅游文案的特殊性及要求

旅游新媒体文案具有一定的特殊性,如强调旅游目的地导向、注重情感导向、具有较强的视觉性等。这些特点要求新媒体运营者在创作文案的过程中需要特别注意以下几点:首先,要深入了解目标受众的需求和兴趣点,确保文案能够精准地触达目标受众并引发他们的共鸣;其次,要注重情感的表达和传递,通过故事化的叙述方式让游客更加身临其境地感受旅行的乐趣;最后,要注重视觉元素的搭配和运用,精美的图片、视频等能够增强文案的视觉效果和吸引力。

同步案例6-2:长城的四种不同的文案

一、旅游目的地介绍类文案

魅力无限——揭秘长城的千年传奇

长城,作为中华民族的象征,承载着数千年的历史沧桑。长城蜿蜒曲折,横贯山川,见证了古代劳动人民的智慧和勇气。站在长城之巅,你可以感受到它古老而庄严的气息,仿佛穿越时空,与古人对话。长城不仅是中国的一张名片,更是世界文化遗产的璀璨明珠。

二、旅行攻略类文案

玩转长城,不留遗憾!超实用游玩攻略来袭

想要一睹长城的风采,却又担心人多拥挤、行程安排不合理?别担心,这份超实用攻略帮你轻松搞定!首先,提前规划好行程,选择适合自己的长城段落;其次,尽量避开节假日和周末等高峰时段,享受宁静的游览;最后,记得穿上舒适的鞋子和服装,带上足够的水和食物。跟着攻略走,让你的长城之旅更加完美!

三、自媒体文案

我与长城的邂逅,一场穿越时空的旅程

踏上长城的那一刻,我仿佛穿越了时空的隧道,回到了那个金戈铁马、烽火连天的时期。每一步的脚印都沉重而有力,仿佛在诉说着千年的历史沧桑。我站在这里,感受着风的呼啸、云的轻抚,仿佛与这座伟大的建筑融为一体。这是一场关于历史、关于文化、关于自我的旅程,我将永远珍藏。

四、专业新媒体平台文案

长城:中华之魂,世界之瑰宝

作为世界文化遗产的重要组成部分,长城以其独特的建筑风格和深厚的历史底蕴吸引着全球游客的目光。长城不仅是中华民族的象征和骄傲,更是人类文明的瑰宝。在这里,你可以领略到古代劳动人民的智慧和勇气,感受中华民族的坚韧和团结。长城之旅,不仅是一次视觉的盛宴,更是一次心灵的洗礼。

(二)文案在旅游营销中的作用

1. 提升旅游产品知名度与吸引力

优秀的旅游新媒体文案能够通过精准的文字选择和创造性表达,将旅游产品的独特魅力和吸引力准确地传递给目标受众。这些文案不仅能够吸引用户的注意,还能够激发他们的兴趣和好奇心,进而提升旅游产品的知名度和吸引力。通过在新媒体平台上的广泛传播和分享,优秀的文案还能够为旅游产品带来更多的曝光机会。

2. 塑造并传播品牌形象与价值观

旅游新媒体文案是塑造和传播品牌形象与价值观的重要手段之一。通过选择恰当的语言风格和表达方式,文案能够体现旅游品牌的个性和特点,传递品牌的价值观和理念。这些文案不仅能够让用户更好地了解和认可品牌代表的核心价值,还能够增强用户对品牌的认知和记忆。通过在新媒体平台上的持续发布和传播,优秀的文案还能够为品牌积累更多的粉丝和忠实用户。

3. 增强用户黏性与互动参与度

优秀的旅游新媒体文案能够激发用户的分享欲望和互动参与度。新媒体运营者通过引出问题、提出观点或分享有趣的故事等,鼓励用户在评论区留下自己的看法和体验感。这些互动不仅能够增强用户与品牌之间的情感连接,还能够为品牌提供更多的用户反馈和市场信息。同时,通过在新媒体平台上的互动,用户还能够结识更多志同道合的朋友,拓展自己的社交圈子。这种社交互动的传播方式也能够进一步扩大旅游产品和品牌的影响力。

同步案例6-3:故宫淘宝——传统文化的年轻化再造,旅游文案在营销中的核心作用

故宫博物院(简称故宫),作为中华民族的文化瑰宝和历史地标,长久以来都被视为威严、气势恢宏的象征。然而,近年来,故宫淘宝的出现彻底改变了人们对故宫的刻板印象,将传统文化与年轻化、网络化元素相结合,成为旅游营销中的典范。在这一变革中,旅游文案扮演了至关重要的角色。

一、提升旅游产品知名度与吸引力

故宫淘宝的旅游文案善于将传统元素与年轻人喜闻乐见的形式相结合。通过有趣、有创意的文案和图片,故宫淘宝将古代皇宫中的过年习俗、文物背后的历史故事等以更加生动、形象的方式呈现给公众。例如,《雍正:感觉自己萌萌哒》的微信推文,让严肃的雍正皇帝变得"可爱"起来,这种反差感不仅提升了故宫的知名度,更吸引了大量年轻用户的关注。

二、塑造并传播品牌形象与价值观

故宫淘宝的旅游文案始终坚持以传统文化为内核,通过年轻化包装传递故宫的知识和价值观。无论是文创产品设计还是营销推送,都突出了故宫元素的重要性。例如,朝珠耳机、云鹤口红等创意产品将传统元素与现代设计相结合,既实用又具有文化内涵。同时,通过科普故宫冷知识和介绍文创产品背后的故事,故宫淘宝成功塑造了有趣、有创意的品牌形象,并表达了对传统文化的尊重和传承。

三、增强用户黏性与互动参与度

故宫淘宝的旅游文案注重与用户的情感交流和互动。通过社交媒体平台发布互动话题、举办线上线下活动等,故宫淘宝鼓励用户积极参与并分享自己的故宫体验感。同时,故宫淘宝还注重收集用户反馈并及时对产品进行改良和升级。

通过将传统文化与年轻化元素相结合、尊重并传递文化价值、注重与用户的情感交流和互动等,故宫淘宝成功地将自己打造成了一个具有深厚文化底蕴且充满活力的国潮品牌。这不仅为故宫带来了更多的游客和粉丝,还为中国的文化旅游产业树立了一个成功的典范。

(案例参考:根据《从前有个皇帝他不好好读书》整理所得)

二 文案构思

(一)明确写作目的,确定目标用户

在进行文案创作之前,新媒体运营者要先明确写作目的,即是为了推广某个旅游产品,还是为了提升旅游目的地的知名度;是为了吸引潜在用户,还是为了提升现有用户的忠诚度?明确写作目的犹如为文案提供了清晰的方向和准则。旅游新媒体文案的写作目的分类如表6-3所示。

表6-3 旅游新媒体文案的写作目的分类表

写作目的	特点	示例文案标题
传达信息类	该类文案的写作目的是准确给用户传达信息,以提供相关的旅游知识、旅游目的地介绍或旅行攻略等	清新福建文旅之声公众号于2023年推出的《舌尖上的福建,这些山海百味你都尝过没?》
自我讲述类	该类文案的写作目的是以故事的方式讲述旅行经历、感悟或旅游者的真实故事	走着瞧旅行公众号于2022年推出的《"开启另一种人生前,我在新疆见到了天堂!"》
品牌推广类	该类文案的写作目的是塑造和推广品牌形象,以吸引目标受众并建立目标受众与品牌之间的情感连接	广西壮族自治区文化和旅游厅于2023年推出的《一碗粉如何带火一座城——柳州螺蛳粉文旅品牌打造解密》
产品营销类	该类文案的写作目的是推广和促销旅游产品、服务或特定活动,以鼓励用户采取具体的商业行动	携程旅行网于2023年推出的《不囤可惜!成都2晚479,多店通兑2晚218!富春山居再放猛价!》

同时,确定目标用户也是关键的一步。通过市场调研和数据分析,新媒体运营者要了解目标用户的年龄、性别、兴趣爱好、消费习惯等(具体方法详见项目五的工作任务2),从而确定用户对旅游产品的需求和期望。这样,文案创作者就能更加精准地定位文案风格,选择合适的传播渠道,提供个性化的内容。

(二)挖掘旅游产品独特卖点与创意元素

每个旅游产品都有其独特的卖点和亮点,这些卖点是吸引游客的关键。因此,文案创作者需要深入挖掘这些卖点,如景观特色、历史文化、民俗风情等,并将其与创意元素相结合,形成独具特色的文案内容。

在挖掘卖点的过程中,可以采用多种方法。比如,通过实地考察和体验,亲身感受旅游产品的魅力和特色;或者与当地居民和专家交流,了解旅游目的地的历史文化和风土人情;还可以查阅相关文献和资料,获取更全面的信息。

同时,创意元素的运用也是提升文案吸引力的关键。文案创作者可以从不同的角度和视角出发,运用比喻、拟人等修辞手法,将旅游产品的卖点以新颖、有趣的方式呈现出来。这样不仅能吸引用户的注意力,还能激发他们的兴趣。

同步案例6-4:张家界旅游景点宣传SWOT分析

张家界旅游景点宣传SWOT分析如图6-2所示。

优势	劣势
•自然景观:张家界以其壮观的山水景色而闻名,包括奇峰异石、悬崖峭壁和蔚为壮观的峡谷,拥有多样化的旅游资源,是世界自然遗产和地质公园。 •历史文化:张家界拥有丰富的历史和文化资源。 •旅游项目:张家界拥有张家界大峡谷玻璃桥等引人瞩目的旅游项目。 •游览设施:近年来,张家界逐渐完善了旅游设施,提供了便捷的交通、住宿和餐饮服务。	•服务问题:部分旅游景区存在过度拥挤和过度开发的问题,部分旅游资源的保护和管理不够完善,地方旅游服务质量和标准的一致性有待提高。 •季节限制:张家界的气候变化较大,冬季可能出现较冷的天气,限制了部分游客的出行。 •文化宣传不足:尽管张家界有丰富的历史和文化资源,但在文化宣传中没有充分发挥这一优势。
机会	威胁
•国内旅游市场活跃:国内旅游市场的快速增长和消费能力提升。 •国际知名度提升:随着旅游业的不断发展,张家界有机会提升其国际知名度。 •生态旅游趋势:生态旅游正成为旅游业的主要趋势之一,而张家界的自然景观正好迎合了这一趋势。	•自然因素:恶劣天气和自然灾害、突发事件等易对旅游业造成冲击。 •同类竞争影响:竞争加剧和周边旅游目的地的崛起。 •竞争压力:旅游业竞争激烈,周边地区也有类似的自然景观。 •环保问题:旅游业的快速发展可能会对当地环境造成一定影响。

图6-2 张家界旅游景点宣传SWOT分析

基于上述SWOT分析,张家界旅游宣传文案应该突出其自然景观、历史文化、游览设施等优势,克服季节限制和文化宣传不足等劣势,抓住国际知名度提升和生态旅游趋势等机会,同时应对竞争压力和环保问题等威胁。在文案中,文案创作者要以创新和独特的方式呈现这些特点,从而吸引游客并提升张家界作为旅游目的地的吸引力。

(三)结合旅游目的地特色,打造差异化文案

在旅游市场中,旅游目的地之间的竞争日益激烈。为了在众多旅游目的地中脱颖而出,文案创作者需要结合目的地的特色,打造差异化的文案内容。这要求文案创作者对旅游目的地的自然景观、人文历史、民俗风情等有深入了解。

在打造差异化文案的过程中,文案创作者可以从以下几个方面入手:首先,突出旅游目的地的独特性和不可复制性,强调其与众不同的魅力和价值;其次,注重情感化表达,通过讲述故事、描绘场景等,引发用户的情感共鸣;最后,关注用户的需求和体验感,从用户角度出发,提供实用、贴心的旅游建议和攻略。

三 标题创作与吸引力法则

在信息爆炸的时代,一个出色的标题往往能够决定文章、视频或广告的点击率。标题是内容的"门面",是吸引读者的第一步。因此,掌握标题创作与吸引力法则对于内容创作者来说至关重要。

(一)标题类型与心理效应剖析

不同类型的标题能够引发读者不同的心理效应。了解这些心理效应,有助于更精准地把握读者需求,创作出更具吸引力的标题。不同类型标题特点、适用场景及读者心理反应如表6-4所示。

表6-4 不同类型标题特点、适用场景及读者心理反应

标题类型	示例标题	特点	适用场景	读者心理反应
专业型	《2023年最佳旅游目的地研究报告》	传递专业知识,展现权威和深度研究	旅游行业报告、专业旅游指南、深度旅游分析等	信任、求知、依赖专业意见
幽默型	《跟着吃货游世界:吃遍全球美食,不胖不归!》	轻松幽默,增加趣味性和可读性	旅游美食推荐、轻松旅行日志、趣味旅游攻略等	愉悦、放松
福利型	《独家特惠!预订暑期旅行套餐,立享8折优惠》	强调利益点,吸引用户注意和参与	旅游产品促销、特惠活动推广、会员专享福利等	追求实惠
数字型	《10个你未曾听过的绝美旅行地》	使用具体数字,提供清晰的信息和结构	旅游目的地推荐、景点排行榜、行程规划指南等	好奇、探索欲、追求新鲜感

续表

标题类型	示例标题	特点	适用场景	读者心理反应
热点型	《网红打卡地！探访最新火爆的旅行目的地》	紧跟潮流，利用热点吸引关注	热门旅游景点、流行文化旅行、社交媒体热门话题等	跟风、追求流行、好奇心
悬念型	《揭秘！这座神秘古城为何成为旅行者的新宠？》	制造悬念，引发好奇心和探索欲	探险旅游、未知景点揭秘、神秘旅行故事等	好奇、渴望知道答案、探索欲
速成型	《3天2夜极速游：玩转巴黎的必备攻略》	强调快速和效率，满足时间紧迫的需求	短期旅行规划、快速游览指南、时间紧迫的旅行安排等	追求效率、时间紧迫、想要快速获取信息
经验型	《我的独家旅行秘籍：如何拍出令人惊艳的旅行照片》	分享实用经验和见解，提升可信度	旅行摄影技巧、个人旅行经验分享、实用旅行建议等	学习、借鉴、提升自我能力
观点型	《独自旅行or跟团游：哪种方式更适合你？》	表达独特观点，引发思考和讨论	旅行方式选择、旅行观念探讨、个性化旅行体验等	思考、寻找共鸣、参与讨论
对比型	《海滨度假胜地PK山区避暑胜地：你该如何选择？》	突出对比和差异，帮助读者做出决策	不同类型旅游目的地比较、旅行方式对比、旅游产品选择等	权衡、对比、做出决策

（二）创作高点击率标题的方法与实例

1. 紧扣内容核心

标题应直接反映内容的中心主题，避免模糊或误导读者。一个明确的标题有助于吸引对特定主题感兴趣的目标受众。紧扣内容核心标题解读案例如表6-5所示。

表6-5 紧扣内容核心标题解读案例

标题	解读
《伦敦美食之旅：5大不可错过的地道餐厅》	标题紧扣伦敦美食主题，明确指出要介绍的餐厅数量
《夏威夷冲浪指南：初学者必知的5个要点》	标题针对夏威夷冲浪活动，提供初学者必要的信息点

2. 突出亮点与独特性

在标题中强调内容的独特性或与众不同的亮点，有助于文案在众多文案中脱颖而出。突出亮点与独特性标题解读案例如表6-6所示。

表6-6 突出亮点与独特性标题解读案例

标题	解读
《独家揭秘：巴厘岛较美的日出观赏地》	标题突出独家信息和巴厘岛日出的独特美景
《不一样的巴黎：探索城市中的隐秘艺术角落》	标题强调探索巴黎非传统、艺术性的隐藏地点

3. 使用情感词汇

利用情感词汇来触发读者的情感反应,增强标题的吸引力。使用情感词汇标题解读案例如表 6-7 所示。

表 6-7　使用情感词汇标题解读案例

标题	解读
《感动瞬间:这些动物与自然和谐共生的照片将温暖你的心》	标题使用"感动瞬间"和"温暖你的心"等情感词汇,能够引发读者的情感共鸣
《令人惊叹的建筑奇迹:世界10大图书馆》	"令人惊叹"表达了对建筑奇迹的强烈情感,吸引读者注意

4. 借鉴热门句式

结合当前流行的网络用语或热门句式,使标题更具时尚感和话题性。借鉴热门句式标题解读案例如表 6-8 所示。

表 6-8　借鉴热门句式标题解读案例

标题	解读
《佛系旅行:如何在旅途中找到内心的平和》	借鉴"佛系"这一网络热门词汇,为旅行主题赋予新内涵
《躺平也能看世界?这些绝美风光壁纸让你足不出户游遍全球》	结合"躺平"这一热门词汇,创造一种看世界的新方式

5. 巧妙设置悬念

内容创作者可通过设置疑问或不完全揭示信息的方式,激发读者的好奇心和阅读欲望。巧妙设置悬念标题解读案例如表 6-9 所示。

表 6-9　巧妙设置悬念标题解读案例

标题	解读
《这个神秘岛屿为何让游客纷纷驻足?探秘其背后的传奇故事》	标题设置悬念,引发读者对这个神秘岛屿的好奇
《你不知道的旅行趣事:揭秘世界各地奇特的节日庆祝活动》	通过"你不知道的"前缀,激发读者探索旅行中有趣事物的欲望

6. 个性化定制

根据目标受众的特点和兴趣,定制符合其需求的特定风格标题。个性化定制标题解读案例如表 6-10 所示。

表 6-10　个性化定制标题解读案例

标题（针对年轻人）	解读
《潮流必去！全球 10 大音乐节，你准备好摇滚了吗？》	标题风格年轻、有活力，强调音乐节的酷炫和摇滚氛围
《亲子欢乐时光：5 个适合全家出游的度假胜地》	标题突出家庭出游的亲子欢乐主题，强调度假胜地的适合性

7. 利用数字和统计数据

在标题中加入具体数字或统计数据，提供更具说服力的信息。利用数字和统计数据标题解读案例如表 6-11 所示。

表 6-11　利用数字和统计数据标题解读案例

标题	解读
《3 个步骤教你轻松规划完美的自驾游路线》	使用数字"3"明确指出规划自驾游路线所需步骤的数量
《调查报告：超过 90% 的旅行者推荐这些欧洲古城》	标题引用统计数据来强调欧洲古城的受欢迎程度

8. 强调实用性和功能性

突出内容对读者的实际帮助价值，使标题更具吸引力和实用性。强调实用性和功能性标题解读案例如表 6-12 所示。

表 6-12　强调实用性和功能性标题解读案例

标题	解读
《实用攻略：如何轻松应对旅行中的 5 大常见问题》	标题强调内容的实用性，针对旅行中可能遇到的问题提供解决方案
《一份详尽的旅行清单：出发前必做的 10 项准备工作》	标题突出清单的详尽性和功能性，能够帮助读者做好旅行前的准备

9. 引用权威或名人名言

内容创作者可通过引用权威机构、专家或名人的话语来增强标题的权威性和可信度。引用权威或名人名言标题解读案例如表 6-13 所示。

表 6-13　引用权威或名人名言标题解读案例

标题	解读
《×××旅行专家推荐：2024 年值得一游的 5 大新兴目的地》	引用旅行专家的推荐来强调旅游目的地的热门程度和质量
《名人旅行日记：跟随×××探索世界隐秘之美》	利用名人效应吸引读者，跟随名人脚步探索世界的隐秘之美

10. 简洁明了,避免冗长

标题应简洁、明了地传达核心信息,避免冗长和复杂的表述。简洁明了的标题及解读如表6-14所示。

表6-14 简洁明了的标题及解读

标题	解读
《东京夜游指南:5大必去之地》	标题简洁、明了地指出东京夜游的五大推荐地点
《冬日滑雪胜地:3大必试滑雪体验》	标题简洁地介绍了冬日滑雪胜地的三大必试体验

11. 采用对比或对立

利用对比或对立的手法突出内容的差异性和独特性,吸引读者注意。采用对比或对立的标题及解读如表6-15所示。

表6-15 采用对比或对立的标题及解读

标题	解读
《天堂与地狱的交汇:探访火山口的生与死景观》	标题使用对比手法描述火山口景观的极端差异
《繁华都市与宁静乡村:一次穿越两种生活的旅行体验》	通过对比繁华都市和宁静乡村,展现不同生活方式的旅行体验

12. 地域性和文化特色

结合特定地域或文化的特色来创作标题,吸引对特定地域或文化感兴趣的读者。具有地域性和文化特色的标题及解读如表6-16所示。

表6-16 具有地域性和文化特色的标题及解读

标题	解读
《走进西藏:探秘雪域高原的神秘文化和自然景观》	标题突出西藏独特的地域文化和自然景观,吸引读者探索
《品味京都:一次领略日本传统美学和料理的旅行》	标题强调京都的日本传统美学和料理文化,吸引对日本文化感兴趣的读者

(三)标题测试与优化

为了确保标题的吸引力和有效性,新媒体运营者需要进行标题测试与优化。

1. A/B测试

A/B测试,即创建两个或多个不同版本的标题,将它们随机展示给受众,并分别跟踪两个标题的点击率、阅读时长等。通过对比不同版本的表现,新媒体运营者即可找出较佳标题。

2. 焦点小组讨论

焦点小组讨论,即邀请一小群目标受众参与讨论,让他们对不同标题进行评价。通过收集目标受众的意见和建议,新媒体运营者即可优化标题的表达方式,提升标题的吸引力。

3. 数据分析工具

数据分析工具,即利用数据分析工具追踪和分析标题的点击率、分享率等。根据数据反馈,新媒体运营者即可调整标题策略和优化方向。

4. 实时调整与优化

实时调整与优化,即根据市场变化、受众反馈和竞争态势,实时调整标题策略和优化方向,使标题保持时效性和竞争力。

四 正文内容规划与呈现

(一)文案结构框架与逻辑梳理

在旅游新媒体文案的创作过程中,一个清晰、有条理的结构框架是确保信息有效传达的关键。通过逻辑梳理,创作者能够确保文案从开头到结尾都紧扣主题,层层递进,引导读者逐步深入了解内容。

创作者需要先明确文案的核心目标,即想要传达给读者的主要信息或情感。核心目标可以是旅游目的地的独特魅力、旅行的愉悦体验感、实用旅行指南等。围绕核心目标,创作者即可构建文案的主要框架,包括开头、正文和结尾三个部分。

开头部分要引人入胜,能够吸引读者。开头可以采用概括全文、亮出观点、拉近距离等策略,确保开头与标题相呼应,为后文的展开做好铺垫。

正文部分是文案的主体,需要详细描述核心信息。根据文案目标,创作者可以将正文分为若干个段落或小节,每段围绕一个中心思想进行阐述。例如,如果文案目标是介绍旅游目的地的独特魅力,那么正文可以分别从自然景观、人文历史、当地美食等方面进行描述。在描述过程中,要注意突出特色、引发共鸣,并尽量使用简洁明了的语言。

结尾部分需要总结全文,并引导读者采取行动。创作者可以采用总结观点、强调核心信息、留下话题等策略,确保结尾与开头相呼应,形成一个完整的闭环。同时,要注意在结尾处巧妙地设置引导,鼓励读者评论、分享或购买等。

(二)开头部分:引人入胜的写作技巧

开头部分是文案的"门面",一个引人入胜的开头能够迅速抓住读者的心,激发他们的阅读兴趣。

1. 以故事为开头

以故事为开头,即讲述一个与主题相关的、有趣或感人的故事,通过故事情节吸引读者的注意。例如,"曾经有一个旅行者,在遥远的异国他乡遇到了一位热情的当地人,他们之间发生了一段令人难忘的故事……"这样的开头能够引发读者的好奇心,想要了解故事的具体内容。

2. 提出疑问或挑战

提出疑问或挑战,即创作者通过提出一个问题或挑战,来激发读者的好奇心。例如,"你是否曾梦想过踏上一段说走就走的旅程?是否曾被某个旅游目的地的美景吸引,却又担心行程安排、预算等问题而犹豫不决?"这样的开头能够引发读者的共鸣,让他们想要继续阅读下去并寻找答案。

3. 描绘场景

描绘场景,即创作者通过生动的语言描绘一个与主题相关的场景,让读者仿佛置身其中。例如,"想象一下,你站在一片广袤的草原上,远处是连绵起伏的山脉,天空中飘着朵朵白云,微风吹过脸颊,带来一丝丝清凉……"这样的开头能够让读者感受旅行的美好和愉悦,激发他们的向往之情。

(三)正文部分:信息组织与表达方式

正文部分是文案的主体部分,需要详细描述核心信息。

1. 分段阐述

分段阐述,即将正文分为若干个段落或小节,每段围绕一个中心思想进行阐述。这样能够使文案结构清晰、条理分明,方便读者阅读和理解。例如,在介绍旅游目的地的独特魅力时,创作者可以分别设置自然景观、人文历史、当地美食等小节进行阐述。

2. 突出重点

突出重点,即在描述过程中,创作者要注意突出重点信息,让读者能够快速抓住核心内容。创作者可以通过使用加粗、换行、添加图片等方式来强调重要信息。例如,"这个旅游目的地的特色是其壮丽的自然景观,包括雄伟的山脉、清澈的湖泊和独特的地理地貌。"这样的描述能够让读者一眼就看出文案的重点。

3. 使用生动的语言

使用生动的语言,即在描述过程中,创作者要尽量使用生动、形象的语言来描绘场景和细节,让读者能够感受旅行的美好和愉悦。例如,"清晨的阳光洒在湖面上,泛起层层金光,与周围的绿树和山峦构成了一幅美丽的画卷。"这样的描述能够让读者仿佛亲眼看到了美景。

4. 融入个人情感

融入个人情感,即在叙述过程中,创作者可以适当融入个人的情感体验和感受,与读者建立情感共鸣。例如,"当我第一次踏上这片土地时,我就被这里的美景震撼到了,我仿佛置身于一个梦幻的世界中。"这样的描述能够让读者感受到作者的真实情感。

(四)结尾部分:行动呼吁与策略引导

结尾部分是文案的最后一部分,需要总结全文并引导读者采取行动。

1. 总结全文并强调核心信息

总结全文并强调核心信息,即在结尾处对文案进行总结,并再次强调文案的核心信息或观点,确保读者能够记住并理解文案的主要内容。例如,"总之,这个旅游目的地以其壮丽的自然景观、丰富的人文历史和美味的当地美食而独具魅力。如果你也想体验这里的风土人情,那就计划一次旅行吧!"这样的结尾能够总结全文并强调旅游目的地的独特魅力。

2. 留下话题或引发思考

留下话题或引发思考,即创作者可通过提出一个开放性问题或引发探讨的话题,鼓励读者进行互动和思考。例如,"你是否也曾被这个旅游目的地的美景吸引?是否有过难忘的旅行经历想要分享?"这样的结尾能够引发读者的思考和讨论,增加文案的互动性和传播性。

3. 激励升华并引导行动

激励升华并引导行动,即创作者可利用积极的语言激励读者采取行动,实现文案的转化目标。例如,"别再犹豫了,踏上这段梦幻般的旅程吧!让旅行成为你生活中的一部分,发现更多美好和惊喜!"这样的结尾能够激发读者的热情,引导他们采取行动并实现转化目标。

五 文案的视觉呈现与排版艺术

(一)排版原则与视觉审美

1. 排版的基本原则及其在文案中的应用

排版,作为文案视觉呈现的重要组成部分,直接影响着读者的阅读体验感和文案信息的传达效果。

对齐原则要求文案中的元素按照一定的规律进行排列,形成整齐、统一的视觉效果。例如,左对齐可以使文案看起来更加正式、严谨,而居中对齐则能凸显文案的中心主题,引导读者。

对比原则通过强调文案中的差异,使重要信息更加突出。这种对比可以是字体大小、颜色、粗细等方面的差异。例如,在一段描述旅行故事的文案中,创作者可以通过放大关键字的字体或改变其颜色,来强调故事中的重要情节或情感变化。

空白原则在排版中同样重要。适当的空白可以让文案看起来更加透气、舒适,同时也能引导读者的视线,帮助读者更好地理解和接受文案信息。合理运用空白原则,可以营造一种宁静、深远的氛围,让读者在阅读过程中感受旅行的美好。

一致性原则要求文案中的各个元素在风格、色彩、字体等方面保持统一。这有助于提升文案的整体性和专业性,同时也能增强读者的阅读体验感。遵循一致性原则,可以使文案看起来更加专业、可信,从而提升读者对旅游产品的兴趣。

2. 视觉审美要素与文案排版的融合

视觉审美要素在文案排版中至关重要。这些要素包括色彩、图形、图片等,它们与文字相互配合,共同构成文案的视觉呈现效果。

色彩是视觉审美要素中较具表现力的元素之一。运用色彩可以营造不同的氛围和情绪。例如,使用暖色调可以表现旅游目的地的热情和活力,使用冷色调可以传达出宁静和放松的感觉。同时,色彩还可以用来强调文案中的关键信息,引导读者注意。

图形和图片在文案排版中也具有重要的作用。它们可以用来解释和补充文案中的文字信息,使文案更加生动、形象。运用与旅游主题相关的图形和图片,可以增强文案的代入感和说服力。例如,使用旅游目的地的风景图片作为背景或插图,可以让读者更加直观地感受到旅游目的地的魅力。

此外，视觉审美要素与文案排版的融合还体现在整体布局和风格上。一个优秀的旅游新媒体文案应该既有吸引人的视觉效果，又能清晰地传达信息。因此，在排版过程中，创作者需要注重文字与视觉元素的协调和平衡，形成统一的视觉风格。

3.提升文案可读性的排版技巧

(1)文案结构与视觉流程的顺畅性。

文案的结构应该清晰明了，符合读者的阅读习惯和思维逻辑。一般来说，可以采用"总—分—总"的结构来组织文案内容，即先总体介绍旅游目的地的特色和亮点，然后分别介绍各个景点或活动，最后再总结归纳。这样的结构可以使读者更加容易理解和接受文案中的信息。

同时，视觉流程也是影响读者阅读体验感的重要因素之一。在排版过程中，创作者需要合理安排文案中各个元素的位置和顺序，确保读者的视线能够顺畅地移动下去。例如，可以使用箭头、线条等来引导读者的视线，或者使用不同大小的标题和段落来区分不同的内容层次。

(2)字体、字号、行距等细节的考究。

选择合适的字体和字号可以使文案更加易读易懂，合理的行距设置可以让文案看起来更加舒适美观。一般来说，正文部分的字号不宜过小或过大，以14—16号字为宜，行距可以根据字号和行宽进行适当调整，以确保文字之间的空间均衡且易读。

此外，一些重要的信息或关键词可以通过加粗、变色或添加下划线等方式突出显示，以引起读者的注意。但是需要注意不要过度使用这些技巧，以免干扰读者阅读。

(3)适配不同设备的响应式排版设计。

随着移动互联网的普及和发展，越来越多的读者开始使用手机、平板等移动设备来阅读旅游新媒体文案。因此，适配不同设备的响应式排版设计也显得尤为重要。响应式设计可以根据不同设备的屏幕尺寸和分辨率来调整文案的排版和布局，确保读者在各种设备上都能够获得良好的阅读体验感。例如：对于手机用户来说，可以采用单列布局和较大的字号来提高可读性；对于平板用户来说，可以采用双列布局和适中的字号来充分利用屏幕空间。

（二）语言艺术与视觉元素的协同

1.生动、形象、具体的语言提升策略

在旅游新媒体文案中，使用生动、形象、具体的语言是至关重要的。这样的语言不仅能够吸引读者的注意，还能激发他们的想象力和情感共鸣。

(1)运用修辞手法。

比喻、拟人、排比等修辞手法可以让语言更加生动、有趣。例如，将旅游景点比作一位美丽的女子，或者将旅行经历描绘成一场奇妙的冒险。这些修辞手法能够增强文案的表现力和感染力。

(2)描绘细节。

通过描绘具体的细节，如旅游目的地的景色、气味、声音等，读者可以身临其境地感受旅游目的地的魅力。这样的描述不仅能够激发读者的好奇心，还能增强他们对旅游目的地的向往和期待。

(3)使用故事化叙述。

将旅游经历以故事的形式展现出来,可以让读者更加容易产生共鸣。通过讲述一个引人入胜的故事,读者可以被引导进入某种情境,感受主人公的喜怒哀乐,从而对旅游目的地产生更加深刻的印象。

2. 视觉元素在文案中的巧妙运用

视觉元素在旅游新媒体文案中具有举足轻重的作用。视觉元素不仅能够补充和解释文字信息,还能增强文案的视觉冲击力和吸引力。

(1)选择与文案主题相关的图片。

选择与文案主题紧密相关的图片,读者可以更加直观地了解文案的内容。例如,如果文案介绍的是某个海滨城市,那么可以使用该城市的海景图片作为背景或插图,以增强文案的代入感和说服力。

(2)运用图表和示意图。

对于包含大量数据的文案,可以运用图表和示意图来展示数据和信息。这不仅可以使文案更加清晰易懂,还能提升读者的阅读体验感。例如,可以使用柱状图或折线图来展示旅游目的地的气候变化或游客数量的变化等。

(3)使用动态视觉效果图。

在新媒体平台上,可以使用动态视觉效果来增强文案的吸引力和趣味性。例如,可以制作短视频或GIF(图像互换格式)动图来展示旅游景点的美景或特色活动,让读者在较短的时间内即可感受到旅游的魅力。

(三)图文编辑辅助工具

图文编辑工具对于内容创作者来说至关重要。图文编辑工具不仅提供了丰富的排版和样式选项,使得内容更具吸引力,还能提升工作效率,节省时间。市场上存在众多的图文编辑工具,每款工具都有其独特的功能和优缺点。在选择合适的编辑器时,创作者需要根据自己的需求和习惯进行权衡。

1. 135编辑器

优点:功能全面,样式多且更新快;能够提供丰富的模板和运营工具,适合公众号运营者;兼容性强。

缺点:免费素材较少,大部分高级功能需要会员才能使用;会员价格相对较高。

2. 新媒体管家

优点:整合资源简单,支持多平台采集,可定制采集条件,提升效率。

缺点:需要作为插件下载后,才能在微信公众平台后台使用。

3. i排版

优点:操作方便、简单,支持全文编辑、实时预览、一键样式等功能;可以将链接转为文字超链接。

缺点:不能直接同步更新到微信公众号后台;在操作方面略显逊色。

4. 秀米编辑器

优点:风格化排版,样式统一,整体效果好;提供设计H5(第五代超文本标记语言)的功能,兼容性强。

缺点:样式不够丰富,查找可能较为麻烦;模板多数需要付费;使用思维需要转变,可能用户会不习惯。

5. 96编辑器

优点:素材模板每日更新,分类清晰;功能齐全,包括导入文章、一键排版、图片处理等;配备多种辅助工具;会员制度灵活,终身会员超值。

缺点:素材库不太丰富;不完全免费,企业版终身会员偏贵。

6. 易点编辑器

优点:分区划分清楚,页面整洁;提供插件服务和工具,包括热点、表情图片库等。

缺点:模板和一键排版样式少,且多需要会员才能使用;免费功能相对较少。

7. 主编微信编辑器

优点:页面简洁,广告少,功能分区明确;样式模板丰富,功能实用;会员价格便宜,终身会员可使用所有功能。

缺点:主要侧重于排版方面的功能,其他功能相对简单。

六 旅游新媒体文案的创意提升

(一)创意在旅游文案中的作用

在文案创作中,创意指的是通过独特、引人入胜且具创新性的方式来传递信息、引发情感共鸣、推广产品和塑造品牌形象。一个文案的创意主要体现在构思、表达方式、用词以及整体独特性等方面。在生产文案时,创作者要发现并展现产品的独特性,并进行创新性的媒介语言构建与表达,这样能够具有吸引力、增加浏览量,更有效地引发用户的共鸣、传递核心信息、提升传播效果、提升用户参与度和互动率、提升品牌形象。在旅游新媒体文案中,创意是吸引用户关注、激发旅行欲望、塑造品牌形象和推动旅游产品销售的关键。

(二)文案创意要解决的核心问题

一个有创意的文案,能在用户心中留下难以磨灭的印象,触发用户深层的情感共鸣,并在繁杂的媒体环境中独树一帜。那么,要创作出这样的文案,我们需要解决哪些核心问题呢?

1. 精准对接产品特色与用户需求痛点

文案创意的首要任务是将产品的独特之处与用户的迫切需求完美结合。这需要创作者深入挖掘产品特色,同时敏锐捕捉用户需求痛点,以创新的方式展示产品如何精准满足这些需求。在推广过程中,重点应放在描述产品特色如何创造性地解决用户的具体问题上,让用户感受到产品的不可替代性。文案创意重点——解决用户需求痛点如图6-3所示。

目标人群需求 ➕ 产品特点、卖点 ➡ 创造性结合与解决问题 ➡ 解决用户需求痛点

图 6-3　文案创意重点——解决用户需求痛点

例如,携程网曾巧妙地推出《拒绝人山人海 8 个冷门小众旅行地推荐》的文案。这篇文案紧扣用户希望假期远离喧嚣、寻找宁静的需求痛点,通过推荐"人少景美又有趣"的冷门旅行地,成功吸引了用户的注意。文案中的"拒绝人山人海"和"冷门小众旅行地"等,强有力的提供了解决方案,即选择这些冷门旅行目的地,享受宁静的旅行。

2. 通过产品附加值激发用户的潜在需求

在文案创意中,创作者需要不断探索产品与用户的深层次联系。通过挖掘和开发产品独特的属性,创作者可以突出产品超越基本功能的附加价值,进而激发用户未曾意识到的潜在需求。这需要创作者对用户特点有深入的了解,同时以创新的视角审视产品,发现其独特的魅力。文案创意重点——激发用户潜在需求如图 6-4 所示。

产品附加值 ➕ 目标用户特点 ➡ 挖掘、开发产品独特的属性 ➡ 激发用户潜在需求

图 6-4　文案创意重点——激发用户潜在需求

3. 创造引人入胜的体验式场景以强化情感共鸣

体验式场景描述在文案中具有强大的情感共鸣效果。通过将用户带入精心构建的旅游目的地或体验式场景中,创作者可以激发用户的好奇心,从而增强用户对文案的兴趣、记忆和认同感。在创意过程中,创作者需要明确哪些体验式场景能够较强烈地引发目标用户的共情,并确保这些场景与用户的情感需求和产品特点高度匹配。体验式场景与匹配情感需求示例如表 6-17 所示。

表 6-17　体验式场景与匹配情感需求示例

体验式场景	匹配情感需求示例
感动和温暖	描述一个温馨的家庭场景,将产品附加值融入其中,强调如何使家庭成员之间更加紧密地联系在一起,营造温馨的氛围
成就感和自信	创造一个成功的场景,展示用户在使用产品后的成就感。描述用户如何克服挑战,取得了令人自豪的成就,增强用户的自信心
轻松和放松	描绘一个轻松愉快的场景,展示产品如何带来放松和享受。通过描述用户在使用产品时的愉悦感,强调产品附加值对于缓解压力的作用
冒险和刺激	创造一个刺激的场景,将产品的附加值融入其中,强调如何激发用户的冒险精神,让用户体会到令人兴奋的冒险旅程
创意和创新	描绘一个充满创意的场景,展示产品附加值如何帮助用户实现创意和创新。描述用户如何通过产品解锁创造力,获得独特的体验感
社交和连接	创造一个社交互动的场景,强调产品附加值如何促进用户与他人的联系和互动。通过描述用户如何通过产品结识新朋友或加强现有关系,强化社交共鸣

续表

体验式场景	匹配情感需求示例
环保和责任	描绘一个具有环保责任感的场景,展示产品附加值如何与用户的价值观相契合。描述用户如何通过产品的使用对环境产生积极影响,强调责任感
幸福和满足	创造一个幸福满足的场景,强调产品附加值如何带来幸福感。通过描述用户在使用产品时的愉快体验感,强化情感共鸣

4.做出有力的服务承诺以增加用户的信任

在文案中,做出明确的服务承诺是建立用户信任的关键。这些承诺可以涵盖满意度保证、质量保障、准时交付、用户支持等多个方面。通过公开承诺并履行保证,旅游企业能够展示自己的可靠性、诚信和对用户需求的关注,从而赢得用户的信赖。

5.运用字眼增强文案的吸引力和感染力

在有限的篇幅内,有效吸引用户并传递核心信息是文案创意成功的关键。使用一些特定的字眼可以迅速引起用户的兴趣并激发他们的情感共鸣。例如,"独特""解决问题"等词语能够清晰地传达产品的优势和特点;而"限时优惠""即刻获得"等字眼则能创造紧迫感,促使用户采取行动。创作者在选择这些字眼时,需要确保文案与用户的需求、愿望或痛点紧密相关,并能够传达出产品或服务的独特价值。

6.针对不同的渠道和平台调整文案的呈现形式、叙述视角和风格

文案的呈现形式、叙述视角和风格都会对其传达效果和互动效果产生深远影响。因此,在创意设计时,创作者需要根据目标受众、渠道和平台的特点来调整这些元素。例如,在社交媒体上,创作者可以采用更轻松、幽默的风格和第一人称的叙述视角来与用户建立亲密关系;而在官方网站上,创作者可能需要采用更正式、客观的风格和第三人称叙述来展示旅游企业的专业性和权威性。通过灵活调整文案的呈现方式,创作者可以最大限度地提升文案的传达效果和互动效果。文案创意设计的主要元素如图6-5所示。

图6-5 文案创意设计的主要元素

(三)文案创意方法

1.发散性思维与创意点的挖掘

发散性思维是旅游新媒体文案创意的重要思维方式。发散性思维通过从不同角度和层面思考问题,打破思维定式,激发新的创意点。创作者可以通过提问法、联想法、类比法等进行发散性思维训练,从而挖掘出更多独特、新颖的创意点。

同步案例6-5:利用发散型思维为一个海边度假胜地进行文案创意思考

为海边度假胜地进行文案创意思考,要点是强调该地的美丽沙滩。利用发散

型思维可以进行以下要点的延伸。

更多细节和特点：从美丽的沙滩要点出发，延伸出更多有关沙滩的细节，如细腻的沙质、碧蓝的海水、绵延的海岸线，甚至是附近的海洋生态。

各种活动：延伸出在沙滩上可以进行的活动，如沙滩排球、日光浴、冲浪、沙雕比赛等。

季节变化：考虑到沙滩在不同季节的变化，春夏季节创作者可以突出沙滩的阳光，秋冬季节创作者可以突出沙滩的宁静美景，这样可以使文案内容更加丰富。

文化和历史：从沙滩出发，文案内容可以延伸到附近地区的文化和历史，例如当地居民的生活方式、传统习俗、历史文化特征等，为游客提供更深入的体验感。

自然景观：将美丽沙滩与周围的自然景观联系起来，延伸到附近的山脉、植被等，创造一个更丰富的旅游目的地画面。

情感体验：延伸到游客在沙滩上的情感体验，例如放松、欢笑以及与家人朋友们共度时光等。

美食体验：考虑在沙滩上享受的美食体验，如海滨餐厅、特色海鲜以及与美丽沙滩相伴的美味佳肴等。

（案例来源：编者编辑所得）

2. 九宫格法

九宫格法，也称曼陀罗思考法，是一种用于激发思维、孵化创新点以及探索多元的创意路径。九宫格法的基础架构是一个3×3的格子，类似于中国古代的九宫格，每个格子都代表一个独特的思考维度或创意领域。在这个框架内，创作者可以深入钻研特定的观点、要素或理念，从多个角度挖掘创意内容。使用九宫格法可以将一个主题或关键词拆分成九个方面，然后针对每个方面进行创意构思。通过每个方面的联想和组合，可以得到更多的创意点。

一般情况下，九宫格法的创意思考过程如下。

(1) 划分格子：准备一张纸或使用电子工具，创建一个3×3矩阵。

(2) 确定核心：在中心格子中，明确写下你的核心主题或创意焦点。这个核心将作为你整个创意过程的基石。

(3) 拓展思维：以中心格子为起点，沿着不同方向（上、下、左、右及四个角落）在剩余的格子中填入与核心主题相关的创意方向、不同观点或子主题。

(4) 深入挖掘：对每个格子中的内容进行详细探索。你可以提出问题、列出关键点、描绘场景或使用其他任何有助于激发创意的方法。

(5) 交叉融合：注意不同格子间的创意可能存在的联系。尝试将这些不同的创意方向进行融合、交叉或重新组合，以产生全新且富有创意的概念或解决方案。

同步案例6-6：利用九宫格创意思考法为景德镇进行文案创意

景德镇文案创意思考九宫格如图6-6所示。

陶瓷之都	陶艺体验	历史与古迹
乡村风情	景德镇	美食与特产
现代创新	节庆活动	艺术展览

图 6-6　景德镇文案创意思考九宫格

陶瓷之都：景德镇作为中国的陶瓷之都，展现了中国悠久的陶瓷文化、传统工艺和陶瓷产业。

陶艺体验：关注游客参与陶艺制作的体验感，介绍陶制课程、陶瓷艺术家工作室等。

历史与古迹：探索景德镇的历史和古迹，如明清古建筑、古窑址等，为游客呈现景德镇的历史韵味。

乡村风情：将景德镇周边的乡村风情、田园景观等作为一个方格的焦点，展示别样的乡村风情。

美食与特产：探索景德镇的特色美食，如陶瓷主题的美食等。

现代创新：关注景德镇在陶瓷工艺方面的现代创新，如陶瓷科技应用、新型陶瓷产品等。

节庆活动：关注景德镇举办的各种节庆活动，如陶瓷文化节等。

艺术展览：将景德镇的艺术展览和文化活动作为焦点，吸引文化爱好者和艺术家。

经过分析，创作者可以结合目标用户需求，选择项目重点进行文案构思。

（案例来源：编者编辑所得）

3.五步创意法

五步创意法包括问题定义、信息收集、发散思维、聚焦思维和创意评估。其一，创作者要明确文案创作的问题或目标。其二，创作者要收集相关信息，了解目标受众以及市场趋势等。其三，创作者要发散思维，尽可能多地生成创意点。其四，创作者要聚焦思维，筛选出具有创意性和可行性的点子。其五，创作者要评估和优化选定的创意点，确保其符合预期目标和要求。

4.头脑风暴法

头脑风暴法是一种集体创意生成方法，适用于团队创意场景。团队成员通过自由畅想、互相激发和碰撞，可以产生大量创意点。在实施头脑风暴法时，团队成员需要遵循自由畅想、延迟评判、以量求质等原则，确保每个团队成员都能充分发表自己的意见和看法。同时，记录员可以采用记录、分类整理等方法对创意点进行汇总和筛选，为后续文案创作提供灵感和素材。

（四）文案风格的探索与匹配

1.各类文案风格特点及适用场景

旅游新媒体文案有多种风格可供选择，如简洁明了、幽默诙谐、感性浪漫、权威专业等。

不同风格适用于不同的旅游产品和目标受众。例如:针对年轻人的旅游产品,可以采用幽默诙谐或感性浪漫的文案风格;针对商务人士的旅游产品,更适合采用简洁明了或权威专业的文案风格。因此,在进行旅游新媒体文案创意时,创作者需要根据目标受众和产品特点选择合适的文案风格。

2. 目标受众心理分析与文案风格匹配

了解目标受众的心理需求和情感偏好是进行旅游新媒体文案创意的基础。创作者通过对目标受众进行深入分析,了解目标受众的年龄、性别、职业、兴趣爱好等,可以推断出目标受众对旅游产品的期望和需求。根据这些信息,创作者可以选择与目标受众心理需求相匹配的文案风格,这样可以更有效地激发他们的旅行欲望和购买兴趣。

3. 风格转换与融合的创意实践

在旅游新媒体文案创意中,创作者可以尝试将不同风格的元素进行转换和融合,创造出独特而富有创意的文案。例如:将幽默诙谐与感性浪漫相结合,形成既有趣又感人的文案风格;或者将权威专业与简洁明了相融合,打造出既严谨又易懂的文案风格。这种风格转换与融合的创意实践可以为读者带来全新的阅读体验感,增强文案的吸引力和传播效果。

(五)情感调动与共鸣建立

1. 旅行故事的挖掘与叙述技巧

在旅游新媒体文案中,讲述生动有趣的旅行故事是激发读者情感的有效方法。创作者可以通过挖掘旅游目的地的历史文化、风土人情等,以及旅游者的真实经历和感受,编织出引人入胜的旅行故事。在叙述技巧上,创作者可以运用第一人称叙述、倒叙、插叙等,增强故事的代入感和吸引力。同时,创作者要注重细节的描绘和情感的渲染,让读者在故事中感受到旅行的美好和魅力。

同步案例6-7:故事型文案的魅力与特点

一、强烈的代入感

故事型文案能够充分调动读者的情绪,很大的一个原因就是具有强烈的代入感。当读者在阅读故事时,他们往往会不自觉地将自己想象为故事的主人公,主人公的行为通常会牵动读者的情绪。例如,李宁和361°等运动品牌经常签约中国奥运冠军作为代言人,通过讲述冠军们的逆袭故事,让运动爱好者在穿着偶像鞋子、使用偶像同款装备的时候产生一种心理暗示,即我也可以像他们一样成功。这种代入感不仅增强了品牌与消费者之间的情感联系,还促进了产品的销售。

二、定位小,故事都在讲人

故事型文案通常描述的都是某个人的经历,无论多大的主题都是通过个人故事来体现的。这种以小见大的策略使得文案能够更加精准地触达目标受众。例如,支付宝的十年账单有一系列文案,通过一个个鲜活有趣而又彼此不同的个体来表现支付宝在生活中的应用,读者马上就会产生一种"我也要查询一下自己的账单"的冲动。

三、有人,才有情感

有人的地方就有故事,有人的地方就有情感。故事中的情感往往是通过具体的行为表现出来的,可能是一份坚持、一次出乎常人的举动,或者是一个微不足道的细节。这些情感元素使得故事更加生动真实,易于引发读者的共鸣。以李宁的广告为例,李宁在"以我为名"系列广告中,都将Logo中旗标下的LI-NING替换成了每个画面中中国奥运冠军名字的汉语拼音。"以我为名"不仅展现了品牌创立之初"把运动还给普通人"的初心,还激发了每个人心中的自我认可,让每个人都能想起运动带给自己的价值,鼓励每个人创造属于自己的精彩时刻。

四、故事里会有共鸣

好的故事总会让某个特定群体的受众产生共鸣。这是因为这些故事触动了受众之前的经历和情感。当读者在阅读文案时,如果发现文案中的故事与自己的经历相似,就会产生强烈的共鸣。例如,观夏(香薰)品牌故事中,挖掘了中国人记忆中的某种情结。观夏运用东方人熟悉的桂花、栀子、茉莉、梅、兰、竹、菊等成分,还原记忆中的山河湖海、四季原野。这种共鸣不仅增强了品牌与消费者之间的情感联系,还提升了品牌的认知度和美誉度。

2. 诗意语言在旅行描绘中的运用

诗意语言是一种富有韵律美、意境美和情感美的语言表达方式。在文案中,运用诗意语言描绘旅行场景和体验感,可以给读者留下更加生动、形象和深刻的旅游印象。创作者可以通过运用比喻、拟人、排比等修辞手法,以及优美的词汇和句式,打造出充满诗意的旅行描绘文案。这种文案不仅能够激发读者的旅行欲望,还能够提升品牌形象和文化内涵。

同步案例6-8:二十条文艺的旅游短文案

(1) 不去感受世界的奇妙,怎么知道世界将被什么改变。
(2) 渺小的生命,因旅行遇见诸多奇遇。
(3) 世界是一本大书,若不到处走走,你看到的总会是同一页的内容。
(4) 有趣的人生,一半是家长里短,一半是山川湖海。
(5) 生命不长不短,刚好够用来看看这个世界。
(6) 别人都祝你快乐,我只愿你遍历山河,仍觉人间值得。
(7) 时光会走远,影像会长存,所走的每一步都有迹可循。
(8) 风雨兼程,不远万里,都是为了遇见更好的自己。
(9) 被好风景收买,剩下的全是好心情。
(10) 星光不问赶路人,时光不负有心人。
(11) 人生没有白走的路,每走一步都算数。
(12) 心存阳光,必有诗和远方。
(13) 人生如逆旅,我亦是行人。
(14) 即使远方很远,也要探索一下。毕竟除了这一生,我们又没有别的时间。

(15) 一季一风景,一沙一世界,一花一天地。
(16) 跋山涉水,千帆阅尽,愿我们都能与更好的自己相遇。
(17) 生活明朗,万物可爱,人间值得,未来可期。
(18) 人生何其短,要笑得格外甜。
(19) 祝你那边风和日丽,我这里景色也不错。
(20) 哪有那么多来日方长,现在就要快乐。

3. 真挚情感的融入与读者共鸣的建立

在文案中,融入真挚的情感是与读者建立共鸣的关键。创作者可以通过表达对旅行的热爱、对旅游目的地的敬畏、对文化的尊重等,引发读者的共鸣和认同。同时,创作者要关注读者的情感需求和旅行体验感,用真诚的语言表达对读者的关心和理解,拉近与读者的心理距离。这种情感融入和共鸣可以让读者更加信任和喜爱旅游品牌,从而推动旅游产品的销售和品牌传播。

4. 提供实用的旅行指南,为读者提供有价值的信息

除了令人心动,文案也应该具备实用性。除了吸引,创作者还要为读者提供有价值的旅行信息,如交通、住宿、餐饮等。这样,读者在阅读的同时也能获取有关旅行的实用信息,为读者的旅程提供实质帮助。

一个成功的旅游宣传文案要求从突出独特之处、运用诗意语言、融入真情实感以及提供实用信息等方面综合考虑,唤起读者的好奇心和情感共鸣,使读者对旅游目的地充满向往。

同步案例6-9:10万+文案《你好,我是四川!》

请阅读《你好,我是四川!》文案,并分析该案例中值得学习的地方。

分析:《你好,我是四川!》这个旅游文案的优秀之处在于其具有丰富的细节描写,多层次的内容分析,到位的情感传达,权威引用和实用的推荐,为读者勾勒出一个丰富多彩的四川旅游画卷,同时也为读者提供了实际行程的参考,让读者对旅游目的地心驰神往。

一、情感共鸣

一开始文案通过简洁的文字描绘出清晨的雪峰,这种清新的场景勾勒出四川的美景,引发了读者的好奇心。

二、精彩细节

文案以独特的角度介绍了四川的两个区域,东部城市和西部高原,通过川东和川西的对比,读者能够更深入地了解四川的多样性。

三、文化渗透

文案中穿插了创作者对《中国国家地理》的评价,强调横断山区是中国较美的地方,增加了权威性和可信度。同时,创作者运用修辞手法,展现了四川的美。

四、地理与美景相融合

该文案详细描述了川东和川西的不同,如城市繁华与高山草原,为读者展现

了四川的多元风貌,同时也强调了四川的美景。

五、旅游体验感介绍

在介绍各个旅游目的地时,文案使用了简洁的描述,点出了每个地方的独特魅力,有利于吸引读者的兴趣。

六、行程推荐

文案通过明确的行程推荐,提供了各类旅游方式和旅游目的地的选择,满足不同类型读者的需求,为读者规划出行提供了方便。

(资料来源:根据行影旅行资料整理所得)

工作任务3 旅游海报与图片设计

一、旅游新媒体海报概览

(一)旅游新媒体海报的定义和特点

海报是一种用于传达信息、宣传活动以及展示艺术创作的平面设计物品。海报通常是在公共场所、商业场所或文化活动中展示的大型印刷物,以吸引观众的注意并传达特定的信息。旅游新媒体海报是指利用新媒体平台和技术手段进行传播和展示的,以旅游为主题或内容的海报。旅游新媒体海报结合了传统海报的视觉表现力和新媒体的互动性、传播性等特点,成为旅游推广和营销的重要工具。旅游新媒体海报的主要特点包括以下内容。

1. 视觉吸引力强

旅游新媒体海报通过精美的图片、独特的排版和鲜明的色彩,能够迅速吸引观众的注意力。

2. 内容丰富多样

旅游新媒体海报涵盖旅游目的地的自然景观、人文历史、民俗风情等,为观众提供全面、丰富的旅游信息。

3. 互动性强

旅游新媒体海报借助新媒体平台的交互功能,能够实现与观众的实时互动,提升观众的参与感和体验感。

4. 传播速度快

旅游新媒体海报利用互联网和社交媒体等新媒体渠道,能够实现海报的快速传播和广泛覆盖。

(二)旅游新媒体海报的类型

旅游新媒体海报分类如表6-18所示。

表 6-18　旅游新媒体海报的分类表

分类维度	类型	描述及特点
内容	自然景观类	展示自然风光、地理奇观等
	人文历史类	突出人文景观、历史遗迹、文化特色等
	民俗风情类	反映民俗习惯、传统节日、民间艺术等
	活动推广类	针对特定的旅游活动、节庆、展览等
	旅游产品类	展示旅游线路、酒店、景区门票等
交互性	静态海报	以图片和文字为主,内容固定不变
	动态海报	包含动画、视频等多媒体元素,增强交互性和趣味性
	增强现实(AR)海报	结合AR技术,展示额外的三维内容或虚拟场景
传播渠道	社交媒体海报	专为社交媒体设计,适应不同平台尺寸和展示需求
	数字广告牌海报	用数字广告牌和电子显示屏等进行动态播放
	印刷品海报	数字制作后再用传统方式印刷,适用于宣传册、杂志、报纸等
目标受众	大众旅游海报	面向广大旅游消费者,强调旅游目的地的吸引力和产品特色
	专项旅游海报	针对特定旅游市场或受众,如奢华旅游、探险旅游等
	旅游行业海报	面向旅游业内人士,如旅行社、酒店、景区等,用于行业交流

同步案例6-10:亦幻亦真的AI旅游海报

在2023年5月19日中国旅游日,天人山水联合时代文旅发布了40多个景区的AI海报。天人山水联合时代文旅收集了40多个景区的关键词和相关图像素材,包括景区名称、地理位置、特色景点、历史文化和自然风光等。然后,这些关键词和图像素材被输入平台,平台通过图像识别和自然语言生成等技术自动组合这些素材,生成符合要求的海报。生成后的海报会根据需要进行微调和修改,例如更改字体、颜色、布局等,以获得更好的效果。

分析:AI生成的海报更加智能化和自动化。与人类设计师相比,AI可以更快地分析和处理数据,同时也可以通过机器学习不断优化生成结果,提高海报的质量和效率。但是,AI生成的海报也具有一定的局限性。由于AI是通过程序和算法生成海报的,AI的创意性和想象力还有待提高。总的来说,AI生成的景区海报和人类设计师制作的景区海报各有优劣,它们应该被视为一种相互补充的工具和方法,用来满足不同的营销需求和目标。

(案例来源:根据天人山水公众号资料整理所得)

(三)海报在旅游推广中的重要性

旅游海报是旅游目的地形象宣传和推广的重要工具,能够直观地展示旅游目的地的特色和魅力,吸引潜在游客的关注和兴趣。

相比其他宣传方式,旅游海报具有制作成本低、传播速度快、覆盖面广等优势,能够迅速提升旅游目的地的知名度和美誉度。

优秀的旅游海报能够引起游客的共鸣和情感认同,提升旅游目的地的品牌形象和商业价值。同时,海报的传播和推广,还能够带动相关产业的发展和经济增长。

(四)海报创作流程

海报创作流程如图6-7所示。

确定主题和目标受众	根据旅游目的地的特色和宣传需求,确定海报的主题和目标受众
收集素材和设计元素	收集与主题相关的图片、文字、色彩等设计元素。为海报的设计提供素材支持
设计版面和排版	根据主题和目标受众的特点,设计合理的版面布局和排版方式、突出重点和引导观众的视线
添加交互元素和动态效果	根据需求添加交互元素和动态效果,提升海报的趣味性和吸引力
审核和修改	对设计好的海报进行审核和修改,确保内容准确、形象生动以及符合宣传需求
发布和推广	将设计好的海报发布到新媒体平台上进行推广和传播,吸引更多潜在游客的关注

图6-7 海报创作流程图

二 图片素材的采集与处理

在信息爆炸的时代,图片以其直观、生动的特性,在旅游新媒体海报制作中扮演着至关重要的角色。一张高质量的图片往往能够迅速捕捉观众的注意力,并激发观众对旅游目的地的向往和好奇心。因此,掌握图片素材的采集与处理方法,对于旅游新媒体从业者来说至关重要。

(一)图片素材的格式与来源

1. 图片格式

在新媒体上,常用的图片素材格式主要包括以下几种。

JPEG或JPG(联合照片专家组):是较常见的图片格式之一,在新媒体平台上被广泛使用。JPEG或JPG支持高质量压缩,适用于各种类型的图像,从照片到插图。

PNG(一种无损压缩的位图文件格式):透明背景的支持使得PNG格式在需要保留透明

度的情况下非常有用。PNG格式在社交媒体、网站和设计中常用于图标、标志、图形等。

GIF(图形交换格式):这种格式支持动画,适合用于简单的动画,例如社交媒体上的表情包或短小的动态效果。

不同格式图片对比如表6-19所示。

表6-19 不同格式图片对比表

JPEG 或 JPG	PNG	GIF
压缩算法:JPEG 或 JPG 使用有损压缩算法,可以在图像质量和文件大小之间进行平衡,调节压缩率	压缩算法:PNG 使用无损压缩算法,保留图像的原始质量,不会导致失真	压缩算法:GIF 使用无损压缩算法,保持图像质量,但通常会导致文件稍大
色彩表现:适用于真实场景或照片,能够呈现丰富的颜色渐变和细节	色彩表现:适用于需要高质量和更准确颜色的图像,如标志、图标或带有文本的图像	色彩表现:适用于少色彩的图像,如简单的图标、图形或动画
文件大小:JPEG 文件相对较小,适合在网络上快速加载和传输	文件大小:PNG 文件相对较大,尤其对于包含大量颜色的图像,但可以保持较高的图像质量	文件大小:GIF 文件相对较小,适合在网络上快速加载和传输
透明度:不支持透明背景	透明度:支持透明背景,可以创建完全透明或半透明的图像	透明度:支持透明色,可以设置某个颜色为透明色,但不支持半透明效果

2. 图片来源

旅游新媒体中的海报使用的图片素材可以通过以下渠道获得。

专业摄影师:旅游目的地、酒店、景点等会雇佣专业摄影师拍摄高质量的照片,用于制作海报和宣传材料。

图片库和素材网站:有许多图片库和素材网站提供各种类型的图片素材,旅游从业者可以购买或订阅这些图片来使用。

社交媒体用户分享:旅游者在社交媒体上分享的照片可以被旅游机构、媒体等收集和使用,前提是获得了分享者的许可。

自己拍摄:旅游从业者也可以自己拍摄照片,以展示旅游目的地或产品的特色。

合作伙伴提供:与旅游相关的合作伙伴,如酒店、航空公司等,可能会提供图片供合作者使用。

旅游目的地官方渠道:一些旅游目的地官方渠道会提供官方图片供媒体和旅游从业者使用。

旅游活动和其他活动:参与旅游活动、赛事等时拍摄的照片也可以作为海报素材使用。

网络搜索:在网络上搜索符合需求的图片,但要注意遵守版权相关法规,确保使用合法的图片。

(二)旅游宣传照的拍摄技巧

对于旅游宣传照来说,拍摄技巧的运用至关重要。其中,光线选择是关键。合理利用自然光,尤其是早晨和傍晚的柔和光线,能够营造温馨、浪漫的氛围。同时,构图也是提升照片质量的重要因素。运用三分法、对角线构图等技巧,能够使照片更加平衡、引人入胜。此外,层次感的营造也很重要。对前景、中景和背景的合理安排,能够提升照片的立体感和深度。

除了基本的拍摄技巧,捕捉瞬间情感和突出主题特色也是旅游宣传照拍摄的关键。摄影师需要敏锐地观察目标对象的行为、表情和交互方式,抓住能够展现旅游体验感的瞬间。同时,摄影师还要根据旅游目的地的独特性和活动特色来确定拍摄主题,确保照片能够准确传达旅游目的地的魅力和吸引力(具体拍摄技巧可在摄影课程中学习)。

(三)网络图片素材获取与选择原则

在网络时代,获取图片素材变得更加便捷。然而,在海量的图片资源中筛选符合需求的优质素材并非易事。以下是一些建议的网络图片素材获取与选择原则。

1. 明确搜索目的和关键词

使用具体、明确的关键词进行搜索,能够更快地找到符合需求的图片素材。同时,利用高级搜索功能限定文件格式、尺寸和版权状态等,可以进一步缩小搜索范围并提高搜索效率。

2. 关注图片的质量和清晰度

选择高质量、清晰度较高的图片素材,这样可以确保图像在各种设备和媒体上显示时能够保持清晰度,提供更好的视觉体验感。

3. 主题契合度

选择与海报主题相关且能够引起观众共鸣的图像,这样能够增强海报的吸引力和传播效果。因此,在筛选过程中,创作者要关注图像表达的主题、情感和氛围是否与海报设计要求相契合。

4. 遵循版权规定和道德准则

在使用网络图片素材时,创作者要尊重原作者的版权和隐私权益。优先选择正版授权的图片库网站或遵循创作共用协议的图片素材,这样能够降低侵权风险并维护行业秩序。

(四)图片素材的后期处理技巧

1. 色彩调整

创作者通过调整图片的色温、色调和饱和度,可以改变图片的整体氛围,使图片更符合旅游新媒体海报的主题和风格。例如,对于一张表现海滨度假胜地的图片,创作者可以通过增加蓝色调和提高饱和度,来强化海水的清澈和天空的蔚蓝。

2. 裁剪与构图

有时候,原始图片可能包含过多的无关元素,或者构图不够理想。此时,创作者可通过裁剪,去除多余的部分,突出主题,并改善构图。例如,将一张风景照片裁剪成宽幅或竖幅,以适应不同的海报布局。

3. 滤镜应用

滤镜可以为图片添加特殊效果,如复古、黑白、水彩等。适当使用滤镜,可以提升图片的艺术感,使海报更具吸引力。然而,要注意不要过度使用滤镜,以免破坏图片的自然美感。

4. 文字与图形叠加

在图片上叠加文字或图形元素,可以提升信息的层次感和视觉冲击力。例如,在一张城市夜景的图片上叠加白色的文字标题和简洁的图形元素,可以突出海报的主题并吸引观众的注意力。

(五)在旅游新媒体海报中合理运用图片素材

1. 选择与主题相符的图片

确保所选的图片素材与海报的主题和宣传内容相符。例如,如果海报的主题是冬季滑雪旅游,那么应选择表现雪山、滑雪场或滑雪者的图片。

2. 注重图片的视觉冲击力

选择具有强烈视觉冲击力的图片作为海报的主视觉元素。这样的图片能够迅速吸引观众的注意力,并激发观众对旅游目的地的兴趣。

3. 合理布局与排版

在海报设计中,创作者要注意图片与文字、图形等元素的布局和排版。合理的布局和排版,可以使海报更加美观、易读和易于理解。例如:可以将主视觉图片放在海报的中心位置或上方,以突出其重要性;将标题和关键信息放在图片附近或易于注意的位置,以便观众快速获取关键信息。

4. 考虑图片的情感因素

图片可以传递情感和信息。在选择和运用图片素材时,创作者要考虑图片能引发的情感反应。例如,可以使用表现欢乐、宁静或壮丽的图片来传达旅游目的地的魅力和吸引力。

创作者通过掌握图片素材的后期处理技巧并将技巧合理运用在旅游新媒体海报中,可以显著提升海报的视觉效果和传播效果。

三 海报创作的视觉元素

(一)视觉元素的构成

海报作为一种重要的视觉传播工具,其创作过程中视觉元素的选择和运用至关重要。这些视觉元素包括文字、图形、图片、色彩等,它们共同构成了海报的视觉形象和传达的信息。

1. 文字

文字是海报中传达信息较直接、较准确的元素。在海报设计中,文字的大小、字体、颜色、排列等都需要精心设计。首先,字体选择要与海报的主题和风格相协调,如正式的海报可能选择规范的字体,而轻松活泼的主题则可能选择手写体或装饰性字体。其次,文字的大小和颜色要确保在海报中的可读性,避免过小或过于花哨导致信息传达不清。最后,文字的排列要符合人们的阅读习惯,同时也可以通过创意的排版来增强视觉效果。

2. 图形

图形在海报中起到辅助说明和增强视觉效果的作用。图形可以是抽象的几何形状，也可以是具象的图案或插图。图形的运用可以帮助观众更快地理解海报的主题和内容，同时也能提升海报的趣味性和吸引力。在设计中，图形的选择要与海报的整体风格相协调，同时也要注意图形的简洁性和易识别性。

3. 图片

图片是海报中较重要的视觉元素之一，图片能够直观地传达信息并吸引观众的注意力。在选择图片时，创作者要确保图片的质量清晰、色彩鲜艳，以保证海报的整体视觉效果。图片的内容要与海报的主题相关，能够准确地传达信息并引起观众的共鸣。图片的运用还要符合海报的整体布局和风格，与其他元素相互协调。

4. 色彩

不同的色彩能够传达不同的情感和氛围，因此色彩的选择要根据海报的主题和目标受众来确定。在设计中，创作者可以通过色彩的对比和搭配来提升视觉效果，引导观众的视线并突出重点。同时，创作者也要注意色彩运用的协调性和一致性，避免过于花哨或混乱导致视觉疲劳。

同步案例6-11：分析旅行社海报的共有元素

请扫描二维码，查看旅行社的海报，其中包括某旅行社一套九宫格旅游产品的海报(含产品亮点推荐、简要行程、行程美景、酒店、美食和医护及安全措施)，另外还有六张其他旅行社的海报，你也可以在自己朋友圈或其他地方收集并查看旅行社的海报。

旅行社海报

思考：旅行社的海报中，哪些要素是共有的？

分析：在观察了多家旅行社的海报后，我们可以发现以下共有要素。

(1) 产品名称：每张海报都会明确标注旅游产品的名称，如"西北战略探秘落日星河15天"，使消费者能够迅速识别产品内容。

(2) 公司Logo：为了树立和强化品牌形象，旅行社通常会在海报上放置公司的Logo，这有助于消费者在众多旅游产品中识别出该旅行社的产品和服务。

(3) 价格信息：价格通常是消费者在选择旅游产品时考虑的重要因素之一。因此，很多旅行社的海报会直观地展示产品价格，特别是当产品有价格优势或正在进行促销时。

(4) 产品亮点与特色：旅行社的海报往往会突出展示旅游产品的独特之处和吸引力，如特定的景点、活动、文化等，以帮助消费者了解产品的独特性。

(5) 联系方式：为了提供更多产品细节或方便消费者预订，海报上通常会包含联系方式，引导消费者进行下一步操作。

(6) 呼吁行动：一个明确的呼吁行动，如"立即预订"或"了解更多"，能够鼓励消费者采取行动，从而提高转化率。

(二)文字设计与排版技巧

1. 字体选择与搭配

字体是文字设计的核心要素,它承载着文字的性格和情感。在海报制作中,字体的选择必须与海报的主题、风格和受众特点相契合。例如:对于一张宣传古典音乐会的海报,创作者可能会选择优雅、庄重的字体,以体现古典音乐的韵味;对于一张宣传儿童活动的海报,活泼、可爱的字体则更为合适。

此外,字体的搭配也是一门学问。不同的字体搭配可以产生不同的视觉效果。创作者可以尝试将正式与活泼、粗体与细体、衬线与无衬线等字体进行搭配组合,以创造丰富多样的视觉效果。但需要注意的是,字体搭配应遵循和谐统一的原则,避免过于复杂或混乱。

2. 字号与行距设置

字号和行距的设置对于海报的可读性和层次感至关重要。一般来说,标题的字号应大于副标题和正文,以突出标题的重要性。同时,合理的行距设置可以使文字更加清晰易读,避免拥挤。行距的大小应根据字号和字体特点进行调整,通常建议设置在字号的1.2倍至1.5倍。

3. 文字排版布局

文字排版布局是海报设计中不可忽略的一环。通过对齐、对比、空白等手法,创作者可以创造出富有节奏感和层次感的文字排版。例如:左对齐或居中对齐可以使文字更加整齐有序;调整字间距和行间距可以形成对比效果,突出重要信息;适当的空白区域可以使观众的目光更加聚焦于文字内容。

4. 文字与图片的结合方式

在海报设计中,文字与图片的结合方式往往能创造出独特的视觉效果。创作者可以尝试将文字叠加在图片上,通过调整透明度和颜色使文字与图片相融合;或者将文字穿插在图片之间,形成有趣的视觉效果。这些结合方式不仅能增强海报的视觉冲击力,还能使信息更加直观易懂。

此外,当文字与图片结合时,创作者还需要注意文字的可读性。确保文字在图片上的位置、大小和颜色都能让观众清晰地识别。同时,文字与图片的内容应相互呼应,共同传达海报的主题和信息。

(三)色彩的搭配与创意运用

1. 色彩的情感和心理影响

每种色彩都有其独特的情感和心理影响。例如,红色充满活力和激情,适用于传递紧张和刺激的感觉。在宣传冒险旅游或节日庆典的海报中,红色可以有效地吸引观众的注意力。蓝色给人带来宁静和放松的感觉,非常适合用于海洋、湖泊等自然景观的宣传。绿色与自然紧密相连,可以传递健康和有活力的感觉,非常适合用于生态旅游或自然风光的宣传。橙色充满活力,常用于强调文化体验感或独特活动,为观众带来兴奋和热情的感觉。黄色充满阳光和快乐,非常适用于传递轻松、愉悦的旅行体验感。

2. 创意色彩搭配技巧

对比与和谐：强烈的色彩对比可以产生鲜明的视觉效果，但过度对比也可能导致视觉疲劳。因此，创作者需要在对比与和谐之间找到平衡。在旅游新媒体海报中，创作者可以使用互补色或对比色来增加视觉冲击力，但也需要通过调整色彩的饱和度和明亮度来保持整体的和谐感。

温度与重量感：色彩的温度和重量感也是创作者需要考虑的因素。暖色调（如红色和橙色）给人温暖和活跃的感觉，而冷色调（如蓝色和绿色）则给人凉爽和安静的感觉。在旅游海报设计中，创作者可以根据旅游目的地的气候和特点选择合适的色彩温度。同时，不同的色彩还具有不同的重量感，比如深色系往往让人感觉沉重，而浅色系则显得轻盈。创作者可以通过巧妙运用这些色彩特性来引导观众的视线并突出重点信息。

创意的运用：除了基本的色彩搭配技巧，创作者可以通过独特的色彩组合、创新的色彩运用方式或巧妙的色彩转换来打破常规，为观众带来全新的视觉体验感。例如，在一张宣传热带海岛旅游的海报中，创作者可以采用鲜艳的色彩搭配和独特的色彩渐变效果来模拟海水的清澈和阳光的灿烂。同时，创作者还可以通过创意的色彩叠加或透明度调整来突出海岛上的特色建筑或活动场景。

3. 对比和平衡

在海报创作过程中，对比和平衡的运用是关键，它们可以使海报更具吸引力和视觉冲击力。

色彩对比：色彩对比指的是在海报中使用互补或相反的色彩。例如，将互补色彩如蓝色和橙色或红色和绿色放在一起，可以创造出鲜明的对比效果，使海报更加生动和引人瞩目。

明暗对比：明暗对比是通过调整色彩的明亮度和暗度来营造层次感和深度感的。在海报中，明亮的色彩与暗淡的色彩相结合，可以突出重点和增加立体感。例如，在背景中使用暗色调，然后通过鲜艳的明亮色彩来突出主要元素，可以在海报中创造出引人注目的明暗对比。

冷暖色彩的平衡：冷色调（如蓝色和绿色）和暖色调（如红色和橙色）在色彩心理学中具有不同的情感和效果。在海报设计中，创作者要注意平衡冷暖色彩的使用，以避免色彩的偏向和不和谐感。通过适当地使用冷色调和暖色调，创作者可以营造平衡、和谐的色彩氛围。

色彩平衡：色彩平衡指的是在海报中合理分配不同颜色的比例和位置。过多或过少使用某种颜色可能导致视觉上的不平衡。创作者要注意在海报设计中使用多种色彩，并使各种色彩相互呼应，以达到视觉上的和谐感。

背景与前景的平衡：在海报设计中，背景与前景的平衡也是重要的因素。背景色彩的选择和运用应与前景元素相匹配，不要让背景色彩过于突出而掩盖了主要内容。同时，确保背景和前景之间的色彩对比和协调，以实现海报的视觉和谐。

（四）旅游新媒体海报的编辑工具

1. 专业设计软件

Adobe Photoshop：Adobe Photoshop 是行业标准的图像处理软件，功能强大，可用于处理图像、设计海报的布局和排版，以及添加特效和滤镜等。Adobe Photoshop 2022 操作界面如图 6-8 所示。

图 6-8　Adobe Photoshop 2022操作界面

Adobe Illustrator：Adobe Illustrator是矢量图形设计软件，适用于创建矢量图形和插图，可以用于设计海报的图形元素和文字排版。Adobe Illustrator 2022操作界面如图6-9所示。

图 6-9　Adobe Illustrator 2022操作界面

2.海报生成器

海报生成器通常支持用户自定义编辑海报的文本、颜色、图片、布局等，并且可以导出为多种格式，如JPG、PNG、PDF等。这些在线海报生成器为创作者提供了方便易用的界面、丰富的模板和设计工具等，可帮助创作者快速创建各种类型的海报，节省了制作海报的时间和成本，特别适合中小企业、个人以及非设计类人士。在选择海报生成器时，创作者可根据自己的实际需求进行试用和比较。各类海报生成器分析如表6-20所示。

表 6-20　各类海报生成器分析表

名称	优点	缺点
美图秀秀	丰富的海报模板和编辑工具;易于上手,适合初学者;支持多种输出格式	可能需要付费解锁更多功能;对于高级设计需求可能稍显不足
海报工厂	提供多种海报模板和设计元素;在线编辑,无须下载;支持自定义编辑	可能需要付费解锁高级模板和功能;界面可能稍显复杂,需要一定时间适应
果壳	专注于海报设计,提供精美模板和创意元素;高品质输出;支持多种设计需求	可能需要付费解锁全部功能;对于初学者可能有一定的学习成本
微海报	专为微信公众号设计,方便在微信平台上分享和发布;提供模板,创作者可进行快速编辑	功能可能相对有限,主要面向微信公众号用户;可能需要付费解锁更多模板和功能
Microsoft PowerPoint	易于上手,适合非专业创作师;具有基本的图像和文字编辑功能;能够广泛支持多种输出格式	相对于专业的海报设计工具,功能可能较为有限;可能需要额外安装字体和图像素材

设计旅游营销海报

（四）H5 海报的制作

（一）H5 海报介绍

H5(第五代超文本标记语言)海报,是基于 HTML5 技术的富媒体海报。H5 海报以丰富的交互性和视觉效果在移动端展示中脱颖而出。与传统的静态海报相比,H5 海报能融合更多的元素,如动画、音频、视频等,能够吸引并引导用户。无论是活动宣传、产品推广还是品牌展示,H5 海报都能以独特的视觉设计和交互体验感提升用户参与度。

海报制作

旅游企业可以在企业宣传、产品促销、活动推广等方面使用 H5 海报。由于使用工具类(如手机 App)的模板制作 H5 海报非常便捷,企业还可以将传统的行程单、行前说明会等内容转换为 H5 海报形式。旅游产品宣传的 H5 海报中可以直接附上报名表,对于自由行游客,还可以利用 H5 海报实现景区导览中的位置定位和推送服务,从而达到电子导游的效果。

（二）H5 海报优势

H5 海报与普通静态新媒体海报在多个方面存在显著差异,H5 海报优势如下。

1. 互动性

H5 海报具有强大的互动性,用户可以通过触摸、滑动、点击等与 H5 海报进行互动。通过互动,用户提升了参与感和体验感。普通静态新媒体海报则无法提供这样的互动体验感。

2. 内容呈现

H5海报支持多种元素的呈现,包括图片、文字、音频、视频等,H5海报可以更加生动地展示产品或活动的特点和魅力,吸引用户的注意。普通静态新媒体海报的内容呈现方式相对单一,主要以图文为主。

3. 适配性

H5海报可以在手机端和电脑端进行展示,适配性强。用户无论使用什么样的设备,都可以方便地浏览H5海报,提升了传播效果。普通静态新媒体海报可能需要根据不同的平台进行适配,创作者的工作量相对较大。

4. 设计风格

H5海报的设计风格多种多样,如简约风、科技风、卡通风、水墨风等,创作者可以根据用户的不同需求进行定制。普通静态新媒体海报的设计风格则相对固定,可能无法满足用户的个性化、情感化需求。

5. 传播效果

H5海报由于具有互动性以及内容呈现的丰富性和适配性强等特点,使得其传播效果往往优于普通静态新媒体海报。此外,H5海报还可以通过微信、淘宝等各种平台一键分享资源信息,具有传播速度快、范围广、费用低等特点,拉近了旅游企业与用户之间的距离。

同步案例6-12:H5设计技巧

请扫码观看H5设计案例:《穿越故宫来看你》

《穿越故宫来看你》独特的创意和巧妙的设计,为我们展示了H5海报设计的无限可能。

思考:什么样的H5海报能深受用户喜欢?在设计H5海报时又需要考虑哪些要点呢?

《穿越故宫来看你》

分析:

1. 价值与吸引力

H5海报必须能够为用户提供实际价值。在忙碌的数字世界中,用户只会停留在那些能带来收获或乐趣的内容上。因此,明确目标用户以及旅游企业能够为用户提供什么,是设计H5海报的首要任务。

2. 品牌与产品定位

选择适合品牌调性和产品定位的H5海报类型至关重要。例如,《穿越故宫来看你》是腾讯与故宫合作举办Next Idea音乐创新大赛的宣传海报,其目的是吸引艺术和技术领域的创新人才。因此,在创意上,《穿越故宫来看你》巧妙地将古老的故宫文化与现代元素结合,不仅展示了品牌的创新性,还吸引了大量年轻用户。

3. 分享与传播

一个好的H5海报应该能够促使用户主动打开、分享和传播。这要求设计具备参与感、吸引力和炫耀感的元素。刺激点,如意想不到的互动或有趣的内容,是激发用户分享欲的关键。在《穿越故宫来看你》中,创作者设计了许多意想不到的刺激点,例如静态画像突然复活、皇帝跳舞、玩自拍、发朋友圈等。分享动机在于这些刺激点是否足够让用户感到兴奋,这将直接影响后续的转化效果。《穿越故宫来看你》作为一个创新作品,通过让画像中的静态人物复活,并让历史人物参与现代舞蹈、自拍和发朋友圈等活动,成功吸引了用户的兴趣。同时,这个作品也能够抓住多数年轻人喜欢卖萌、搞笑的特点,使作品更加有趣。

4. 文案与表述

文案要接地气,易于理解。在《穿越故宫来看你》中,歌词式的文案既有趣又富有创意,能够抓住用户的心。同时,第一人称的叙述方式也提升了用户的代入感。

5. 设计与布局

H5 海报的设计和布局应简洁明了,颜色搭配应和谐统一,重点信息应突出显示,以便用户快速捕捉。同时,H5 海报的设计风格应与企业的 Logo 和 VI(视觉识别系统)保持一致,以强化品牌形象。

6. 精简与聚焦

去除多余、拖沓和无用的元素是提高 H5 海报质量的关键。用户关心的是与用户有关的内容。因此,H5 海报要确保每一页都紧扣主题,为用户提供有价值的信息。

7. 音乐与氛围

配乐在 H5 海报中起着烘托氛围的作用。选择与内容相匹配的音乐,并确保音量适中,可以为用户带来更加愉悦的体验感。

8. 营销与转化

值得注意的是,创作者不应忽视 H5 海报的营销转化功能。故事化和情景化的内容可以引导用户进行转化操作,例如购买产品或填写表单等。同时,通过媒体、自媒体和 KOL 等渠道进行推广,可以触及更多潜在用户。在 H5 海报的 PV(页面浏览量)来源方面,故宫 H5 海报的主要 PV 来源为朋友圈,占总来源的 73%;其次是微信群,占 19%;公众号来源仅占 1%。这表明,故宫 H5 海报具有如此广泛的影响力,主要依赖于微信朋友之间的分享。

在追求创新创意的同时,日常积累也是必不可少的。创作者应从多个角度探索 H5 海报背后的故事,如创意来源、文案构思和设计风格等。创作者只有通过日常用心留意、积累、吸收并运用这些要素,才能设计出优质的 H5 海报。

(三)制作工具推荐

制作 H5 海报并不需要专业的设计或编码背景,众多在线工具提供了便捷的制作途径。例如:微信平台的 H5 编辑器适合公众号运营者快速制作海报;Canva 因其丰富的模板和素材库而受到设计师的青睐;易企秀等专业工具则为 H5 制作提供了更多高级功能。在选择工具时,创作者应考虑工具的易用性、模板的丰富程度以及输出质量等。H5 编辑网站对比如表 6-21 所示。

表 6-21　H5 编辑网站对比表

网站名称	优点	缺点
易企秀	简单易用,适合初学者;有丰富的模板和动态效果;支持多种 H5 类型	功能相对简单,高级定制能力有限;需要付费才能去除广告和享受高级功能
iH5互动大师	功能完善,几乎涵盖所有 H5 类型;能够进行可视化操作,无须编程知识;适合企业推广	学习难度中等,需要一定时间熟悉;付费版针对企业用户,个人用户可能觉得价格较高
兔展	简单易用,适合快速制作微场景;支持翻页效果和文字图片排版	功能相对较少,可能无法满足复杂需求;有广告底标和加载 Logo
MAKA	提供大量模板套件,方便快速制作;适合简单文字和照片合辑	功能较为简单,缺乏高级定制选项;付费版才能去除广告尾页
初页	零门槛,极易上手;支持手机端编辑,制作便利;丰富的图文混排模板	功能相对单一,主要适用于制作动态海报和手机相册;缺乏高级功能和定制选项
搜狐快海报	操作简单;支持拖拽式操作和多重动画设置	布局等高级功能需要代码改动;主要适用于搜狐自媒体用户
意派·Epub 360	交互功能强大,适合专业设计师;有出色的动画效果;支持多种 H5 类型	简单模板较少,上手难度稍大;付费版才能去除加载 Logo 和享受高级功能
Wix	提供大量 H5 模板,操作简单;响应式设计,适配手机端;适合建 PC(电脑)端网站	在国内稳定性不强;主要面向国外用户
秀米秀制作	提供多种模板,"傻瓜"式操作;与秀米编辑器图文排版相结合,方便公众号运营者	目前功能相对简单,可能无法满足复杂需求;主要用于公众号图文排版,对 H5 类型的支持有限

设计旅游营销 H5

制作旅游营销 H5

(五) 海报设计技巧提升

制作一张出色的新媒体海报,需要综合考虑以下几个关键点。

(一) 简洁明了

创作者应确保海报信息简洁明了,避免信息过载。只包含关键信息,使用简短、有力的语言传达核心内容。尽量避免使用过多文字,优先采用图像和视觉元素来传达信息。通常可以通过以下方式来实现。

同步案例6-13:五一旅游到铜梁

请扫码观看H5设计案例:《五一旅游到铜梁》

分析:该H5海报封面简洁、清晰地点出了海报的基本信息,即五一、铜梁、花海、露营、龙舞、民俗等,能让用户迅速了解铜梁的基本信息。

《五一旅游到铜梁》

1. 简化信息

简化信息,即只包含关键信息,避免信息过载。确定海报的核心信息,并将信息表达得尽可能简洁明了,即只包含必要的文字和图像,以吸引用户并使用户理解。

2. 使用简洁的语言

使用简洁的语言,即选择简短、有力的语言来传达信息。使用简洁明了的句子或短语,避免冗长的描述或解释。尽量使用简洁的词汇,使信息更易于理解和记忆。

3. 视觉重点突出

视觉重点突出,即使用明显的视觉元素来突出重点信息。创作者通过使用大号字体、醒目的颜色、粗体或斜体等方式,可以使重要的文字或图像在海报上脱颖而出。确保重点信息在整个海报中的位置和视觉重要性明显。

4. 空白和留白

合理运用空白和留白,以增加海报的简洁感。留白有助于将视觉焦点集中在重要信息上,同时为观众提供阅读和理解的空间。避免海报过于拥挤,为每个元素都留出足够的空间。

5. 使用简洁的图像

使用简洁的图像,即选择简单明了的图像来传达信息。避免过于复杂或混乱的图像,选择直观且与主题相关的图像。简洁的图像有助于直接传达信息,使用户更容易理解海报的含义。

6. 排版清晰

选择简洁明了的排版风格,以提升海报的可读性。使用清晰易读的字体,并确保文字对比度适宜,使文字在海报上清晰可见。避免使用过多的字体和样式,保持排版风格的一致性。

7. 删除冗余元素

审查海报上的所有元素,删除不必要或重复的内容。每个元素都应有明确的目的和功能。避免使用多余的图像、文字或装饰性元素,以保持海报的简洁性和清晰性。

同步案例6-14：海报|这里是——张家界

作为湖南省首届旅游发展大会的承办地，张家界景区于2022年3月在《新湖南》推出了《这里是——张家界》系列海报。这组景点宣传海报简洁、高级且极具吸引力。

张家界以其壮丽的自然风光而闻名，系列海报选用了当地典型的景点作为高清背景图，色彩鲜明，给人以强烈的视觉冲击。文字简洁大气，信息明了，主题突出，没有任何冗余的内容。图文整体搭配相得益彰，画面呈现干净、整洁、空灵的感觉。海报成功地传递了张家界地区的美景以及大会主题，实现了景点宣传与活动宣传的有效结合。

（案例来源：新湖南客户端，海报|这里是湖南省首届旅游发展大会承办地——张家界）

《这里是——张家界》

（二）重点突出

确定海报的重点信息，并将其突出显示。使用大号字体、鲜明的颜色或突出的图像来吸引用户的目光。确保重要信息在海报上的位置明显，能够立即引起用户的注意。设计海报时，为了做到重点突出，可以采取以下方法。

1. 大号字体

使用大号字体来突出重点信息。选择粗体、加粗或其他特殊字体样式，使重要的文字在海报上更加显眼。确保字体清晰可读，并适应海报的尺寸和风格。

2. 鲜明的颜色

使用鲜明的颜色来突出重点信息。选择对比强烈的颜色，与背景形成鲜明的对比，使重要的元素更加显眼。色彩的强烈对比能够吸引用户的目光，并引导他们关注重点信息。

3. 图像和插图的使用

引人注目的图像或插图可以突出重点信息。选择与主题相关的视觉元素，使这些视觉元素成为海报上的焦点。通过图像的尺寸、色彩或构图，创作者可以设计出吸引观众目光的海报，并将用户的注意力引导到重要的信息上。

4. 突出的布局

创作者可以通过布局设计来突出重点信息。将重要的元素放置在海报的显著位置，如中间、顶部或左侧。此外，创作者应使用对齐和平衡的原则，以确保重点元素在整体布局中突出显示。

5. 强调效果

使用特殊效果或装饰性元素来强调重点信息。例如，使用阴影、边框、箭头或图标来突出关键内容。这些视觉效果可以帮助重点信息与其他元素产生明显的视觉差异，从而突出重点信息。

同步案例6-15：惠州文旅发布"大清宫瓷"——沈阳故宫博物院藏清宫瓷器惠州特展

2022年，惠州市推出了一个VR全景H5海报作品。当用户打开作品时，导入页会以各种瓷器实物图围绕标题，几秒后自动进入线上博物馆。用户可以根据箭头指引在博物馆内徜徉，也可以点击下方的图标直接跳转至不同展览位置。点击展览柜中的瓷器，会打开介绍图，包括瓷器实物图和花纹详图，同时可以查看挂画上的瓷器介绍。

惠州市VR全景H5

分析：该H5作品应用VR全景，通过全景拍摄展示真实场景，让用户感受到如临线下的展示体验。作品封面设计简洁，色调淡雅古朴，与主题完美契合，具有很强的吸引力。

（案例来源：根据山西文旅公众号整理所得）

6. 文本简洁明了

使用简洁明了的语言传达重点信息。采用简短、有力的句子或短语来表达重点，避免冗长的文字。确保重点信息在海报上的位置显眼，字体清晰可读。

7. 考虑目视路径

根据用户的目视路径设计海报，将重点信息放在用户可能注意的位置上。通常，用户会先关注海报的中心或顶部，然后逐渐向下或向外扩展。创作者应根据这一原则，将重点元素放在目视路径上的关键位置。

（三）图片质量高

选择高质量、清晰的图片来提升海报的吸引力。使用高分辨率图片以确保图片细节清晰，确保图像色彩鲜艳、对比度适宜，并与海报的整体风格相符。高质量的图片对于设计海报至关重要。以下是选择高质量图片的几个关键步骤。

1. 分辨率和清晰度

选择具有高分辨率和清晰度的图片，以确保图像不会在放大或打印时失去质量。分辨率指的是图像的像素，高分辨率图像细节更清晰。

2. 版权合规

确保选择的图片具有版权许可。使用受版权保护的图片可能会导致法律问题。创作者可以从授权的图像库、版权免费图片网站获取图片，或购买专业摄影师拍摄的摄影作品。

3. 主题相关性

选择与海报主题相关的图片。确保图片能够直观地传达海报的目的和内容。根据海报的主题，选择与之相关的图片，以提升视觉效果和传达信息的准确性。

4. 色彩和对比度

注意选择色彩鲜艳、对比度适宜的图片，确保图像色彩搭配与海报整体风格和品牌形象一致。优质的图像应具有丰富的色彩和良好的对比度，以提升视觉冲击力和吸引力。

5. 原始图像质量

在创作时,创作者应尽量选择使用原始图像文件,避免使用过度压缩或低质量的图像文件。原始图像通常具有更高的质量和细节,可以在编辑和调整大小时更好地保持图像质量。

6. 图像风格和审美

根据海报的设计风格和审美选择合适的图像。考虑图像的构图、角度、光线和整体感觉,确保图像与海报的整体风格协调一致,达到视觉上的和谐。

同步案例6-16:央视纪录片海报设计欣赏

《如果国宝会说话》由中央电视台纪录频道制作,讲述了中国古人的创造力,并以全新视角帮助观众认识和理解中华文化。

海报设计采用了沾有不同色彩的毛笔,背景色呈现出浓厚的国风氛围。渐变背景中,一支醒目的毛笔轻点水面,激起涟漪。底部的文物与画笔隔水而对,展现出端庄大气且充满人文情怀的效果。

(案例来源:中央电视台)

《如果国宝会说话》

7. 测试和预览

在使用图片之前,创作者需要进行测试和预览,以确保图像在海报上的大小、比例和位置适当,同时保持清晰度和质量。创作者还需将图像放置在海报设计中,并查看其整体效果。

(四)注重创意

创作者需要注入创意元素,使海报与众不同并令人印象深刻。同时,创作者应考虑独特的构图方式、图像处理技巧和文字创意的应用。此外,创作者还需要通过具有创意的表达方式来吸引用户的眼球并引起他们的兴趣。

工作任务4　旅游视频制作

一　旅游视频概述

(一)旅游视频的定义

视频在新媒体内容运营中扮演着重要角色。旅游视频,顾名思义,是以旅游为主题的视频。它通过影像记录和展示旅游目的地的风光、文化、活动以及游客的体验感。旅游视频的吸引力、互动性和传达复杂信息的能力,使它成为优秀的信息传达工具。在品牌宣传、社交媒体传播和情感共鸣等方面,旅游视频都具备独特优势。尤其在移动互联网时代,短视频在社交媒体平台上的广泛传播,使旅游视频成为内容运营的关键元素,能够引起用户兴趣、塑造品牌形象并推动信息传播。

（二）旅游视频发展现状

近年来，旅游视频市场呈现多元化蓬勃发展的态势。各大视频平台、社交媒体以及旅游网站都设有专门的旅游视频板块，为用户提供丰富多样的旅游视频内容。这些旅游视频不仅展示了世界各地的美景和文化，还通过游客的真实体验感和分享，为潜在游客提供了更加直观和生动的旅游信息。类似淄博烧烤、贵州村超、福建游神等短视频的爆火，不仅带动了当地旅游业的蓬勃发展，也展现了旅游视频市场的巨大潜力和无限可能。

以淄博为例，淄博曾通过短视频平台的推广，迅速成为游客争相打卡的热门旅游目的地。在短视频中，淄博的美食、景点和文化得以充分展示，吸引了大量游客前来亲身体验。长视频在旅游领域也有其独特的优势。

以纪录片为例，通过对旅游目的地的深入挖掘和讲述，长视频能够为观众提供更丰富、更有深度的旅游信息。例如，一部关于福建土楼的纪录片，不仅展示了福建土楼的建筑风格和历史文化，还通过讲述当地人的生活和故事，让观众对福建土楼有更深入的了解。此外，还有许多旅游博主发布的Vlog，这种形式的旅游视频既满足了用户对深度内容的需求，也为旅游目的地带来了更多曝光和关注。

在旅游视频的发展过程中，各种形式的旅游视频内容相互补充、相互促进。短视频能够快速吸引用户的注意力，为旅游目的地带来流量；长视频则提供更为翔实、深入的旅游信息，满足用户对深度内容的需求；短剧以其独特的故事性和趣味性，为旅游视频市场注入了新的活力。此外，随着5G（第五代通信技术）、AI（人工智能）等技术的不断发展，旅游视频的制作和传播也将迎来更多创新和突破。

同步案例6-17：短视频出圈男孩带火了当地的旅游经济

2020年，一位摄影师在短视频平台上发布了四川省甘孜藏族自治州理塘县年轻藏族男孩——丁真的短视频。丁真因清澈的眼神，纯真的笑容意外走红全网。

爆红初期，理塘县政府相关部门灵敏地意识到，这也许是一个天赐良机，立即与丁真签约，丁真顺利成为理塘县的旅游大使，并拍摄了宣传短视频。

《丁真的世界》是以丁真视角拍摄的四川省甘孜藏族自治州理塘县的旅游宣传片。视频中，丁真走在雪山脚下，奔跑在高原草地，还牵着第一次"出镜"的白马悠闲徜徉在纯净的理塘美景中。很多人并不知道川西和理塘，通过丁真，川西和理塘的美景终于展现在大众面前，被更多人熟知。短视频发出后，多家媒体以及无数网友纷纷涌入川西和理塘，让这个海拔四千米以上的甘孜成为网红景区。

2021年，《丁真的世界》入选国家广播电视总局公布的"2020年第四季度优秀网络视听作品推选活动优秀作品目录"。

（案例来源：B站《丁真的世界》，愿丁真永远活在自己的世界里，自由奔跑！）

（三）旅游视频的类型与特点

旅游视频的类型多样，根据不同的分类标准，旅游视频可以被划分为多种类型。不同类型的旅游视频具有不同的特点。总体来说，旅游视频大多具有以下特点。

1. 画面优美

旅游视频注重展现旅游目的地的自然风光和人文景观,通过精美的画面和专业的摄影技巧,为用户带来视觉上的享受和震撼。

2. 内容丰富

旅游视频涵盖了旅游活动的各个方面,如食、住、行、游、购、娱等。不仅展示了旅游目的地的美景和文化,还提供了详细的旅游信息和实用的旅行建议。

3. 情感共鸣

旅游视频往往通过讲述故事、传递情感等方式引发用户的共鸣。它能够让用户感受到旅游的乐趣和意义,激发用户对旅行的向往和热情。

4. 互动性强

在新媒体平台上,用户可以通过点赞、评论、分享等方式与视频发布者进行互动和交流。这种互动不仅提升了用户的参与感和归属感,还为旅游企业提供了宝贵的用户反馈和市场信息。

视频分类综合表如表6-22所示。

表6-22 视频分类综合表

分类维度	分类名称	描述与特点
时长	超短视频	时长几秒到15秒,能够快速传递信息
	短视频	时长15秒到5分钟,能够简洁展示内容
	中长视频	时长5分钟到30分钟,能够较详细地展示内容
	长视频	时长超过30分钟,能够深入探索特定主题
制作者	用户生成内容	普通用户创作分享,个性化视角
	自媒体	个体或小型团队创作,专业领域内容
	媒体和影视机构	专业机构制作,高质量内容
	品牌和广告	商业品牌或广告公司制作,用于宣传推广
	平台和官方投资	平台或官方机构投资制作,如纪录片、综艺节目等
内容主题	风景展示	自然风光、名胜古迹等
	人文文化	对当地文化、历史、民俗的深入探索
	美食探寻	各地特色美食和饮食文化介绍
	旅行Vlog	旅行者的个人视角记录,日常与互动
	纪录片	真实事件的记录或特定主题的深入探讨
	创意叙事	创意化的故事叙述,强调情感与情节
	极限挑战	冒险、探险等内容记录
平台差异	短视频社交平台	抖音、快手等,以短视频为主,注重社交互动
	综合视频平台	YouTube、B站等,内容丰富多样,长视频、短视频均有

续表

分类维度	分类名称	描述与特点
平台差异	专业旅游平台	马蜂窝、携程等,专注于旅游攻略、游记和服务
	专业领域平台	专注于某一领域的内容,如纪录片、美食等

短视频运营通过策划、创作和推广短视频内容,实现品牌推广和用户互动。短视频运营的优势在于低成本、高效果、强指向性、大受众群体和快速传播。智能手机和编辑工具的普及降低了短视频的制作成本,而短视频的视觉冲击力和情感共鸣提升了营销效果。通过精准定位和内容策划,短视频能够针对目标受众实现精准营销。同时,广泛的目标受众和较快的传播速度进一步扩大了品牌影响力。因此,短视频运营已成为越来越多品牌和企业的首选营销方式。本工作任务将重点讲述旅游短视频的制作。

(四)旅游视频的价值与宣传优势

旅游视频具有重要的价值和宣传优势,主要体现在以下几个方面。

1. 提升旅游目的地知名度

通过旅游视频的传播和分享,旅游目的地可以受到更多人的了解和关注。这些旅游视频在各大新媒体平台上的广泛传播,能够迅速提升旅游目的地的知名度和影响力。

2. 展示旅游目的地形象

旅游视频能够生动地展示旅游目的地的形象和特色。旅游视频通过精美的画面和真实的故事,让用户感受到旅游目的地的魅力和独特之处,从而增强用户对旅游目的地的认知和记忆。

3. 激发旅游需求

观看旅游视频能够激发用户的旅游需求和向往。当用户看到其他人在旅游中的快乐和收获时,很容易产生共鸣并产生自己也想去旅游的冲动。这种需求转化为实际的旅游行动,为旅游业的发展带来了源源不断的动力。

4. 营销和推广

对于旅游企业来说,旅游视频是一个有效的营销和推广平台。通过发布高质量的旅游视频,旅游企业可以展示自身的产品和服务优势,吸引潜在用户的关注。同时,旅游企业还可以与知名博主、意见领袖等合作,通过知名博主、意见领袖的推广和分享来提升品牌影响力和市场份额。

与其他宣传方式相比,旅游视频具有更加直观、生动、真实的特点。旅游视频能够让用户在短时间内获得丰富的视觉信息和情感体验,从而更加深入地了解和感受旅游目的地的魅力。此外,旅游视频还具有传播速度快、覆盖面广、互动性强等优势,使得旅游视频在现代旅游宣传和推广中占据了重要的地位。

（五）旅游视频的创作流程

旅游视频的创作流程包括策划、拍摄、制作和发布四个主要阶段，以下将对旅游视频创作的各阶段进行详细描述。旅游视频的创作流程图如图6-10所示。

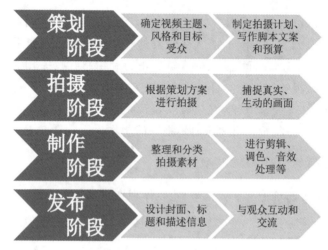

图6-10　旅游视频的创作流程图

二　前期策划与准备

在短视频运营中，前期策划与准备是奠定视频质量与效果的基石。这一阶段涵盖了短视频内容创意与策划、故事化叙事与情感共鸣构建，以及拍摄计划与脚本设计等多个核心要素。

（一）短视频内容创意与策划

短视频内容的创意与策划是打造优质短视频的先决条件。新颖且独特的创意能够迅速吸引用户注意力，显著提升视频的点击率和分享率。因此，策划之初，创作者需要深入挖掘并激发自身的创意潜能。

1. 探寻创意灵感之源

创意可以来源于日常生活观察、社会热点追踪或文化背景挖掘等。对于旅游短视频而言，创意通常源自旅游目的地的独特景观、深厚的历史文化和鲜活的民俗风情。创作者应通过亲身体验和深入调研，发掘旅游目的地的独特魅力和故事，为短视频创作提供丰富的素材和灵感。

2. 明确目标受众

深入了解并明确新媒体平台的目标受众至关重要。这包括目标受众的年龄层次、性别比例、兴趣偏好和生活方式等关键信息。这有助于精准定位视频风格和内容，从而更有效地吸引并留住目标受众的注意力。

3. 确立主题与核心信息

根据旅游目的地的特色、活动亮点或产品卖点,创作者需要明确视频传达的主题和核心信息。这些主题和核心信息可以包括旅游目的地的绝美风光、深厚文化底蕴、独特旅行体验感,或促销活动与推广信息等。一个视频应确定一个主题,否则拍摄出来的内容可能会比较杂乱。明确主题和核心信息有助于策划工作的有序展开,确保视频内容的连贯性和一致性。

4. 确定拍摄风格与调性

在拍摄前,创作者应思考并确定视频的整体风格与调性,例如轻松愉悦、感性温馨或其他特定风格。这将为后续拍摄和后期制作提供明确的方向,确保视频呈现与预期效果的一致性。

(二)故事化叙事与情感共鸣构建

故事化叙事和情感共鸣的构建是提升短视频吸引力和感染力的重要手段。一个生动有趣的故事能够迅速拉近用户与旅游目的地的距离,引发用户的共鸣和互动。

1. 故事化叙事的技巧

在短视频创作中,运用故事化叙事技巧能显著提升用户的理解度和接受度,使视频传达的信息和情感更加深入人心。为了构建引人入胜的故事情节,创作者可以设置悬念以激发用户的好奇心,精心塑造鲜活的人物形象以增强用户的代入感,以及细致描绘生动的场景以营造逼真的氛围。此外,创作者还需精准把控故事节奏,通过张弛有度的叙事节奏持续吸引用户的注意力,引领用户的情绪随故事发展而起伏。

针对不同主题的短视频,创作者需灵活构思与之契合的故事情节、呈现内容及形式。若主题为探索旅游目的地,创作者可以从历史、文化、美食、风景等多维度切入,设计故事情节,以游客视角深入展示旅游目的地的独特魅力。若主题聚焦风景展示,创作者则需精准捕捉旅游目的地的精华,运用独特的视角和拍摄技巧提升旅游目的地的吸引力。对于特色节日庆典或活动,精彩的高潮瞬间能够生动展现当地人的热情与活力,迅速点燃用户的兴趣。总之,创作者应充分发挥想象力与创造力,以精彩的故事为引领,打造令人难以忘怀的短视频作品。

2. 情感共鸣的构建

情感共鸣是用户与视频之间产生深度联系和互动的关键。创作者可以通过挖掘人性中的共同情感点来构建情感共鸣,如亲情、友情、爱情等。在短视频中,展现这些情感点,可以引发用户的共鸣和反思,从而提升视频的感染力和传播效果。

同步案例6-18:用故事来打动你我——福建文旅宣传片《时光列车》

> 宣传片以一名福建有志青年的视角为切入点,采用时光回溯的微电影拍摄方式,通过一辆辆疾驰的列车,生动诠释了八闽儿女"敢为人先、爱拼会赢"的开拓创新精神,呈现福建几十年的经济腾飞与山海巨变,让观众切身感受闽山闽水物华新。该宣传片一经上线立刻引发网友转发、点赞。不少网友留言称:"这部微电影用小人物的故事展现了社会的发展,让网友对福建的历史文化及经济发展有了更深刻的认识,进一步感受到福建人民的奋斗精神。"

> 分析:该片以小见大,以小人物的视角和故事来展示福建的历史文化,感染力强。
>
> (案例参考:福建文旅,《时光列车》即刻发车!)

(三)拍摄计划与脚本设计

1. 制订拍摄计划

在制订拍摄计划时,创作者需要规划拍摄的时间、地点和所需设备等,同时考虑光线、天气、人流量等因素,选择适宜的拍摄时间段,确定时间安排,以获得较佳的拍摄效果。有些景点需要在日出或日落时拍摄,以获得柔和的光线;有些则需要在阴雨天拍摄,以展现云雾缭绕的唯美感。不同的景点和拍摄主题,需要妥善安排拍摄时间。

根据短视频的主题和核心信息,创作者应选择能够展现美景和特色的拍摄地点,确保这些地点能够体现和传达相关的信息和情感。同时,还要考虑背景的多样性和适宜拍摄的条件。

根据预算和需求,创作者还需选择合适的拍摄设备。专业摄像机能提供更高质量的画面,而智能手机则便捷易用,适合快速记录。此外,创作者还要安排好拍摄人员,包括摄影师、导演、演员等,确保团队的专业性和协作性。

2. 编写详细脚本

为了确保拍摄和后期制作的顺利进行,编写详细脚本是必要的。详细脚本包含了视频中需要呈现的各个要素,如场景、对白、动作和画面变换等,以确保整个视频能够按照预期的方式呈现。详细脚本对于视频制作至关重要,它为创作者、导演、摄影师和编辑等提供了一个统一的指导框架,确保最终的视频内容达到预期效果。

视频脚本可以分为两个主要类型:文学脚本和分镜头脚本。文学脚本更注重故事情节、角色对白和情感表达,适用于叙事性的视频,如微电影等。文学脚本详细描述了场景、角色动作、对白以及情感和氛围。分镜头脚本则更加详细,将视频分解成一帧帧的画面,描述每个镜头中的画面内容、镜头切换和摄影机运动等,常用于需要精确计划的项目。

3. 文学脚本的写作

在短视频创作中,文学脚本是指用文字形式撰写的视频剧本或故事脚本,用于规划和指导短视频的创作过程。文学脚本承载了故事情节、塑造角色形象、安排场景布置和规划剧情发展等功能,为整个创作过程提供了框架和蓝图。文学脚本还可以包含对时间安排和资源分配的指导。通过对场景和情节的描述,创作者可以大致确定每个场景的拍摄时间以及所需的人力、道具和设备,以便更好地组织拍摄过程和确保创作进度。

同步案例6-19:《橘子洲头:自然与历史的交汇》的文学脚本

> 场景一:开篇
> 画面:橘子洲头的美丽景色展现在游客眼前,清澈的湘江水缓缓流淌。
> 旁白(声音温柔):橘子洲头,这片自然与历史融汇的土地,见证了无数故事的诞生与发展。

场景二：橘子洲头的自然美

画面：阳光明媚，树木繁茂，湘江两岸景色宜人，远处可见山峦起伏。

导游（兴奋地说）：这里是橘子洲头，周围被郁郁葱葱的树木环绕，湖水清澈见底，仿佛进入了人间仙境。

场景三：橘子洲头的历史渊源

画面：古老的建筑群、石刻和碑文，展示了橘子洲头悠久的历史和文化底蕴。

导游（庄重地说）：橘子洲头是我国历史名人居住过的地方，这里有丰富的历史文化遗迹，值得我们去探寻。

场景四：橘子洲头的文化底蕴

画面：展示橘子洲头的传统文化表演、手工艺品、民俗活动等，生动体现了橘子洲头的独特魅力。

旁白（激动地说）：在这里，您可以欣赏到传统的舞蹈表演、手工艺品制作，还能参与丰富多彩的民俗活动。

场景五：美食体验

画面：展示橘子洲头周边的特色美食，美食镜头交替出现。

游客（兴奋地说）：这里的美食真是太棒了！美味的湘菜让人垂涎欲滴。

场景六：夜晚的橘子洲头

画面：灯光璀璨，夜晚的橘子洲头美景展现，吸引了众多游客。

旁白（温暖地说）：当夜幕降临，橘子洲头融入浪漫的夜景，璀璨的灯光映照着湖面，绚丽非凡。

场景七：结尾

画面：一系列美丽的橘子洲头景色和文化特色产品镜头迅速闪过。

旁白（深情地说）：橘子洲头，这个汇聚了自然之美和历史文化的地方，让我们感受到了时间的沉淀和文明的传承。

（案例来源：作者编辑所得）

4. 分镜头脚本的写作

分镜，又叫故事板，是指将整个视频按照时间和场景划分为一系列连续的镜头或场景的过程。每个镜头或场景都有其特定的目的和表达方式。合理的分镜可以以更具艺术感和连贯性的方式呈现故事、情节或主题给观众。分镜的目的是将故事或概念转化为具体的画面和动作，帮助导演、摄影师和剪辑师等创作者理清故事情节和拍摄流程，并确保视觉叙事的连贯性和表达效果。分镜头脚本是一种将故事按照镜头划分并详细描述每个镜头内容和拍摄要求的文档。它是视频制作过程中使用的重要工具之一，用于规划和组织拍摄场景和镜头的顺序、内容和特效等。分镜头脚本通常包括以下内容。

(1) 镜头编号。

镜头编号即为每个镜头分配一个独特的编号，以便在制作过程中进行标识和跟踪。

(2) 景别。

景别是指在焦距一定的情况下，摄影机与被摄体的距离不同，导致被摄体在摄影机画面中呈现的范围大小的差异。景别的划分通常可分为五种,由近及远分别为特写(拍摄人体肩部以上的部分)、近景(拍摄人体胸部以上的部分)、中景(拍摄人体膝部以上的部分)、全景(拍摄人体及其周围环境的部分)、远景(拍摄被摄体及其所处环境的部分)。

(3)画面内容。

画面内容即根据文案内容或解说词,细致描绘镜头画面的内容。

(4)拍摄技巧。

拍摄技巧即描述在拍摄时需要使用的特定技巧,如稳定器的使用、运动方式、镜头变焦等。

(5)字幕。

如果视频中需要加入字幕,分镜头脚本会指明在哪个镜头出现、何时出现以及字幕的内容。

(6)音频和音效。

音频和音效即描述与镜头相关的声音和音效要求,如配乐以及音效的起止时间、音量等。

(7)镜头时长。

镜头时长指每个镜头的持续时间,它能够帮助创作者控制整个视频的节奏和流程。

通过分镜头脚本,创作者可以清晰地了解每个镜头的拍摄要求和顺序。摄影师、导演、演员和其他相关人员可以更好地理解创作者的意图,并协调各方的工作。分镜头脚本有助于提升制作效率,确保每个镜头都按照计划进行拍摄和剪辑。分镜头脚本模板示例如表6-23所示。

表6-23 分镜头脚本模板示例

镜组	解说	景别	画面内容	拍摄技巧	字幕	音乐/音效	时间(秒)
1	*******	大全景	展示整个景点的外观和环境;展示景点的壮丽景象	宽广的全景镜头用无人机或稳定器进行拍摄,以俯瞰角度进行拍摄	标题:***动态字幕淡入淡出	大气恢宏的音乐特效	10
2	*******	中景——近景	突出展示某个具体的景点或建筑物,以突出其特色和美景;游客在景点前拍照、欣赏或互动	不同角度展示	按解说词同步字幕	自然环境声音、游客的欢声笑语	6
3	*******	特写	展示景点的细节或特殊之处;导游或当地人向游客讲解、示范或演示	特写镜头	按解说词同步字幕	导游的解说声音、景点的特殊声音效果	15
4	*******	中景——近景	游客体验	中景、近景交替,展示游客在景点的活动	按解说词同步字幕	游客的笑声以及活动的声音效果	20

续表

镜组	解说	景别	画面内容	拍摄技巧	字幕	音乐/音效	时间（秒）
5	*******	全景	景点全景	稳定器进行运镜拍摄	按解说词同步字幕	背景音乐达到高潮	5

5.查阅资料,准备材料,注意版权

在策划阶段,创作者还需收集相关资料和素材,为后续的拍摄和制作提供支持。这包括文字、图像、音乐、视频片段等。特别需要注意版权问题,确保使用的素材是合法且已获得授权的,以避免侵犯他人的知识产权。

（三）拍摄技术与艺术表现

（一）拍摄设备的选择与使用

1.手机:便携拍摄利器

手机是常用的短视频拍摄设备之一,几乎每个人都可以用手机拍摄短视频。现代智能手机大多配备了高分辨率的摄像头、各种拍摄模式和滤镜效果,能够轻松拍摄高质量的短视频。手机方便携带,可以随时随地拍摄。通过各种应用程序,创作者可以进行简单的后期处理和分享。

2.运动相机:极限运动捕手

运动相机,如 GoPro,是专为拍摄运动和户外活动设计的,具有防水、防震、广角等特点。运动相机适用于拍摄特殊角度或极限运动的短视频,例如水下拍摄、滑雪拍摄等。运动相机通常具有高帧率和高清晰度,可以捕捉细节丰富的动态画面。

3.单反相机:专业画面雕塑家

单反相机是专业摄影师常用的工具之一,具有高质量的图像传感器、可更换镜头和多种手动控制功能。单反相机提供更多创意和拍摄选项,适合需要精确控制焦点、曝光和色彩的短视频拍摄。单反相机通常具有较高的图像质量和更广泛的拍摄能力。

4.摄像机:电影般记录者

专业摄像机是短视频制作中常用的设备,具有强大的拍摄能力和多种控制选项。摄像机能够拍摄高清视频、调整焦距,并进行稳定的运动跟踪。它适用于需要复杂拍摄设置、专业后期处理和高质量要求的短视频制作。

5.无人机:天空之眼

无人机是一种能够搭载摄像设备的飞行器,可以拍摄令人惊艳的航拍景观。无人机提供独特的俯瞰视角,能够拍摄到无法用其他方式获得的特殊画面。它适用于拍摄大片风景、城市建筑和活动现场等。

6. 辅助设备

短视频拍摄可以借助辅助设备提升质量和创意。三脚架能稳定相机,防止晃动和模糊,适合长时间或定格拍摄。稳定器减少抖动,提供平稳画面,适合跟拍和运动拍摄。摄影灯改善照明,控制光线以创造艺术效果。监视器连接相机,提供清晰的大画面,帮助检查焦点和曝光。麦克风录制清晰音频,避免噪声干扰,适合语音解说和采访。移动滑轨能够拍摄平滑的运动,适用于风景、运动等连续移动场景的拍摄。

(二)拍摄技术参数与设置

1. 分辨率

视频分辨率是指视频图像的水平和垂直像素数量。常见的视频分辨率有720 p、1080 p、2 K、4 K和8 K等。分辨率越高,图像细节越丰富,但同时文件也会增大。选择适当的分辨率取决于创作者的需求和目标受众的观看设备。分辨率和适用设备如表6-24所示。

表6-24 分辨率和适用设备

分辨率	像素	适用设备类型
720 p	1280×720	小尺寸显示设备,如手机、平板电脑;视频直播、视频会议等需要快速传输高品质画面的场合
1080 p	1920×1080	大尺寸显示设备,如电视、电脑显示器;观看影片、玩游戏等
2 K	2560×1440	高端手机、平板电脑和电脑显示器;处理高分辨率图像和视频编辑
4 K	3840×2160(或4096×2160)	高端电视、电脑显示器和投影仪;专业视频制作和编辑
8 K	7680×4320	超高清电视和高端显示器;专业影视制作、高端游戏等

2. 视频格式

视频格式定义了存储和编码数据的方式,关乎视频播放的质量与兼容性。常见的如MP4(动态图像专家组)适合在线分享与移动播放;AVI(音频、视频交错格式)用于Windows,文件较大;MKV(多媒体容器)容量高,适合高清视频;MOV(封装格式或影片格式)适用于苹果电脑;WMV(视频编解码和其相关的视频编码格式的统称)为Windows设计,文件较小;WebM(媒体文件格式)适用于网络;H.265编码具有高效性。对于旅游视频,推荐MP4或MKV,前者有广泛的兼容性与不错的质量,后者有支持多流和高质量的特性,都适合记录与分享旅行美景。但选择应根据实际需求、平台兼容性和存储进行综合考量。

(三)拍摄技巧与艺术表现

1. 构图技巧

在旅游视频拍摄中,构图技巧的运用对于提升画面美感和观赏性至关重要。灵活运用各种构图技巧,能够有效提升画面的美感和观赏性,为观众呈现更加精彩和难忘的旅游世界。无论是突出主题、表达层次,还是创造独特视觉效果,这些构图技巧都发挥着不可或缺的作用,为旅游视频增色、添彩。

三分法则:将画面横竖各分三等分,形成九宫格,有助于突出主题和表达层次。
对称构图:将元素置于中心或两侧,创造和谐与平衡感,适用于人像和景物拍摄。
引导线条:利用自然或人造线条引导观众的目光,提升画面深度。
前景框架:用前景元素框住主要景点,提升层次感和深度。
视角选择:尝试不同拍摄角度,创造独特视觉效果。
点线面构图:组织元素成点、线、面关系,丰富画面层次。
剪影效果:利用逆光创造剪影,增添神秘感和戏剧性。
景深运用:控制景深,选择合适的光圈和焦距,丰富画面效果。

2. 运镜

运镜,是电影与视频制作中的关键技巧,它通过推、拉、摇、移、跟、甩等操作,将静态的画面转化为动态。这不仅是简单地移动摄像机,更是创作者表达故事、情感和氛围的重要手段。

推镜头(变焦镜头)是通过镜头逐渐推进,使对象显著,常用于突出重点或紧张瞬间;拉镜头(变焦镜头)则是通过镜头逐渐远离,有助于展现全景或营造距离感。摇镜头是通过相机的上下摆动来表现高度或低处的细节;移镜头是通过相机的水平移动轻松展示场景的多个方面。跟镜头是镜头紧跟主体,展现画面的动态美;甩镜头则是快速旋转镜头,为转场增添动感。

每种技巧都有其独特的魅力和功能,可以单独使用或结合在一起使用,根据剧情需要和导演的创意,创造出不同的画面效果和情感体验感。

3. 视频的声音

在短视频制作中,声音作为不可或缺的元素,为画面注入了生命与情感。同期人声、解说、音效和音乐,这四大音频要素,各自扮演着独特的角色。

在旅游视频制作中,声音的运用至关重要,它与画面相辅相成,共同营造出令人心驰神往的旅游体验感。同期人声、解说、音效和音乐这四大音频元素,各自在旅游视频中发挥着独特的作用。

同期人声能够捕捉旅游现场的真实氛围,让观众仿佛身临其境,感受旅途中的每一个细节。无论是海浪拍打岸边的声音,还是街头巷尾的热闹喧嚣,都能通过同期人声传递给观众,让观众沉浸其中。

解说则是旅游视频的向导,为观众提供背景信息和导览指引。通过解说,观众可以更加深入地了解景点的历史渊源、文化背景和特色风情。解说得清晰明了和生动有趣,能够提升观众对旅游视频的兴趣和吸引力。

音效在旅游视频中扮演着营造氛围和增强观赏性的角色。比如,山间的鸟鸣声、古镇的钟声等,都能通过音效的处理,让观众仿佛置身其中。

音乐则是旅游视频中的情感纽带,它能够根据视频的节奏和情感变化,为观众带来不同的情感体验。在欢快的旅游场景中,轻快的背景音乐能够增添活力和愉悦感;在宁静的自然风光中,柔和舒缓的音乐则能让观众感受到宁静与放松。

需要注意的是,音频的清晰度、音量的平衡以及音频与视频的协调都是至关重要的。只有确保音频质量和内容与视频的主题和风格相匹配,才能打造出高品质的短视频作品。

四 后期剪辑与优化处理

(一)剪辑软件操作基础

移动端剪辑软件以其便携、简单易用和快速分享的特点,受到广大用户的喜爱,尤其适合快速编辑和社交媒体分享。电脑端剪辑软件以其强大的处理能力、多样化的功能和工具,以及灵活的导入导出,满足复杂视频编辑和专业制作需求。创作者可根据不同需要选用以下(见表6-25)剪辑软件。

表6-25 剪辑软件各维度对比表

剪辑软件	平台	易用性	特效与工具	适用场景	成本
剪映	移动端	高	丰富(模版、滤镜)	短视频、社交媒体	免费或低价
快影	移动端	中	多彩特效	创意短视频	免费或低价
快剪辑	移动端	高	基础美化	快速编辑、简单任务	免费或低价
小影剪辑	移动端	中	创意动画	短视频、个性化创作	免费或低价
Adobe Premiere	电脑端	中到高	专业级、全面	专业视频制作、影视剪辑	付费(专业)
剪映(专业版)	电脑端	中到高	丰富(包含AI创作)	专业剪辑、自媒体创作	付费(专业)

(二)短视频剪辑流程与技巧

1. 剪辑前的准备与思考

在剪辑工作开始之前,创作者对素材的熟悉与思考是至关重要的。创作者须将所有拍摄素材整体观看一至两遍,以掌握素材的大致内容和潜在的故事线。结合拍摄前的脚本和创意构思,明确视频的主题风格(如清新自然、历史文化、现代都市等)以及想要传达给观众的核心信息。创作者要整理出剪辑的基本架构和主题思想,以确保剪辑作品的连贯性。

2. 粗剪:搭建视频结构

(1)素材整理与分类。

创作者要将所有素材按照场景(如自然景观、人文风情、特色美食等)进行分类整理,并标记每个素材的关键信息。

(2)初步筛选素材。

创作者要快速浏览并筛选出与旅游目的地特色和宣传需求紧密相关的素材,剔除质量不佳或内容不相关的素材。

(3)搭建基本故事框架。

创作者要将筛选出的素材按照预设的故事线或时间顺序进行初步排列组合,形成一个基本的视频框架,以确定每个场景或段落的长度和节奏,确保视频整体流畅且紧凑。

(4) 初步剪辑与拼接。

创作者要对每个场景或段落进行初步的剪辑,去掉多余的镜头和无关紧要的片段,并将不同场景或段落进行初步的拼接,形成一个连贯的粗剪版本。

(5) 反馈与调整。

创作者要将粗剪版本展示给相关人员(如导演、制片人、旅游机构代表等),收集反馈意见,并根据反馈进行必要的调整,如增减镜头、调整顺序、优化节奏等。

3. 精剪:细化每个镜头

(1) 细致筛选与优化素材。

创作者要在粗剪的基础上,进一步筛选每个镜头的较佳表现,确保画面清晰、稳定且美观,并优化素材的排列组合,使画面更加丰富多样。

(2) 精确剪辑点选择。

创作者要仔细选择每个镜头的剪辑点,确保画面切换自然流畅,并运用动作匹配、视线匹配等技巧,提升画面之间的逻辑性和连贯性。

(3) 添加转场效果与动画。

创作者要在不同场景或段落之间添加合适的转场效果,使过渡更加自然和顺畅,并根据需要添加入场动画和出场动画,提升画面的动态感和视觉冲击力。

(4) 音效与音乐设计。

创作者要选择与视频主题和风格相匹配的背景音乐和音效,营造出相应的氛围和情感,并调整音频的音量和平衡,确保背景音乐、音效和原声之间协调统一。

(5) 色彩校正与滤镜应用。

创作者要对画面进行色彩校正,确保色彩真实自然且符合整体风格,同时根据需要应用滤镜来调整整个视频或特定段落的色彩风格,如复古、清新、电影感等。另外,创作者要调整滤镜的参数和应用范围,确保色彩校正与滤镜应用与视频内容相协调。

(6) 字幕与标题设计。

创作者要添加必要的字幕和标题,如景点名称、特色介绍、游客评价等,并设计字幕的字体、大小、颜色和位置,确保字幕与标题清晰易读且与画面风格相协调。另外,创作者要根据需要添加动态字幕效果,提升观众的阅读体验感。

4. 总结与输出

完成精剪后,创作者要对整个剪辑过程进行总结与反思,评估剪辑作品的优缺点以及观众反馈,并根据需要进行最后的调整和优化,确保所有剪辑元素协调统一。同时,创作者要将最终版本输出为适合旅游新媒体平台播放的格式和分辨率,以便进行后续的发布和推广。

(三) 素材剪辑的技巧与策略

素材剪辑是一门融合创意与技术的艺术。创作者通过巧妙处理视频、音频、图片等,能够创作出既具视觉冲击力又触动人心的作品。

1. 故事逻辑与整体结构

创作者要确保剪辑内容紧密贴合故事逻辑和整体结构,按照故事的起承转合有序排列素材,从而保持故事的连贯性和完整性。同时,明确故事的主题和情节发展有助于精准选择片段并确定内容的呈现顺序。

2. 突出主题,精简内容

创作者要根据视频的主题和目标受众,精选具有代表性和关键性的素材进行剪辑。去除冗余和无关紧要的片段,保留能够有效传达核心信息和情感的内容。同时,创作者要确保剪辑后的视频内容连贯流畅、紧扣主题,避免观众产生困惑或失去兴趣。

3. 合理把控镜头时长

镜头时长是影响影片节奏和视觉效果的关键。创作者要根据情节需要和观众注意力的变化,合理调整每个镜头的持续时间。长镜头用于展示广阔的场景和环境,中镜头聚焦人物的情感和互动,而近景和特写则突出细节和情感表达。通过灵活运用不同时长的镜头,创作者可以创造出丰富多样的视觉体验。

4. 精准把控节奏

节奏是剪辑过程中的核心要素,它直接影响视频氛围、情感表达和观众体验感。创作者要精准把控节奏,需要理清视频结构和故事逻辑,明确主题和高潮部分;根据情感和场景需求调整剪辑速度和镜头时长;合理运用音乐和音效与视频节奏相协调;恰当使用转场和过渡效果平衡镜头之间的连接和节奏感。通过这些策略,创作者可以创作出令人印象深刻的作品。

5. 保持影调和色彩一致性

在剪辑过程中,创作者要确保素材的影调和色彩保持一致性,从而营造出统一的视觉效果和氛围。通过色彩校正、颜色分级等技巧调整整体色彩平衡和单独镜头的色调效果;使用预设和滤镜快速应用一致的色调和效果;参考样本和图像确保色彩和效果与预期一致。这些方法有助于提升视频的观感和专业性。

6. 遵循轴线规律

在镜头切换时,遵循轴线规律可以保持相机位置和角度的相对稳定,避免跨越主轴线或破坏场景中的空间感。这有助于观众更好地理解场景布局和人物位置关系,从而增强视频的连续性和流畅感。

7. 动静结合,自然过渡

在进行镜头切换时,创作者要尽量将相似或相关的动态镜头放在一起,将静态或不活跃的镜头放在一起。这种动静结合的剪辑技巧可以实现自然的过渡和对比,引导观众的情绪和注意力。通过合理运用动态和静态镜头的切换,创作者可以创造出更加丰富且引人入胜的观看体验感。

8. 镜头切换技巧的运用

镜头切换技巧包括技巧性切换和简单直接切换两种。技巧性切换通过特定的剪辑技巧和过渡效果,使镜头之间的过渡更加平滑;而简单直接切换则注重内容的直接展示和节奏的快速传递。根据影片的风格和需求选择合适的切换方式,可以提升影片的质感和吸引力。同时,创作者也要注意不要过度使用技巧性切换,以免喧宾夺主或使观众感到审美疲劳。

五 旅游视频发布

视频制作完成后,需要将其上传到各类新媒体平台,以便观众可以在线观看、评论、分享和互动。虽然策划、拍摄和后期制作等环节都至关重要,但视频发布是将信息、情感和价值呈现给观众的关键一步。因此,视频发布在新媒体内容创作中占据举足轻重的地位,直接影响着作品的传播效果和影响力。

视频发布不仅是展示作品,更是与用户建立联系的机会。精心策划的发布策略能够为视频带来更多的关注和流量。

(一)精心制作封面和标题

旅游视频的封面和标题是吸引观众的第一要素。封面图片应与视频内容相关且引人注目,标题要简洁明了,能够准确传达视频的主题。

(二)完善视频描述

在发布平台上填写详细的视频描述,介绍旅游视频的内容、亮点和背后的故事,这有助于实现旅游视频的目的。

(三)选择适当的标签

添加关键词标签,提高视频在搜索中的曝光度。选取与视频内容紧密相关的标签,这样能够让更多观众找到旅游视频。

(四)精准选择发布时间

了解用户使用新媒体平台的特点,在用户活跃的时间发布旅游视频。旅游视频通常在社交媒体和娱乐性App上发布,晚上和周末是用户活跃的高峰时段。

(五)积极互动

回复用户的评论和留言,与用户互动。这样不仅能够增加用户的参与感,还可以与用户建立更紧密的联系。

工作任务5 旅游直播

一 旅游直播认知

(一)旅游直播的概念和发展

直播是一种内容产生的形式,是一种实时的、娱乐的社交方式,能够满足人们更高层次的需求。旅游新媒体发展迭代如图6-11所示。

旅游内容运营经历了以上几个时代的变化。《"十四五"文化和旅游发展规划》提出,加快信息化建设,推进文化和旅游数字化、网络化、智能化发展,推动5G、人工智能、物联网、大数据、云计算等在文化和旅游领域应用。旅游直播将成为未来旅游视频内容运营的重要手段。

2020年,网络直播迅速发展,全民直播即将到来。现今,不少实体业务从线下转移至线上,各大直播平台积极推动"直播+"布局,与电竞、综艺、文化、旅游、教育等产业相结合,努力构建多元化、差异化、高品质的直播生态体系。

随着AR、VR技术的逐渐成熟,5G应用的逐渐普及,AI的逐渐成熟化,直播将通过新技术进行感官互动,提升用户体验感。另外,随着计算机虚拟技术不断成熟,生活消费的进一步提高,直播形式将更加舒适、有趣,用户会更具有沉浸感。

图6-11 旅游新媒体发展迭代图

（二）旅游直播类型

1. 户外旅游直播

直播与旅行的结合为用户带来了全新的体验感,将直播的真实感与旅行的探索性完美结合,让用户在屏幕前就能畅游世界的每一个角落。通过第一人称视角的视频镜头,用户能更深入地感受旅游目的地的魅力。

"直播+旅游"的方式能够打破传统旅游平台仅靠文字描述和图片展示向用户传达旅游体验的单一感,充分发挥了直播平台的时效性、互动性和真实性,这种极致的用户体验感将为旅游行业带来颠覆性改变。这种新兴形式不仅为户外旅游行业注入了新的活力,更让消费者的旅行决策过程变得更简单和更直观。

2. 旅游直播电商

电商直播指的是以直播来达成营销目的的电商直播形式,是数字化时代背景下直播与电商双向融合的产物。电商直播以直播为手段重构人、货、场三要素。

现今,众多旅行社纷纷转到线上,通过直播售卖旅游产品,开启了旅游直播电商的新篇章。尽管旅游产品因其特殊性在直播转化上面临一定的挑战,但只要内容足够吸引人,就能将旅游目的地的独特魅力展现出来,这便是宣传的第一步。

3.企业会展直播

企业会展直播利用互联网技术,打破了时间、空间和地域的限制,为用户和参展商提供了更便捷的沟通和交流平台。这是线上展会的优势。

4.其他直播类型

除上述直播类型,还有传统秀场直播、泛娱乐直播、游戏直播和知识培训直播等。这些直播类型与旅游关联性较小,此处不再赘述。

(三)旅游直播电商特点

旅游直播电商与其他直播电商的核心区别在于销售商品的特性。旅游产品具有独特性,使得直播电商在旅游领域面临一系列特殊挑战。旅游直播电商区别于其他品类直播电商的显著特点如下。

1.非标准化产品

与日用品、彩妆等标准化产品不同,旅游产品难以实现高度标准化。例如,相同的旅游目的地可能因出发地、出发日期、住宿选择和游览景点的不同而价格迥异。这种非标准化特性使得旅游产品在直播转化方面面临困难。

2.以用户的服务体验感为核心

旅游直播电商销售的不仅是旅游产品,更是一种服务体验感。主播需要从旅游产品筛选、议价到用户预订、出行等各个环节提供全方位服务。这种服务难以量化,提升了用户决策的难度。

3.产品组合需求

与快消产品相比,旅游产品往往需要组合销售。在购买旅游产品时,用户通常需要考虑交通、住宿、景点等。因此,主播需要提供完善的行程规划,甚至包括交通安排,以满足用户的全方位需求。

4.退改签政策较复杂

旅游产品的退改签政策通常较为复杂,可能涉及违约金等。这与直播电商中常见的无理由退货政策存在显著差异,增加了用户在购买旅游产品时的顾虑。

5.价格与品质的多重考量

在直播电商中,价格通常是吸引用户的关键。然而,在旅游产品中,价格并非唯一衡量标准。例如,纯玩团与购物团的价格差异可能反映了行程品质和服务内容的不同。因此,主播在推荐旅游产品时,需要综合考虑价格与品质等。直播是面向整个互联网的,主播说的每一句话,大家都看得到,价格透明度较高。

(四)户外旅游直播的优势

1.技术发展带来流畅体验

随着互联网技术的不断进步,旅游户外直播得以流畅进行。4G(第四代移动通信及其技术)高速网络和IPv6(互联网协议第六版)技术的结合大幅减少了直播卡顿和延时等问题,为用户和主播提供了更好的使用体验感。同时,采集硬件和系统的升级、人脸识别技术应用、美颜算法优化、编码标准及芯片的升级以及云计算和CDN(内容分发网络)技术的发展,都保证了旅游户外直播的美观、流畅和及时。未来,5G(第五代移动通信及其技术)的普及将进一步提升直播体验感,为用户打造媲美线下旅游的沉浸式体验感。

2. 低门槛吸引更多参与者

旅游户外直播的门槛相对较低,只需简单的设备和网络连接即可。这种低门槛吸引了大量主播参与,使得直播内容更加丰富多样。然而,这也产生了主播水平参差不齐的问题。因此,主播在享受低门槛带来便利的同时,也需要关注直播内容的质量和专业性。

3. 强大的社交属性增强互动性

社交的本质是"内容+关系+互动"。旅游户外直播具有强大的社交属性,能够与用户实时互动和分享体验感。用户可以通过弹幕、评论等与主播进行实时交流,分享彼此的感受和见解。旅游直播具有互动性强的特点,便于主播与用户进行实时沟通,能够弥合信息鸿沟,让用户掌握更多的信息主动权。在一定程度上,旅游直播能激活用户潜在旅游需求,与用户建立良好的情感共鸣,缩短用户决策时间,大幅提升用户的旅游决策效率。这种互动方式不仅提升了用户的参与感和归属感,也为主播提供了及时反馈和改进的机会。同时,旅游户外直播还能激发用户的潜在旅游需求,提升用户的旅游决策效率。

4. 丰富的内容载体展示用户真实的旅游体验感

相比于传统的图文和短视频形式,旅游户外直播能够更加真实、全面展示旅游目的地。通过直播镜头,用户可以实时跟随主播的脚步,感受旅游目的地的独特魅力。这种展示方式不仅消除了信息壁垒,而且让用户更加深入地了解旅游目的地,也为主播提供了更多展示个性和才华的机会。

5. 直播的真实性能够提升用户的信任感

同图文、短视频的机械化和固化不同,直播本身是灵动的、可持续的。通过实时传输的画面和声音,用户能够感受到更加真实的旅游体验感。这种真实性不仅提升了用户的信任度,也提升了直播内容的可信度和说服力。在竞争激烈的旅游市场中,旅游的真实性成为吸引用户的关键因素之一。同时,网络直播具有内容多元化的特点,主播可以从小切口出发,无论是美食探店、谈话聊天还是户外徒步都有一定的受众。

6. 弥合网络鸿沟,促进地区之间的交流

旅游户外直播能够实现不同地区之间的实时交流和互动。通过直播镜头,偏远地区的优质旅游资源可以被更多人看到,可以为当地带来更多的发展机会。这种跨地区的交流不仅促进了文化的传播,也推动了旅游业的均衡发展。

7. 激发文旅消费潜力

数据显示,观看旅游户外直播的用户中有相当一部分表示愿意前往主播推荐的景点进行体验。这表明旅游户外直播不仅提升了用户对旅游产品的认知和了解,也激发了用户的消费欲望和行动力。直播能够带动文旅消费的增长,为旅游行业的发展注入了新的活力。

二 旅游直播准备工作

(一) 风格定位

对于新手主播而言,明确自己的风格定位是至关重要的。在旅游直播领域,风格定位不仅关乎主播的个人形象,还能够直接影响用户喜好和用户黏性。

首先,主播需要思考自己的直播是侧重于户外旅游直播,还是侧重于室内直播。户外旅游直播更注重现场感和体验感,适合带领用户领略各地的风土人情和旅游景点;室内直播更注重产品的介绍和推销,适合在固定场景中进行详细的产品展示和解说。

其次,主播还需要考虑自己的直播风格是轻松搞笑类,还是专业知识类。轻松搞笑类直播更注重娱乐性和互动性,适合在轻松愉快的氛围中吸引用户;专业知识类直播更注重内容的深度和专业性,适合为用户提供有价值的行业知识和见解。

在风格上,旅游户外直播可以灵活多变,但核心是要与主播的个人特质和用户需求相契合。如果主播擅长幽默风趣的表达,那么轻松搞笑的风格可能更为适合;如果主播对旅游目的地有深厚的文化背景知识,那么专业知识类的直播风格可能更为适合。无论哪种风格,都需要主播保持真实、自然和热情,让用户感受到旅游的乐趣和魅力。

然而,找到适合自己的风格定位并不是一蹴而就的。新手主播需要通过长时间的尝试和积累,不断发现直播人气的规律和特点,从中找到自己和新媒体平台用户的契合点。这需要主播具备持续学习和改进的意识,不断优化自己的直播内容和形式,以适应市场的变化和用户的需求。

(二) 团队组建与主播IP打造

1. 直播团队的核心岗位及职责

在旅游直播中,一个高效、专业的团队是确保直播质量和用户体验感的关键。通常,这样的团队包括以下几个核心岗位。

(1) 直播负责人。

直播负责人负责制订直播计划、监督直播流程,并对直播效果负责。直播负责人需要具备出色的组织能力和协调能力,确保直播活动的顺利进行。

(2) 内容策划人员。

内容策划人员负责撰写直播脚本、设计直播间的互动环节,以及策划与旅游主题相关的特色活动。内容策划人员需要具备创意和文案写作能力,能够为用户带来有趣、有料的直播内容。

(3) 主播。

主播作为直播的核心人物,需要具备良好的形象、流利的口才和对旅游目的地的深入了解。主播负责与用户互动,传递旅游目的地的魅力,并引导用户参与互动和购买旅游产品。

(4) 视效与摄影人员。

视效与摄影人员负责直播画面的调整、拍摄和美化。在旅游户外直播中,视效与摄影人员需要特别关注自然风光的展现,运用专业技巧捕捉旅游目的地的美丽瞬间。

(5)助理和场控。

助理和场控要协助主播管理直播间,包括回答用户的问题、监测直播数据、推送公告等。助理和场控需要具备快速反应能力和良好的沟通协调能力。

对于初创团队或小型团队来说,可能需要一人身兼多职,但每个岗位的职责都不可或缺。

2. 主播IP的打造与户外直播的契合

在旅游直播中,主播的个人IP(知识产权)打造尤为重要。一个成功的主播IP不仅能够吸引更多用户的关注,还能提升直播的转化率和商业价值。主播IP的打造主要围绕以下几个方面展开。

(1)形象塑造。

主播的形象应与旅游直播的主题相契合。例如,如果主打自然探险类直播,主播可以塑造勇敢、探险家的形象;如果主打文化旅行类直播,主播可以展现博学、文雅的一面。

(2)风格定位。

主播应根据自己的性格和兴趣爱好进行风格定位。在旅游直播中,幽默风趣、活泼可爱或知识专家等风格都可能受到用户的喜爱。关键是主播要找到与自己和用户都契合的风格,并在直播中加以强化。

(3)内容输出。

内容是主播IP打造的核心。在旅游直播中,主播需要输出有价值、有深度的内容,如旅游目的地的历史文化、风土人情、旅行攻略等。通过专业、有趣的内容输出,主播可以建立自己在旅游领域的专家形象,吸引更多粉丝的关注。

总之,在旅游直播中,团队组建和主播IP打造都是提升直播质量和用户体验感的关键环节。明确岗位职责、塑造契合主题的主播形象和风格以及输出有价值的内容,可以打造一个专业、吸引人的旅游直播团队和主播IP。

(三)硬件准备

1. 室内直播间硬件设备

电脑:台式电脑需要Windows 10以上的系统,以及i7处理器或同级别的AMD(超微半导体)以上,拥有独立显卡、固态硬盘。另外,几个新媒体平台同步直播就要用几台电脑,用来运营以及上架、下架商品。

摄像头:高质量摄像头也可满足收音需求。需求高的直播间可配置专业的收音设备以及单反相机。

灯光:左右各一盏补光灯从远处为主播打光,美颜灯在近处照亮主播即可。

其他设备:桌椅、插排等。

另外,直播间的氛围布置需要和推荐的旅游商品相契合。

2. 户外直播硬件设备

(1)移动直播设备。

手机或运动相机：户外直播的首选工具是性能优越的手机。手机因具有便携性和实时传输能力而备受推崇。若主播追求更高质量的画面和多样化的拍摄角度，运动相机是一个很好的选择。运动相机设计小巧、佩戴方便并拥有广角镜头，能够为用户呈现更丰富的视觉体验感。

手持稳定器：由于户外直播经常需要移动，为了确保画面稳定性，手持稳定器成为不可或缺的辅助设备。手持稳定器能够有效减少因走动或风吹等因素引起的镜头抖动，为用户提供流畅地观看体验感。

（2）音质保障。

小型无线麦克风：音质在直播中同样重要。一款拾音灵敏、智能降噪的无线麦克风能够清晰收录主播的声音，并有效减少环境噪声的干扰，为观众提供更佳的听觉享受。

（3）网络保障。

4G背包或多网聚合设备：在户外直播时，稳定的网络连接至关重要。专业的4G背包通过支持多张SIM卡（用户识别卡）混插，利用多网聚合技术提供高带宽、低延时的网络环境，能够确保直播过程的顺畅无阻。这对于保障直播的连贯性和画质至关重要。

此外，户外直播还可能需要其他辅助设备，如便携式电源、防水保护壳等，以应对不同环境下的挑战。

（四）台本或脚本准备

1. 台本或脚本的必要性

在旅游直播中，一份精心准备的台本或脚本是确保直播流畅、有序并取得预期效果的关键。由于直播是一个动态的过程，涉及人员配合、场景切换、景点展示、主播表现等多个综合因素。因此，通过制定清晰、详细的台本或脚本，主播可以有效把控直播节奏，规范直播流程，减少直播中的不确定性和失误，确保直播的有序进行。

2. 台本或脚本的核心要素

（1）明确直播主题与目的。

在旅游直播中，主播要先明确直播的主题和目的，比如是介绍某个旅游景点、分享旅游心得，还是推广旅游线路等。明确主题和目的有助于粉丝提前了解直播内容，激发粉丝的观看兴趣。

（2）把控直播节奏与流程。

台本或脚本应具体到分钟，主播应详细规划每个时间段的直播内容，包括景点介绍、互动环节、福利发放等。这有助于主播和团队成员更好地掌控直播节奏，确保直播的连贯性和完整性。

（3）调度直播分工与配合。

台本或脚本中应明确主播、助播、运营人员等团队成员的分工和配合方式，包括各自负责的内容、话术、动作等。这有助于提升团队之间的默契度和协作效率。

（4）预算控制。

对于涉及商业合作的旅游户外直播，台本或脚本中还应考虑预算控制，如合作费用、推广成本等。这有助于确保直播活动的经济效益和可持续发展。

3. 台本或脚本编写的注意事项

（1）注重景点的历史文化背景和特色介绍。

脚本中应充分挖掘并展示景点的历史文化内涵和独特魅力，提升直播的文化品位和吸引力。

（2）设计互动环节和福利发放。

为了增加用户的参与度和黏性，团队成员可以在脚本中设计一些互动环节，如问答、抽奖等，并准备相应的福利进行发放。

（3）考虑户外环境因素。

由于旅游户外直播通常在户外进行，因此需要充分考虑天气、环境等对直播的影响，并在脚本中做出相应的调整和应对方案。

总之，通过精心准备台本或脚本，并注重台本或脚本在旅游户外直播中的特殊应用，可以有效提升直播的质量和效果，为用户带来更加精彩和难忘的旅游体验感。

同步案例6-20：直播避雷词语

以下用语在直播中不能使用。

（1）最、最好、最新、最佳、最优、最爱、最赚、最大、最高、最低、最高级、最高档、最优秀、最奢侈、最低级、最低价、最便宜、最流行、最时尚、最符合、最舒适、最先进、最先享受、最后一波、最新科技、最受欢迎，以及最先进加工工艺、最新科学等无真实根据的极限用语。

（2）首个、首选、独家、首款、全国首发、独家配方、全国销售冠军、国家级产品、国家免检，以及填补空白等无真实依据的极限用语。

（3）唯一、一流、一天、全网第一、销量第一、排名第一、第一品牌、全国第一、独一无二、仅此一天（一款）、最后一波，以及全国几大品牌之一等无真实依据的极限用语。

（4）王牌、王者、之王、冠军、至尊、巅峰、领袖、缔造者、领袖品牌、世界领袖、创领品牌、领先上市等无真实依据的极限用语。

（5）国家级（相关单位颁发的除外）、国家产品、世界级、全球级、宇宙级、顶级（顶尖、尖端）、顶级工艺、顶级享受、极品、极佳（绝佳、绝对）终极、极致等无真实依据的极限用语。

（6）永久、万能、祖传、特效、无敌、100%纯天然、史无前例、前无古人等无真实依据的极限用语。

（7）趁现在、周年庆、特惠趴、品牌团、精品团、单品团（必须有活动日期），以及严禁使用随时结束、随时涨价、马上降价等无真实依据的用语。

（资料来源：综合相关法律法规整理所得）

（五）心理准备

对于初入旅游直播领域的主播来说，心理准备至关重要。

首先，主播要明白成功并非一蹴而就。在直播初期，大多主播可能都会面临人气不足、收益不明显的情况。这时,主播应保持冷静,不应急于求成,要认真分析自己的直播风格、开播时间以及直播内容等是否存在不足,并根据用户反馈进行调整和优化。

其次,主播需要充分认识直播的特殊性。与短视频等其他形式相比,直播具有实时性和双向互动性的特点。主播的一举一动都会实时呈现在镜头前。这就要求主播具备较高的应变能力和沟通能力,能够及时处理各种突发情况,并与用户保持良好的互动关系。

最后,直播的时长可能较短也可能较长,主播需要具备吃苦耐劳的精神,以应对长时间的直播需求。

三 旅游直播流程及话术

(一)直播前预热

1. 预热宣传多渠道

(1)朋友圈预热。

参考话术:亲爱的朋友们,××日我有个特别的直播计划,将带大家云端遨游[具体景点]!想跟我一起感受那里的魅力吗?记得锁定我的直播间哦!

参考动作:附上一张精美的景点预览图或直播海报,提升吸引力。

(2)个人主页简介。

参考话术(简介内容):每日[固定时间]直播,与你共赏天下美景。关注不迷路,我们直播见!

(3)账号昵称。

参考话术(临时昵称后缀):[原昵称]××日[景点名]专场直播!

(4)短视频预热。

参考话术:大家期待已久的[景点名]直播就要来啦!在短视频里先给大家来个小预告,更多精彩敬请关注××日的直播哦!

参考动作:发布短视频展示景点风采或直播准备幕后花絮。

(5)付费推广。

参考话术(配合付费广告):不想错过任何一处美景?快来关注我的直播间,带你走遍天下!点击链接预约直播,不见不散哦!

2. 预热时间把握

开始直播前1—2天进行预热,确保信息覆盖到大部分粉丝。

(二)开场与话题引入

1. 热情打招呼

参考话术:大家早上好(或下午好、晚上好)!欢迎来到我的直播间!我是你们的导游[主播的名字],今天我将带领大家开启一场不一样的旅程!

参考动作:面带微笑,挥手致意,展现热情与活力。

2.话题引入

参考话术:在直播开始前,我想问大家一个问题:你们较向往的旅游目的地是哪里?可以在公屏上留言告诉我哦!今天我们就要一起探访一个让无数人心驰神往的地方[景点名称]。

参考动作:鼓励用户在公屏互动,同时主播自己也可以参与讨论,提高直播间的活跃度。

3.介绍直播亮点

参考话术:今天的直播我们将一起探索[具体景点],这里有着独特的自然景观和丰富的历史文化。我还会为大家带来专属的优惠旅游套餐和互动抽奖活动,敬请期待哦!

参考动作:介绍亮点时可以适当提高语调,增加手势动作,吸引用户的注意力。

(三)产品或景点介绍

1.景点介绍

参考话术:现在我们来到的是[景点名称],这里有着[具体特色或历史背景]。大家可以看到远处的[景观描述],是不是非常壮观呢?

参考动作:通过手机镜头展示景点风光,引导用户跟随主播的视线欣赏景点的美景。

2.旅游套餐介绍

参考话术:为了让大家能够更轻松地享受这次旅行,我们特别准备了[套餐名称]。这个套餐包含了[套餐内容],并且价格非常优惠!数量有限,快来抢购吧!

参考动作:展示套餐详情页或相关图片,详细解释套餐内容和价格优势。

3.品牌或酒店介绍

参考话术:在旅行中,住宿是非常重要的一环。我们这次合作的[品牌或酒店名称]是业内的佼佼者,能够为大家提供一流的设施和服务。住在这里,一定能让你宾至如归。

参考动作:展示酒店内部设施、房间布局等图片或视频,增强用户对酒店的了解和信任。

(四)与粉丝互动

1.抽奖活动

参考话术:好啦,现在我们来进行抽奖环节!只要关注并转发我们的直播间,就有机会赢取[奖品名称]哦!快来参与吧,下一个幸运儿可能就是你哦!

参考动作:请工作人员协助操作抽奖软件,确保公平公正。同时,主播自己也要参与互动,增加抽奖环节的趣味性和紧张感。

2.回答问题

参考话术:我看到有小伙伴在问关于[问题内容]的问题,这个问题很好,我来为大家详细解答一下⋯⋯

参考动作:认真倾听用户的问题,并耐心解答。如果问题比较复杂或需要展示相关资料,可以提前准备好答案或相关资料,以备不时之需。

(五)结束预告

1. 直播回顾与感谢

参考话术:非常感谢大家今天的陪伴和支持!我们一起欣赏了美丽的风景,还介绍了实用的旅游套餐和优质的住宿选择。希望这次的直播能给大家的旅行计划带来一些启发和帮助。

参考动作:面带微笑向用户挥手致意表示感谢。

2. 下播催单

参考话术:在直播结束前,我想提醒大家抓紧时间下单哦!我们提供的旅游套餐和酒店预订服务都是非常优惠且限时的,错过了可就没有了。

参考动作:引导用户查看购物车或订单页面,帮助他们快速完成购买。

3. 下次直播预告

参考话术:好啦,今天的直播就要告一段落了。但是我们的旅程还将继续!下次直播我将带大家去探访[下一个景点],时间定在[具体时间]。记得关注我们的直播间,不要错过更多精彩内容哦!

参考动作:展示下次直播的预告海报或相关图片,提高用户的期待感。

四 旅游直播后的复盘

直播后的复盘是提升直播效果的关键。及时回顾、分析和总结直播过程中的数据、问题和用户反馈等,可以为后续的直播提供有价值的参考和改进方向。

(一)快速复盘

快速复盘通常在直播结束后的短时间内进行,主要目的是及时发现并改进直播中的问题。在快速复盘中,需要关注以下两方面内容。

1. 数据分析

数据分析是快速复盘的核心内容。通过对直播数据的深入挖掘和分析,用户可以了解直播的优劣势,主播也可以了解用户的喜好和行为习惯。具体来说,需要关注以下数据指标。

(1)观看人数和观看时长。

观看人数和观看时长反映了直播的吸引力和用户的参与度。如果观看人数较少、观看时长较短,可能需要调整直播内容或互动方式,以提高用户的兴趣和参与度。

(2)互动数据。

互动数据包括评论数、点赞数、分享数等,这些指标反映了用户与主播的互动程度。如果互动数据较低,可以考虑增加互动环节或优化互动方式,以激发用户的参与热情。

(3)转化率。

对于旅游直播来说,转化率通常指用户通过直播购买旅游产品或服务的比例。如果转化率较低,直播团队可能需要优化产品介绍、价格策略或购买流程,以提高用户的购买意愿和购买体验感。

2.用户反馈收集与处理

除了数据分析,直播团队快速复盘还需要关注用户的反馈意见。直播团队可以通过私信、调查问卷等收集用户对直播的评价和建议,以便及时发现问题并进行改进。同时,直播团队需要建立用户反馈和处理机制,对收集到的反馈意见进行分类、整理和分析,以便为后续直播提供有价值的参考。

(二)阶段复盘

阶段复盘是在累计多场直播后进行的更全面、更深入的分析和总结。与快速复盘相比,阶段复盘更注重从宏观角度审视直播策略的有效性和可持续性。在阶段复盘中,直播团队需要关注以下几方面内容。

1.整体数据分析与对比

通过对多场直播的数据进行汇总和对比,直播团队可以了解整体的数据表现趋势和变化规律。这有助于直播团队评估直播策略的长期效果,并发现潜在的问题和改进方向。同时,直播团队还可以将自身数据与行业数据进行对比,以了解自己在行业中的竞争力和提升空间。

2.用户行为分析与画像构建

通过对用户的观看行为、互动行为和购买行为进行深入分析,直播团队可以构建更精准的用户画像。这有助于直播团队了解目标用户的喜好、需求和消费习惯,为后续的直播内容和营销策略提供更有针对性的指导。同时,直播团队还可以结合用户反馈意见进行综合分析,以更全面地了解用户的需求和期望。

3.市场动态关注与竞品分析

在阶段复盘中,直播团队还需要关注市场的最新动态和竞品的表现。通过了解行业的发展趋势、政策变化以及竞品的优劣势和创新点,直播团队可以为自身的直播策略调整提供有价值的参考和启示。同时,直播团队还可以结合自身的实际情况进行差异化竞争策略的制定和实施。

总之,直播后的复盘是提升直播效果的重要环节。通过快速复盘和阶段复盘的有机结合,直播团队可以及时发现并改进直播中的问题,优化整体的直播策略,提升用户的参与度和满意度。

五 旅游直播技巧提升

(一)合理选择直播时间

直播时间的选择对于吸引用户和推动成交量具有直接影响。一般来说,6:00—10:00是上班族的工作时间,此时直播竞争较小,适合圈粉;12:00—14:00是午休时间,直播有利于维护粉丝关系;18:00—24:00是直播电商的黄金时段,用户活跃且购买力强,但竞争也更为激烈。

然而,对于户外旅游直播来说,可以突破这些时间限制。例如,某主播早上直播日出,傍晚直播晚霞,这样不仅吸引了大量观众,还提升了直播的独特性和吸引力。

在进行旅游直播时,直播团队可根据旅游资源的较佳展示时间和目标受众的活跃时间选择直播时间。同时,直播团队也要注意对直播时长的控制。一般来说,旅游直播的时长以4—6小时为宜。

(二)塑造有趣的名字和鲜明的标签

一个有趣且易于记忆的名字可以让用户在第一时间记住主播。例如,使用简单、风趣或接地气的名字可以增强记忆点。同时,主播需要明确自己的闪光点和特点,形成鲜明的个人标签。这些标签可以是口头禅、专业度、特定身份(如宝妈带娃出行、攀岩达人)等。

(三)展示背景与专业度

主播的背景和专业度对于建立信任感和号召力至关重要。在旅游直播中,具备专业背景的主播往往更容易获得用户的信任和认可。因此,直播团队要组织一个足够长的、能够吸引人的内容,就需要足够多的填充信息,显然这不是一件任何人都能做到的零门槛的事情。现在许多户外旅游直播都是资深导游。

那么,如何打造更多的"信息点"呢?可按照如下公式进行。

$$内容价值浓度 = [(脸 \times 逻辑) + 脸 + 逻辑] / 信息体量$$

具体来说,这里的"脸"是指内容创作者展示围绕自己与自己周围世界客观属性的信息,举例来说就是颜值、身材、身份、环境、周围正在发生的事情。这里的"逻辑"是指内容创作者展示围绕自己与自己周围世界的主观表达的信息,举例来说包括情绪、观点、段子、八卦、故事等。

对于没有强大背景的新主播来说,可以通过学习和提升自己的专业知识来塑造自己的专业形象。尝试为自己塑造一个与用户距离较近的形象,如"当地向导"或"旅游达人"等。

(四)精准定位与细分市场

在旅游直播领域,精准定位与细分市场是非常重要的。只有足够专业,才能让粉丝认可并记住主播。例如,主播可以聚焦某个特定的旅游领域或主题进行直播内容的规划和设计,如户外探险、文化旅游等。

在进行旅游直播时,新主播要明确自己的定位和目标受众,然后针对目标受众的需求和兴趣进行深入的研究和探索。通过持续提供有价值的内容和服务,主播可以建立稳定的粉丝群体并实现持续发展。

(五)以用户体验感为终极追求

相较于其他类型的直播,户外旅游直播的用户更注重户外深度玩乐体验感和旅行内容的纯度及深度。因此,旅游直播需要更加关注用户的需求和体验感,而不仅仅是商品的销售。

为了实现这一目标,新媒体平台需要具备迅速聚集全球旅游达人、商家和文旅部门的能力,提供有趣的旅行内容和性价比超高的旅行玩乐产品。同时,主播可以通过拓展互动形式和多元化直播内容来增强用户黏性并塑造自身的差异化优势。

在进行旅游直播时,主播要始终将用户体验感放在首位,关注用户的需求和反馈,不断优化直播内容和形式,以提升用户的满意度和忠诚度。

(六)以产品或内容为核心

旅游直播电商的关键在于"货",即产品和内容的质量。只有真正以产品或内容为核心,旅游直播电商才能跳出对流量的依赖并实现可持续发展。这要求主播在选品时要严格把关,并关注产品或内容本身的设计、生产和供应等。

另外,以旅游电商为主的主播真正的关注点在于"是不是把商品卖了出去",并不是去关注"用户的需求是不是真正得到了满足"。旅游产品是一项复合产品,比如说,一个行程为什么A线路比B线路贵?为什么3月份出发比4月份出发贵?为什么C航空有时比D航空便宜,有时又比D航空贵?另外,旅游消费是一种精神消费,除产品本身,主播还需要对旅游目的地的人文背景有所了解。所以,旅游主播不仅要懂旅游规则,还要懂人文规则。

一场动辄几个小时的直播,基本决定了用户不会全程蹲守直播间,这也就意味着每位用户进入旅游直播间后,用户听到的信息是非线性的、碎片化的。留住用户的要么是有趣的内容,要么是用户熟悉的内容。高沉浸感的内容是留住用户的不二法门。例如,故宫的直播全程横版比例为16:9,能够较大限度地展示故宫的宏伟,同时多机位轮番切换配合专业解说令直播内容犹如可对话版的纪录片,生动至极。

项目课后

教学互动

(1)如何结合目标受众和市场需求,策划一场具有吸引力的旅游直播活动?

(2)在旅游海报设计中,如何运用视觉元素和排版技巧提升信息的传达效果?

(3)分析一个成功的旅游新媒体内容案例,探讨其成功的原因及可借鉴之处。

(4)面对旅游新媒体行业的快速发展,如何保持持续学习和创新能力以适应不断变化的市场需求?

项目实训

实训项目	自媒体内容创作
实训准备	根据项目一、项目二、项目三、项目四、项目五的课后实训成果,进行本项目实训

续表

实训项目	自媒体内容创作
实训要求	(1) 小组根据项目三成果"自我定位分析表",进行内容创作。 (2) 下列内容任选其二。 ①写一篇图文结合的文案。 ②做一个静态海报或H5海报。 ③拍摄并后期制作一个视频。 ④进行一场直播。 (3) 通过项目四搭建的核心平台和辅助平台以及项目五搭建的朋友圈或私域流量社群进行内容分发。 (4) 分发一周后,提取相关数据,包括但不限于完播率、阅读量、点赞数、分享量、评论数、收藏、转发、新增用户、累计观看人数、平均停留时长等。
实训成果	(1) 图文文案、海报、视频或直播。 (2) 以上内容数据
评价方式	学生自评、互评与教师评价相结合,并实际进行新媒体运营实践

项目小结

内容提要

本项目全面且深入地讲授了旅游新媒体内容运营的核心理念和实战技巧,包括内容策划、文案创作、视觉设计、视频制作以及直播等。在内容策划方面,本项目强调目标受众的精准定位和市场趋势的敏锐洞察;在文案创作和视觉设计方面,本项目注重创新性与实用性的平衡以及品牌一致性的保持;在视频制作和直播方面,本项目讲授了从前期策划到后期制作的全流程操作技巧,能够提升主播与用户的互动能力。通过对本项目的学习,学生将对旅游新媒体内容运营有更全面、更深入的理解,也为学生的职业发展奠定了坚实的基础。

核心概念

本项目包括精准用户定位、内容多元布局、原创内容保护、高质量文案构思、海报视觉设计、视频制作技术、直播营销策略、用户互动机制等。这些概念共同构成了旅游新媒体内容运营与多媒体创作的综合性框架,旨在提升旅游新媒体内容的吸引力、传播力及影响力,最终实现用户体验感的优化和商业价值的最大化。

重点实务

在实务操作层面,本项目重点培养了学生的内容运营能力,涉及文案创作、海报设计、视频制作与编辑以及直播实施等。通过本项目的学习与实践,学生能够在旅游新媒体领域展现更高的专业素养和创新能力。

项目七
数据分析与优化决策

◇ **项目描述**

本项目旨在通过系统学习和实践旅游新媒体数据分析,使学生能够全面理解数据分析在旅游新媒体运营中的重要作用,掌握基本的数据分析方法与工具,以及深入采集、处理和分析运营数据的技能。通过本项目,学生能够评估旅游新媒体的运营效果,优化运营策略,并提升用户体验感和盈利能力。

◇ **项目目标**

知识目标	掌握旅游新媒体数据分析的核心概念、基本原理和方法;了解数据分析在新媒体运营中的应用场景和价值
能力目标	掌握数据分析方法的应用;新媒体数据分析平台的使用;运营效果评估与优化策略
素养目标	掌握数据采集与处理的标准流程;复杂数据分析方法的掌握与应用;基于数据洞察的策略制定与调整

◇ **学习难点与重点**

重点	旅游新媒体内容策划与推广策略、文案与视觉设计的创意表达、视频制作与直播的实战技巧
难点	如何精准把握用户需求与市场趋势,创作出既具创意又具实用性的旅游新媒体内容;如何在实战中灵活运用所学知识,提升内容的传播效果与转化率

◇ 项目导入

案例：【新榜研究院】2023年度文旅内容洞察报告

请仔细研读《2023年度文旅内容洞察报告》，分析该报告从哪些方面进行文旅新媒体内容的数据分析，并仔细阅读第五部分内容，谈一谈如何通过数据分析提升新媒体运营。

《2023年度文旅内容洞察报告》

工作任务1　旅游新媒体数据分析的认知

一、旅游新媒体数据的重要性与应用

（一）数据的核心价值及数据在新媒体中的角色

在数字化时代，数据被誉为"新石油"，其价值在于能够为企业和个人提供深入的洞察和决策依据。对于旅游新媒体而言，数据更具有举足轻重的作用。各种旅游平台每天都会产生海量的用户数据，包括用户的浏览记录、搜索行为、购买偏好、评论反馈等，这些数据蕴含着用户的真实需求和偏好，是优化产品和服务、提升用户体验感的关键。

数据的核心价值在于能够帮助旅游新媒体更精准地理解用户需求，从而实现个性化推荐和精准营销。通过对用户数据的挖掘和分析，旅游新媒体可以了解用户的兴趣、消费习惯和旅行偏好，进而为用户提供更加贴心、个性化的旅游产品和服务。这种基于数据的精准营销不仅可以提高用户满意度和忠诚度，还能有效提升新媒体的盈利能力和市场竞争力。

（二）数据分析在旅游新媒体运营中的作用

1. 洞察用户需求，精准定位服务

通过数据分析，旅游新媒体运营者可以深入了解目标用户的兴趣、需求和行为模式。例如：通过对用户搜索关键词的分析，可以了解用户对旅游目的地的偏好和旅游产品的需求；通过对用户浏览和购买记录的分析，可以发现用户的消费习惯和旅行偏好。这些洞察可以帮助新媒体更加精准地定位服务，为用户提供更加符合其需求和偏好的旅游产品和服务。

2. 评估营销效果，提升盈利能力

数据分析可以帮助旅游新媒体运营者评估各种营销策略的效果，包括广告投放、促销活动、合作伙伴选择等。通过对比不同策略下的用户转化率、销售额和利润等指标，旅游新媒体运营者可以找出有效的营销策略，优化资源分配，从而提升盈利能力。此外，数据分析还可以帮助旅游新媒体运营者发现潜在的市场机会和竞争优势，为制定更加有效的营销策略提供决策支持。

3. 优化运营策略，提升用户体验感

数据分析可以揭示运营中的问题和不足，为优化运营策略提供支持。例如：通过对用户留存率、活跃度等指标进行分析，旅游新媒体运营者可以发现用户在使用新媒体平台时遇到的障碍和不便；通过对用户反馈和评论的分析，旅游新媒体运营者可以了解用户对产品和服务的满意度和改进建议。这些发现可以帮助旅游新媒体运营者有针对性地优化运营策略，提升用户体验感和满意度。

（三）新媒体数据分析流程

1. 明确分析目的

在进行数据分析之前，旅游新媒体运营者要明确分析的目的和目标。不同的分析目的需要关注不同的数据指标和分析方法。例如：如果目的是评估营销效果，那么需要关注用户转化率、销售额等；如果目的是优化用户体验感，那么需要关注用户留存率、活跃度等。

2. 数据收集与处理

根据分析目的，旅游新媒体运营者要收集相关数据并进行整理。数据可以来自新媒体平台的自带数据中心，也可以来自第三方数据分析平台。在收集数据时，旅游新媒体运营者要注意数据的准确性、完整性和时效性。同时，旅游新媒体运营者还需要对数据进行清洗和预处理，去除异常值、重复值和无效值等。

3. 数据分析与挖掘

在数据收集和整理的基础上，旅游新媒体运营者要运用合适的分析方法对数据进行深入分析和挖掘。这包括描述性统计分析、趋势分析、关联分析、聚类分析等。通过分析，旅游新媒体运营者可以发现数据中的规律和趋势，为决策提供依据。

4. 结果展示与报告撰写

将数据分析的结果以图表或文字的形式展示出来，便于理解和解读。同时，旅游新媒体运营者还需要撰写一份完整的数据分析报告，详细阐述分析过程、方法和结论。一个完整的数据报告应至少包含以下六部分：第一，报告背景；第二，报告目的；第三，数据基本情况（包括数据来源、数量、可靠性等）；第四，数据分组情况、分析方法；第五，分析结果图表展示；第六，报告结论（现状分析、预测趋势、优化策略）。这样可以让决策者更加清晰地了解数据分析的成果和价值。

二 基本数据分析方法介绍

（一）传统分析框架

1. 逻辑树分析法

逻辑树分析法是一种将复杂问题拆解成若干个子问题的方法，有助于更清晰地理解和解决问题。在旅游新媒体运营中，运营者可以运用逻辑树分析法来拆解用户增长的目标。

例如,将用户增长拆解为不同渠道的用户获取,再进一步拆解为各个渠道的具体策略和执行步骤。这样可以帮助运营者更有针对性地制订用户增长计划。逻辑树分析法如图7-1所示。

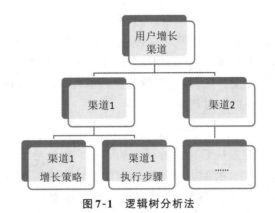

图 7-1　逻辑树分析法

2. PEST分析法

PEST分析法适用于宏观环境的分析,包括P(政治)、E(经济)、S(社会)、T(技术)四个方面。在旅游新媒体运营中,PEST分析法可以帮助运营者了解当前旅游行业的宏观环境,从而把握市场趋势和机遇。例如,通过分析政策环境可以了解政府对旅游业的支持政策,为运营活动提供政策依据;通过分析经济环境可以了解消费者购买力的变化,为定价策略提供参考。PEST分析法如图7-2所示。

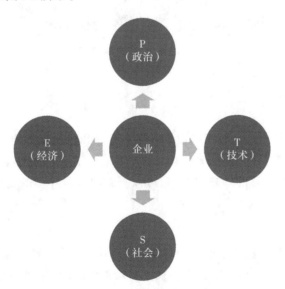

图 7-2　PEST分析法

3. 5W2H分析法

5W2H分析法是一种全面考虑问题的分析方法,包括为什么、做什么、何人做、何时、何地、如何以及多少七个方面。在旅游新媒体运营中,运营者可以运用5W2H分析法来规划运营活动。例如,在制定一次旅游推广活动时,需要明确推广的目的(为什么)、推广的内容(做什么)、推广的对象(何人做)、推广的时间(何时)、推广的渠道(何地)、推广的方式(如何)以及推广的预算(多少)。

4. SWOT分析法

SWOT分析法是一种评估企业内部条件和外部环境的方法,包括S(优势)、W(劣势)、O(机会)和T(威胁)四个方面。在旅游新媒体运营中,SWOT分析法可以帮助运营者全面了解企业的竞争态势和市场环境。例如:通过分析企业的优势可以明确核心竞争力;通过分析企业的劣势可以找到改进的方向;通过分析企业的机会可以把握市场发展的机遇;通过分析企业的威胁可以制定相应的应对策略。

5. 归因查找法

归因查找法是一种确定影响事件关键因素的方法。在旅游新媒体运营中,可以运用归因查找法来分析用户行为背后的原因和动机。例如:通过分析用户点击广告后的行为路径可以找出影响用户购买决策的关键因素;通过优化这些因素可以提升广告效果和转化率。归因查找法如图7-3所示。

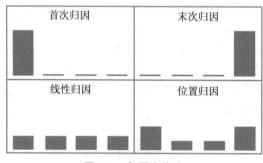

图7-3 归因查找法

(二)统计技术方法

1. 对比分析法

对比分析法是一种通过比较不同数据来揭示差异和变化规律的方法。在旅游新媒体运营中,运营者可以运用对比分析法来比较不同时间段的用户留存率、转化率等的变化情况。例如,通过比较上月与本月的用户留存率,可以了解用户留存率的变化趋势,从而分析原因并制定相应的优化措施。

2. 分组分析法

分组分析法是一种将数据按照某一特征属性划分为不同部分或指标的方法。在旅游新媒体运营中,运营者可以运用分组分析法来按照用户年龄段、性别、地域等特征进行划分,从而更深入地了解不同用户群体的需求和偏好。例如,通过分析不同年龄段用户的旅游偏好和消费习惯,可以为不同用户群体提供更精准的旅游产品和服务推荐。

3. 结构分析法

结构分析法是一种研究总体内各个部分与总体之间比值关系的方法。在旅游新媒体运营中,运营者可以运用结构分析法来分析用户构成、收入来源等。例如:通过分析用户构成可以了解不同用户群体在总体中的占比情况;通过分析收入来源可以了解不同收入渠道对总收入的贡献程度。

4. 矩阵分析法

矩阵分析法是一种将多个指标组合成一个矩阵进行综合分析的方法。在旅游新媒体运营中,运营者可以运用矩阵分析法来评估不同旅游产品或服务的市场表现和竞争力。例如,通过构建一个包含用户满意度、价格、品质等多个指标的矩阵,运营者可以对不同旅游产品或服务进行综合评估,从而为优化产品组合和定价策略提供参考。矩阵分析法如图7-4所示。

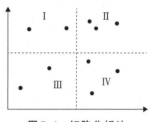

图7-4 矩阵分析法

5. 因素分析法

因素分析法是一种将综合性指标分解为可计量的因素并分析其对综合指标影响程度的方法。在旅游新媒体运营中,运营者可以运用因素分析法来分析影响用户满意度、转化率等的因素。例如:通过分析用户满意度的影响因素可以找出提升用户满意度的关键点和改进措施;通过分析转化率的影响因素可以优化转化路径和提升转化率。

6. 漏斗分析法

漏斗分析法是一种评估业务流程中各阶段转化情况的方法。在旅游新媒体运营中,运营者可以运用漏斗分析法来分析用户从浏览到购买的整个流程中的转化情况。例如:通过分析用户在不同阶段的转化数量可以找出流失的环节和原因;通过优化转化路径可以提升用户购买率和客单价。漏斗分析法如图7-5所示。

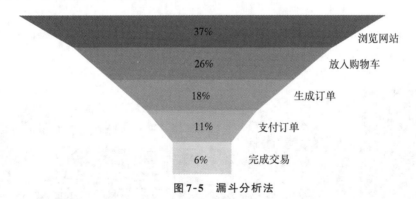

图7-5 漏斗分析法

三 常用新媒体分析工具

（一）Excel与Power-BI

Excel作为入门级的数据分析工具,在旅游行业新媒体运营中发挥着重要作用。运营者可以利用Excel创建表单,记录用户数据、旅游产品销售情况等,通过数据透视表对数据进行汇总和分析。例如,运营者可以统计不同旅游线路的销量和用户评价,从而优化产品组合和提升用户满意度。

Power-BI作为一种商业智能工具,在旅游行业新媒体运营中也有着广泛的应用。运营者可以利用Power-BI将多种数据源进行集成和分析,包括用户行为数据、市场趋势数据等。通过Power-BI提供的可视化图表和报告,运营者可以直观地了解用户偏好和市场动态,为制定精准的营销策略提供数据支持。

(二) Python与R语言

Python在旅游行业新媒体运营中有着广泛的应用。运营者可以利用Python进行爬虫操作,获取旅游网站的用户评论、价格等,为数据分析提供数据源。同时,Python还具备强大的数据处理和分析能力,运营者可以利用Python对数据进行清洗、转换和建模等,从而挖掘更多有价值的信息。

R语言作为一种统计分析工具,在旅游行业新媒体运营中有着一定的应用。运营者可以利用R语言进行用户行为分析、市场趋势预测等。例如,运营者可以利用R语言对用户评论进行情感分析,了解用户对旅游产品的满意度和反馈意见,为产品改进提供参考。

(三) 专业新媒体数据分析平台

1. 新榜平台

新榜平台是一个综合性的内容产业服务平台,在旅游行业新媒体运营中也有着广泛的应用。运营者可以通过新榜平台查看旅游类微信公众号、抖音号等新媒体账号的榜单数据和发布规律,了解同行业竞争对手的运营情况和用户喜好。例如,运营者可以分析同行业优秀账号的发布内容和互动方式,从而借鉴其成功经验并优化自己的运营策略。新榜平台如图7-6所示。

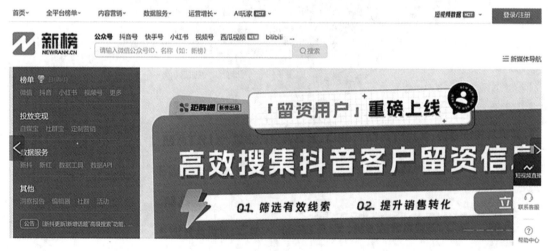

图7-6 新榜平台

2. 百度指数

百度指数是用户在百度搜索中搜索关键词的产物,是现在互联网数据时代的一个非常重要的数据统计和数据分析平台,它能反映在过去30天内关键词的用户关注度、用户搜索习惯等,还可以自定义时间查询,在旅游行业新媒体运营中也有着广泛的应用。运营者可以通过百度指数了解用户对旅游的关注度和搜索习惯,从而把握市场动态和用户需求。例如,运营者可以分析旅游目的地的搜索趋势和用户需求变化,为制定精准的营销策略提供参考。

同步案例7-1:利用百度指数精准打造相关话题

通过查看百度指数中关键词的趋势研究(见图7-7)、需求图谱(见图7-8)和人群画像(见图7-9),运营者不仅可以了解关键词的热门程度,还能清楚地了解搜索该关键词的相关人群特征。这样运营者便可以结合关键词来打造相关话题,更好地吸引目标人群的关注,提升内容和产品的营销效果。

图7-7 趋势研究

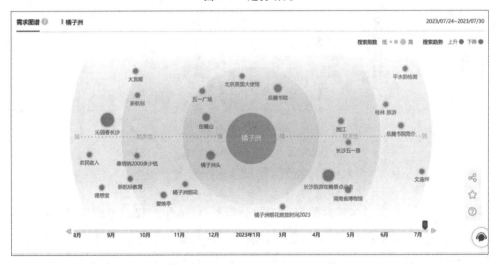

(a)

图7-8 需求图谱

(b)

续图7-8

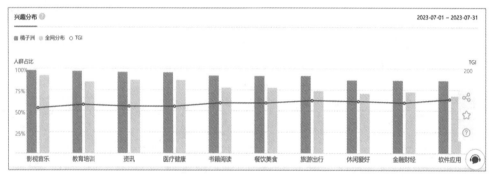

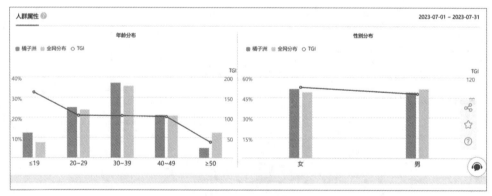

图7-9　人群画像

3. 灰豚数据

灰豚数据是一款提供多平台数据监测的分析工具，为用户提供了淘宝、抖音、快手以及小红书共四种版本的数据分析，运营者可以利用灰豚数据查看旅游商品在以上平台的销售数据，了解用户购买行为和消费偏好。例如，运营者可以分析旅游商品的销量和价格走势，为制定合理的定价策略和促销活动提供参考。灰豚数据主页如图7-10所示。

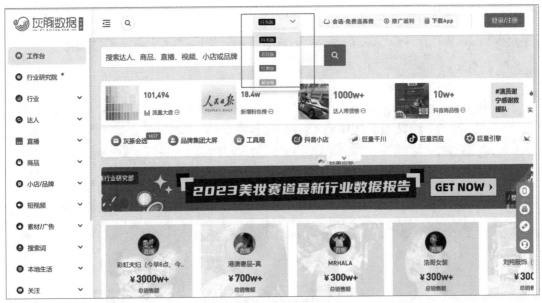

图 7-10　灰豚数据主页

4. 蝉妈妈

蝉妈妈是一款垂直于抖音和小红书的数据分析平台，在旅游行业新媒体运营中有着广泛的应用。运营者可以利用蝉妈妈查看旅游相关短视频和笔记的播放量、点赞数等，了解用户对不同类型内容的偏好和互动行为。例如，运营者可以分析热门旅游短视频的拍摄手法和内容创意，为制作更具吸引力的短视频内容提供灵感。蝉妈妈主页如图 7-11 所示。

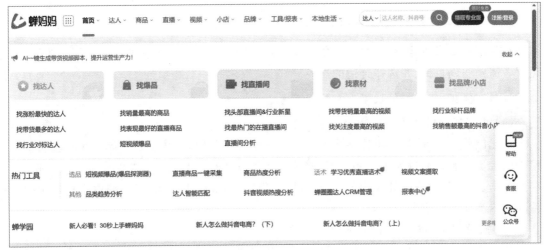

图 7-11　蝉妈妈主页

5. 神策数据

神策数据是一款深度分析用户行为的工具，运营者可以利用神策数据对用户行为进行全面采集和建模，构建用户数据体系，从而深入了解用户的偏好和需求。例如，运营者可以分析用户在旅游网站上的浏览路径和购买行为，为优化网站布局和提升转化率提供参考。

神策数据主页如图7-12所示。

图7-12　神策数据主页

工作任务2　旅游新媒体数据采集与分析

一　数据采集与处理

（一）确立数据采集目标与途径

在旅游业新媒体运营中，数据采集是至关重要的一环。为了确立有效的数据采集策略，运营者需要明确目标，并选择合适的途径。

1.社交媒体、旅游网站及第三方数据来源

（1）主流社交媒体平台的数据采集方法。

对于旅游业来说，社交媒体平台上的用户评论、点评等是旅游企业了解市场需求和用户口碑的宝贵资源。通过采集这些数据，旅游企业可以及时了解用户反馈和行业趋势。例如，利用微博、抖音等社交媒体平台的API（应用编程接口）或爬虫技术，可以获取用户发布的旅游相关内容和互动数据。

（2）旅游网站用户生成内容的收集与整理。

旅游网站上的用户生成内容，如游记、攻略、点评等，也是重要的数据来源。通过采集这些内容，旅游企业可以了解用户的旅游偏好、消费习惯以及满意度等。例如，利用爬虫技术从携程、去哪儿等旅游网站上抓取用户的游记和点评数据，并进行整理和分析。

（3）第三方数据来源的挖掘与合作策略。

除了社交媒体和旅游网站，旅游企业还可以考虑从第三方数据源获取相关信息。例如：与天气预报、地图导航等服务商合作，获取与旅游相关的实时数据；或者利用公开数据库中的旅游类数据,进行深度挖掘和分析。一般情况下,国家统计局网站,会提供不同时期的数据。中国统计信息网汇集了海量的全国各级政府各年度国民经济中与旅游相关的数据。

2. 网络爬虫和信息采集器的合理使用

网络爬虫和信息采集器是自动化数据采集的重要工具。在旅游业新媒体运营中,可以合理利用这些工具来提高数据采集的效率和准确性。例如:使用八爪鱼采集器、火车采集器等,从相关网站上抓取所需的旅游数据;或者利用自定义的爬虫程序,针对特定目标进行精准的数据抓取。

(二)数据处理的标准流程

1. 数据清洗:去重、纠错、格式统一

旅游企业要对原始数据进行清洗,包括去除重复数据、纠正错误数据以及统一数据格式等。例如:对于从多个来源采集到的旅游评论数据,需要进行去重处理,避免重复计算;同时还要纠正拼写错误、格式不规范等,确保数据的准确性。

2. 数据整合:多源数据合并与关联

在清洗完数据后,旅游企业要将来自不同源的数据进行整合和关联。例如,将社交媒体上的用户评论数据与旅游网站上的用户行为数据进行整合,以便更全面地了解用户的旅游需求和偏好。这可以通过字段匹配、数据映射等方式实现。

3. 数据标准化:构建统一指标体系

旅游企业要对整合后的数据进行标准化处理,构建统一的指标体系。这包括定义统一的度量单位、数据范围和数据格式等。例如:对于旅游收入数据,可以统一采用"万元"作为度量单位;对于用户满意度数据,可以设定一个标准的评分范围(如1—10分),以便进行跨数据源的比较和分析。

二 用户维度数据分析

(一)用户画像构建

在旅游业新媒体运营中,用户画像的构建是了解用户需求、偏好和行为模式的关键。通过收集用户的年龄、性别、地域、职业、收入等信息,以及旅游偏好、消费习惯、社交媒体行为等信息,旅游企业可以形成全面而细致的用户画像。

例如,一个典型的旅游爱好者画像可能是:30—40岁的城市白领,喜欢自然风光和历史文化,偏好高品质的酒店和特色美食,经常在社交媒体上分享旅游经历。这样的画像可以帮助旅游企业更精准地定位目标用户,提供符合目标用户需求的旅游产品和服务。用户画像分析分级指标体系如图7-13所示。

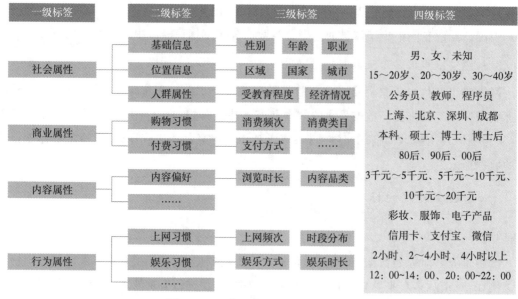

图 7-13 用户画像分析分级指标体系

1. 用户偏好的挖掘

通过挖掘用户的旅游偏好，旅游企业可以发现用户的兴趣点和需求点，为产品设计和营销活动提供有力支持。例如，通过分析用户的搜索记录、浏览行为、评论内容等，旅游企业可以了解用户对旅游目的地的偏好、对酒店和交通的选择标准、对旅游活动的兴趣等。

2. 用户行为的追踪

追踪用户行为可以帮助旅游企业了解用户在使用产品过程中的行为路径、停留时间、转化率等，从而优化旅游产品并提高用户体验感。例如，通过追踪用户在旅游网站上的浏览路径和点击行为，旅游企业可以发现用户在使用过程中的痛点和需求点，进而对网站进行优化和改进。

3. 价值分层的依据

根据用户的价值贡献和潜力，旅游企业可以将用户进行分层管理，实现精细化运营。例如，可以将用户分为高价值用户、潜力用户和一般用户三个层次，针对不同层次的用户制定不同的营销策略和服务标准，以提高用户满意度和忠诚度。

（二）用户行为路径

了解用户行为路径对于优化用户体验感和提高转化率具有重要意义。在旅游业新媒体运营中，用户行为路径通常包括触达渠道、转化过程和后续行为三个阶段。

1. 用户触达渠道的有效性

分析用户触达渠道的来源和效果，可以帮助旅游企业评估不同渠道的引流能力和用户质量。例如，通过比较不同社交媒体平台、广告投放渠道和合作伙伴带来的流量和用户转化率，可以优化渠道策略，提高引流效果。

2. 用户转化过程中的关键节点

识别用户转化过程中的关键节点和影响因素，有助于旅游企业有针对性地优化旅游产品和服务。例如,在旅游预订过程中,用户可能因为价格、行程安排、酒店选择等影响因素而放弃预订。通过分析这些关键节点和影响因素,旅游企业可以改进旅游产品并提高服务质量,降低用户流失率。

3. 后续行为提升用户转化率的方法

提升用户转化率是旅游企业实现业务增长的关键。在旅游行业新媒体运营中,旅游企业可以通过优化产品设计、提高服务质量、加强用户互动等方式来提升用户转化率。例如,提供个性化的旅游推荐、优化预订流程、增加用户评价和分享功能等,都可以提升高用户的满意度和转化率。

三 内容维度数据分析

(一)内容有效性分析

在旅游业新媒体运营中,内容的质量和有效性对于吸引用户和提高转化率至关重要。因此,旅游企业需要对不同类型的内容进行受众接受度对比和内容形式创新的实践与效果评估。

1. 不同类型内容的受众接受度对比

通过分析不同类型的内容(如旅游攻略、景点介绍、用户游记等)的浏览量、点赞数、评论数等,旅游企业可以了解受众对不同类型内容的接受度和偏好。

2. 内容形式创新的实践与效果评估

尝试采用新的内容形式(如短视频、直播等)可以吸引用户的注意力并提高互动率。通过对比传统内容形式和创新内容形式的浏览量、点赞数、分享数等,旅游企业可以评估创新内容形式的效果和受众接受度,为旅游企业未来的内容创新提供参考。

(二)传播效果分析

1. 流量来源的构成与变化趋势分析

通过分析流量来源的构成(如直接访问、搜索引擎、社交媒体等)和变化趋势,旅游企业可以了解用户访问网站的途径和习惯,以及不同渠道的引流效果。这有助于旅游企业优化渠道策略,提高流量质量和转化率。

2. 传播深度的衡量标准与提升策略

传播深度是指用户在接收到信息后产生的深层次互动和传播行为。衡量传播深度的标准可以包括用户的停留时间、阅读深度、评论质量等。通过优化内容质量、提高用户体验感和加强用户互动等方式,旅游企业可以提升传播深度和用户忠诚度。

3. 传播广度的拓展途径

传播广度是指信息在社交媒体上的传播范围和影响力。拓展传播广度的途径可以包括增加社交媒体平台的覆盖面、提高内容的分享率和转发率等。

四 平台与渠道维度分析

(一)各新媒体平台特性与用户契合度

不同新媒体平台具有不同的特点和优势,用户群体和使用习惯也存在差异。因此,旅游企业需要对各新媒体平台进行特性分析和用户契合度评估。

1. 主流新媒体平台的特点与优势比较

通过比较主流新媒体平台(如微信、微博、抖音等)的特点和优势,旅游企业可以了解不同新媒体平台的用户群体、内容形式和传播效果。这有助于旅游企业选择适合自身业务和目标用户的新媒体平台进行合作和推广。

2. 用户契合度的评估方法与提升策略

用户契合度是指用户与新媒体平台之间的匹配程度和互动深度。评估用户契合度的方法可以包括用户活跃度、留存率、互动率等。通过优化功能、提高内容质量和加强用户互动等,旅游企业可以提升用户契合度和忠诚度。

(二)流量获取成本与投资回报率评估

在旅游业新媒体运营中,渠道优化是提高流量质量和降低获客成本的关键。因此,旅游企业需要对流量获取成本和投资回报率进行评估和优化。

1. 流量获取成本的计算与控制技巧

流量获取成本是指旅游企业为获取新用户所花费的成本。通过计算不同渠道的流量获取成本并进行比较,旅游企业可以找出成本较低的渠道进行重点投放。同时,采用一些控制技巧(如精准定位目标用户、提高广告创意质量等)可以降低流量获取成本。

2. 投资回报率的衡量标准与优化方向

投资回报率是指旅游企业在新媒体运营中获得的收益与投入成本之间的比率。衡量投资回报率的标准包括转化率、客单价、复购率等。通过优化产品设计、提高服务质量和加强用户互动等,旅游企业可以提高投资回报率和盈利能力。同时,旅游企业可根据投资回报率的实际情况调整渠道策略和内容策略,提高运营效果。

工作任务3 运营效果评估及提升

一 抖音短视频数据分析

从微观角度来看,抖音短视频数据分析,是指根据短视频的播放量、点赞量、评论量、分享量以及涨粉数,对账号内容和发布情况进行调整,包括视频主题、内容、文案、类型、封面、标题等。从宏观角度来看,短视频数据分析需要从多个方面入手,包括搜索数据分析、账号数据分析、视频数据分析、同行数据分析、粉丝数据分析、热门视频分析。

（一）深入理解抖音算法机制

抖音的算法是漏斗机制,去中心化的推荐算法,分为四个步骤,即双重审核、冷启动曝光、数据加权、精品推荐池。抖音视频质量算法如图7-14所示。

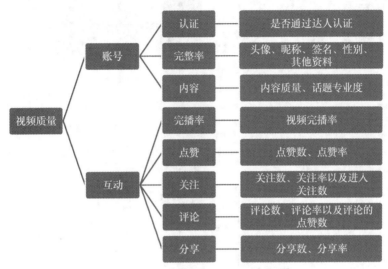

图 7-14　抖音视频质量算法

1. 双重审核流程

短视频内容必须严格遵守新媒体平台规则,避免违规行为。机器和人工的双重审核,可以确保短视频内容的合规性,同时避免重复内容出现。机器一般是通过提前设置好的人工智能模式来识别视频画面和关键词,机器主要有两个关键作用:审核作品、文案是否有违规行为,如果疑似存在违规行为,就会被拦截进入人工审核阶段;抽取短视频画面,帧节点与大数据匹配,如内容重复,系统会对该短视频进行低流量池推荐或者降权等操作。人工审核主要是对机器审核筛选出来的作品进行二次审批,如确定违规,将会对短视频进行降权通告、封号等处罚。

2. 冷启动曝光

每个上传的旅游视频都会获得一定的初始曝光量,这是测试视频受欢迎度的关键阶段。例如,每天在抖音上有100人上传视频,抖音会随机给每个视频设置一个平均曝光量的冷启动流量。上传的短视频,通过了双重审核,系统将会分配一个初始流量池。

3. 数据加权与精品推荐池

短视频通过审核后,新媒体平台会把短视频放入流量池,也就是给短视频第一次推荐流量池。流量池又分为三个级别:冷启流量池、中级流量池以及精品流量池。一开始抖音会利用200—1000的流量来测试视频的完播量、点击率等,依此来判断短视频的受欢迎程度,再看是否推入中级流量池。进入中级流量池后,新媒体平台就会把流量增加到1万—10万,这时,新媒体平台再根据点赞率、完播率、评论率、转发率来进行下一轮推荐的挑选。当短视频在中级流量池中表现优异时,将被推入精品流量池,获得更多的曝光机会,也就是100万左右的流量。抖音分发机制如图7-15所示。

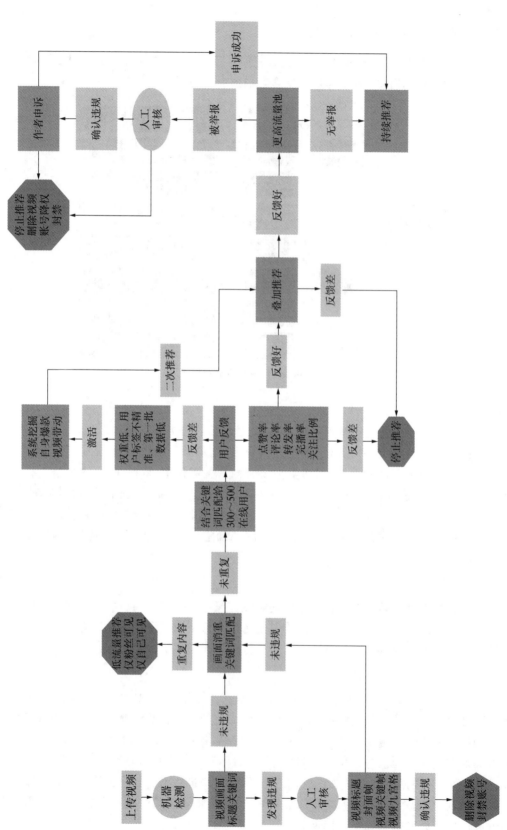

图 7-15 抖音分发机制

（二）抖音短视频核心指标解读

抖音短视频核心指标解读如表7-1所示。

表7-1 抖音短视频核心指标解读表

指标/内容	定义/重要性	与旅游行业新媒体运营的关系
完播率	短视频完整播放的比例，衡量内容的吸引力和质量	直接反映用户对旅游内容的感兴趣程度和观看意愿
点赞数	用户对短视频内容的喜爱和认可程度的体现	高点赞数短视频具有独特景点、美丽风景或实用攻略等元素
评论数	用户参与度和短视频互动性的衡量指标	引发用户热烈讨论和积极参与，如分享经验、提问等
收藏	用户保存短视频以便日后查看的功能	被收藏短视频具有较高的实用价值和观赏价值，例如攻略、景点介绍等
转发	用户将短视频分享至其他新媒体平台或好友的功能	被转发的短视频通常具有独特创意、有趣内容或实用信息
播放量	短视频播放的次数	与曝光量密切相关，高曝光量可能带来高播放量
曝光量	短视频被展示给用户的次数	高曝光量有助于提升短视频的播放量和影响力

（三）表现较好的旅游短视频内容特征剖析

1. 收藏量高的旅游短视频内容

收藏量高的旅游短视频内容通常具有以下特点。

（1）实用点多。

旅游短视频中包含大量的实用信息，如详细的旅游攻略、独特的景点介绍、当地美食推荐等。这些信息能够满足用户的实际需求，使用户在旅行过程中更加顺利和愉快。

（2）节奏快。

尽管内容实用，但旅游短视频的节奏很快，能够在短时间内传达大量的信息。这种快节奏的剪辑方式能够吸引用户的注意力，让用户在较短时间内获取所需信息。

（3）内容丰富。

由于旅游短视频中包含了大量的实用信息，用户可能一次无法完全了解。因此，用户可能会选择收藏旅游短视频，以便在需要时查看。

举例：一个介绍某个城市五天四晚详细旅游攻略的短视频，涵盖了住宿、交通、景点、美食等。旅游短视频节奏明快，大多数景点的介绍都简洁明了，同时还配有当地的美食推荐和交通指南。这样的旅游短视频很容易吸引用户收藏。

2. 转发量高的旅游短视频内容

转发量高的旅游短视频通常具有以下特点。

(1) 内容实用。

与收藏量高的旅游短视频相似,转发量高的旅游短视频也包含大量的实用信息。这些信息不仅对用户自己有用,还可能对用户的朋友或家人有用。

(2) 内容炫酷。

除了实用信息,转发量高的旅游短视频往往还具有一些炫酷的元素,例如独特的拍摄角度、炫酷的剪辑技巧或吸引人的配乐等。这些元素能够增强旅游短视频的观赏性,引发用户的分享欲。

(3) 紧跟热点。

转发量高的旅游短视频往往与当前的热点事件或话题相关。例如,某个热门景点的新发现、某个旅游目的地的特色活动等。这些内容能够引起用户的关注和兴趣,促使用户转发。

(4) 对朋友有帮助。

用户转发旅游短视频的一个重要原因是认为这个短视频对用户的朋友或社交圈有所帮助或有价值。因此,转发量高的旅游短视频通常具有一些社交价值或共享价值。

举例:一个介绍某个热门景点独特拍摄角度的旅游短视频,通过无人机拍摄和炫酷的剪辑技巧,展现了景点不同寻常的一面。这样的旅游短视频很容易引起用户的兴趣和分享欲,促使用户转发。

3. 评论量高的旅游短视频内容

评论量高的旅游短视频通常具有以下特点。

(1) 紧跟热点。

与转发量高的旅游短视频相似,评论数高的旅游短视频也往往与当前的热点事件或话题相关。这些内容能够引发用户的关注和讨论,促使用户发表自己的观点和看法。

(2) 用户参与性强。

评论量高的旅游短视频往往具有很强的用户参与性。例如,旅游短视频中提出的一些问题或话题,能够引导用户思考和讨论。这种参与性能够激发用户的积极性和归属感,促使用户发表评论。

(3) 可聊性强。

评论量高的旅游短视频通常具有一些可聊性强的元素。这些元素可能是旅游短视频中的某个细节、某个角色的表现或者某个情节的设置等。这些内容能够引发用户的讨论,增加旅游短视频的互动性和趣味性。

举例:一个介绍某个旅游目的地特色活动的旅游短视频,存在一些有趣的瞬间。这样的旅游短视频很容易引发用户的关注和讨论,促使用户发表自己的观点和看法。同时,旅游短视频制作者也可以在评论区与用户进行互动,进一步增加用户的参与感。

(四) 短视频数据优化方法

1. 提升短视频完播率

(1) 植入引导元素。

在旅游短视频中,巧妙地植入一些引导用户看到最后的元素,如悬念、预告或彩蛋提示等,这样可以增加用户的好奇心,促使用户完整观看视频。

例如,在旅游短视频的开头,可以加入"坚持看到最后,有惊喜等你哦!"的字幕提示,同时在旅游短视频结尾展示一个独特的美景或旅行小贴士作为彩蛋,吸引用户完整观看。

(2)打造垂直内容。

针对特定的旅游主题或受众群体制作垂直内容,这样可以提高旅游短视频的针对性和吸引力,从而增加旅游短视频的完播率。

(3)优化旅游短视频时长与节奏。

在确保内容质量的前提下,适当缩短旅游短视频的时长并优化节奏,这样可以避免用户因视频过长或节奏拖沓而失去兴趣。

例如,一个关于旅行攻略的旅游短视频,尽量删减掉没用的部分,精简为3分钟以内的精华内容,快速介绍旅游目的地的特色、交通、住宿等关键信息,保持节奏紧凑,提高用户的观看体验感。

(4)直奔主题。

旅游短视频的前几秒直接决定着该旅游短视频是否能够契合用户的兴趣点,因此先提高前5秒的完播率,开头不要拖沓直奔主题。只讲重点,不做铺垫。

2. 提升旅游短视频的点赞数

(1)结尾刺激点赞。

在旅游短视频结尾处,加入一些具有启发性或情感触动的内容,这样可以激发用户的共鸣和认可。把较具启发性的内容放在结尾,更能够触动用户的心弦,让用户认为这么好的旅游短视频内容必须点个赞,或者在结尾加入反转,给人一种出其不意、妙趣横生的感觉,认为旅游短视频有创意,值得点赞。

(2)视频中暗示点赞。

在视频过程中,相关工作人员可通过字幕、口播等方式暗示用户点赞,这样可以增加用户对点赞行为的认知度和参与度。

例如,在视频开头或者结尾3—5秒,相关工作人员可打出"大家给我点赞,双击视频给我一颗小红心"等的字幕。或者主播提醒用户点赞等。

(3)做优质的、有价值的内容,提醒用户点赞、收藏。

很多用户都会遇到,一个非常有用的短视频,当时看到,后来怎么也找不到了的情况,因此相关工作人员可以提醒用户点赞、收藏,这样用户有需要的时候能够方便地找到。

3. 提升旅游短视频的评论数

(1)增加信息量与话题性。

在旅游短视频中,相关工作人员可以提供丰富的信息点和具有话题性的内容,这样可以引发用户讨论和留言。

例如,一个关于不同国家旅游文化的对比旅游短视频中,可以展示各国独特的文化习俗,这样能够帮助用户了解不同国家的文化,从而增加评论数。

(2)互动引导评论。

在旅游短视频的中间或结尾处,增加引导用户在评论区留言和互动的模块,可以提高评论区的活跃度和用户的参与度。

例如,在旅游短视频的结尾处,可以加入"快来评论区分享你的旅行趣事吧!"的引导语,鼓励用户在评论区留言分享自己的旅行经历或感受。

4.提升用户的收藏量和转发量

(1)传递价值观与情感共鸣。

在旅游短视频中,传递积极、正能量的价值观和情感共鸣。一般,具有正能量且适当幽默、恰到好处地表达,都能获得用户的好感,从而增加用户收藏和转发的意愿。

(2)提供具有实用价值与独特性的内容。

一份小众旅游目的地的推荐清单、一份独特的旅游攻略,都可以成为对用户有用的东西,实用、有价值的旅游信息或独特、新颖的内容,都可以增加用户收藏和转发的动力。

二 微信图文数据分析

(一)微信公众号数据分析概览

微信公众号数据分析概览如表7-2所示。

表7-2 微信公众号数据分析概览

	分析要点	分析指标	分析目的
用户增长与活跃度	新增用户	日/周/月新增用户数	了解用户增长趋势,评估推广效果,优化渠道策略
	取消关注用户	日/周/月取消关注用户数	分析流失原因,优化内容或服务,制定挽回策略
	活跃用户	日/周/月活跃用户数	衡量用户黏性和互动程度,评估内容质量和用户满意度
内容阅读与传播	阅读量	文章总/平均阅读量	评估内容受欢迎程度和传播效果,优化内容策略和推广时机
	点赞量	文章总/平均点赞量	了解用户对内容的喜爱和认可程度,识别受欢迎的内容类型
	分享量	文章总/平均分享量	评估内容的传播能力和用户参与度,扩大内容影响力
菜单与接口的交互数据	菜单点击量	菜单/各菜单项点击量	分析菜单设置的合理性和用户行为,优化菜单布局和功能
	接口调用量	接口成功/失败调用次数	监控接口使用情况和性能,提升用户体验感,识别并解决潜在问题

(二)深入解读各项分析指标

1.用户分析指标

对于旅游行业的微信公众号而言,用户分析是了解受众的第一步。新增关注、取消关注、净增关注和累计关注人数等指标能够直观地反映微信公众号的吸引力和用户黏性。例如,若某微信公众号在推出一系列关于"夏日避暑胜地"的图文后,新增关注人数激增,说明这类内容对目标受众具有较强的吸引力。

用户属性数据,如性别、年龄、地域等,有助于描绘更清晰的用户画像。若分析发现微信公众号的关注者主要是集中在25—35岁的城市白领女性,那么在进行内容策划时可以更多地考虑这一群体的兴趣和需求,如推出针对她们的度假攻略、特色民宿等。

2. 消息分析指标

微信公众号的互动性对于提升用户体验感和增强用户黏性至关重要。消息分析中的关键词分析能够帮助运营者了解用户的兴趣点和需求点,从而优化微信公众号内容。例如,若用户频繁搜索关于"亲子游"的关键词,微信公众号可以有针对性地推出亲子游专题内容。

3. 菜单分析指标

菜单作为微信公众号的重要功能之一,其设置和使用情况直接影响用户体验感。通过菜单分析,运营者可以了解用户对哪些功能或服务较感兴趣,进而调整菜单的布局和内容。例如,若"旅游攻略"菜单项的点击率远高于其他菜单项,可以考虑将其放置在更显眼的位置或增加更多相关的子菜单项。

4. 微信公众号接口与网页分析

对于拥有后台接口和网页的微信公众号来说,接口分析和网页分析能够帮助提升内容质量和用户体验感。通过监测调用次数、失败率等指标,运营者可以及时发现并解决潜在的技术问题;而页面访问量的统计则有助于运营者了解用户对哪些页面或功能较感兴趣,为后续的内容优化提供依据。

5. 微信公众号涨粉分析

微信公众号涨粉分析对于评估微信公众号的运营效果至关重要。除了关注新增和取消关注人数,运营者还需要关注新增人数的变化趋势以及同比、环比的数据对比等。这些数据能够帮助运营者判断当前的运营策略是否有效,以及需要如何调整以吸引更多的目标用户。

6. 微信公众号用户画像分析

通过深入分析用户属性数据,如性别比例、地域分布、访问设备等,运营者可以绘制更精准的用户画像。这对于微信公众号来说尤为重要,因为不同地域、年龄和性别的用户可能对旅游目的地和服务有不同的偏好和需求。例如,北方用户可能更推崇冰雪旅游,南方用户可能更偏爱海滨度假。

(三)基于数据的图文内容优化建议

1. 提升内容质量与吸引力的方法

(1)深入了解目标受众。

通过分析用户属性和行为数据,运营者可以了解目标受众的旅游偏好、消费习惯等。例如,针对喜欢自驾游的用户群体,运营者可以推荐相关的自驾游路线和景点等。

(2)创作高质量的原创内容。

结合旅游行业的热点和趋势,运营者可以创作具有独特观点和深度的原创文章。例如,针对某一热门旅游目的地,运营者可以撰写一篇深入挖掘当地文化和特色的文章,吸引用户关注。

(3) 多媒体内容呈现。

利用图片、视频、音频等多媒体形式丰富内容呈现形式，提升用户的阅读体验感。例如，运营者可以制作一段关于旅游目的地的短视频，展示当地的风景和特色活动。

2. 优化标题与封面的策略

(1) 标题要吸引人。

使用具有吸引力和有悬念的标题，能够激发用户的好奇心。例如，"揭秘！这个旅游胜地竟藏着如此惊艳的美景！"这样的标题能够引发用户的阅读欲望。

(2) 封面图要美观且与内容相关。

选择高质量、美观且与内容相关的封面图，能够提高文章的点击率。例如，如果文章是关于海滨度假的，可以选择一张美丽的海滩图片作为封面图。

3. 增强用户互动与黏性的技巧

(1) 设置互动话题和投票。

在文章中设置互动话题和投票，能够引导用户发表观点和参与讨论。例如，可以就某一旅游话题发起投票，让用户选择自己喜欢的旅游目的地。

(2) 及时回复用户留言。

关注用户留言和反馈，及时回复并解决问题，提升用户满意度和忠诚度。例如，可以设置专门的客服人员负责处理用户留言和咨询。

(3) 举办线上活动。

定期举办线上活动，如抽奖、征文比赛等，这样能够吸引用户参与并分享给朋友。例如，可以举办一次"我的旅行故事"征文比赛，让用户分享自己的旅行经历并赢取奖品。

4. 定期评估与调整内容策略的步骤

(1) 分析数据。

定期分析微信公众号的阅读量、点赞量、分享量等，了解用户对内容的喜好和反应。同时，运营者也要关注用户的取消关注情况和留言反馈等信息。

(2) 调整内容策略。

根据数据分析结果，及时调整内容策略，优化内容质量和呈现方式。例如，如果发现用户对某一类型的内容反应热烈，可以适当增加该类型内容的发布频率和篇幅。

(3) 持续改进。

在运营过程中，运营者要不断学习和总结经验教训，持续改进微信公众号的运营策略和内容质量。同时，运营者也要关注行业动态和竞争对手的情况，及时调整自己的发展方向和策略。

(三) 直播数据分析

(一) 直播数据分析的意义与价值

1. 评估直播效果与预期目标之间的差距

通过直播数据分析，运营者可以直观地了解直播的观看人数、观看时长、互动情况等指标，从而评估直播效果是否达到预期目标。例如，某旅游机构通过直播推广一条新的旅游线路,预设的目标是吸引1000人观看并产生50次购买行为。通过直播数据分析,运营者发现实际观看人数达到了800人,购买行为仅有30次。这就说明此次直播效果与预期目标存在一定差距,需要进一步分析原因并优化策略。

2. 发现问题并优化直播策略

通过深入挖掘直播数据,运营者可以发现直播中存在的问题,如用户流失率高、互动率低等。针对这些问题,运营者可以制定相应的优化策略。以一家酒店为例,该酒店在直播中展示了房间设施、餐饮服务、周边景点等。通过直播数据分析,运营者发现用户对房间的设施和餐饮服务关注度较高,而对周边景点的介绍关注度较低。于是,酒店在后续的直播中增加了对房间设施和餐饮服务的详细介绍,并减少了对周边景点的介绍时长,有效提升了用户的观看体验感和满意度。

3. 直播数据分析有助于评估营销效果

通过对比直播前后的数据变化,运营者可以评估直播对品牌知名度、用户关注度、销售转化率等的影响。这有助于衡量直播营销的投入产出比,为后续的营销策略调整提供数据支持。例如,某旅游景点在直播推广后,通过直播数据分析发现其品牌搜索量、网站访问量和门票销售量均有显著提升。这表明直播营销取得了良好的效果,为该景点的品牌传播和销售业绩带来了积极影响。

4. 直播数据分析可以帮助运营者发现潜在问题和改进空间

通过细致分析直播数据,运营者可以发现用户流失的原因、互动率低下的症结等,从而有针对性地进行改进和优化。这有助于提升直播的整体质量和用户体验感。

随着直播在旅游行业的广泛应用,具备直播数据分析技能的运营者将更具竞争力。无论是在旅游企业还是自主创建的旅游自媒体,都能够利用数据分析提升直播效果,实现商业价值。

(二)直播数据分析的常见指标

直播数据分析常见指标概览如表7-3所示。

表7-3 直播数据分析常见指标概览

指标大类	指标小类	指标名称	分析意义
流量指标	人气指标	直播间累计观看人数	评估直播的曝光度和吸引力 衡量直播的独立观众规模
		直播间累计观看人数	衡量直播的独立观众规模
		最高在线人数	反映直播的实时热度和关注度
		平均在线人数	评估直播的稳定观众规模
	进入与离开	进入直播间人数	衡量直播的吸引力和入口流量
		离开直播间人数	分析观众流失的原因和时段

续表

指标大类	指标小类	指标名称	分析意义
互动指标	观众行为	平均停留时长	反映直播内容的吸引力和观众黏性
		评论次数	衡量观众参与度和讨论热度
		点赞次数	反映观众对直播内容的喜爱程度
	传播效果	转发次数	评估直播内容的传播范围和影响力
	粉丝互动	新增粉丝数	衡量直播对粉丝增长的贡献
		新加入粉丝团的人数	反映直播对粉丝团建设的促进作用
		本场掉粉数	分析粉丝流失的原因和直播表现
销售指标	商品表现	带货商品数	评估直播的销售能力和商品种类丰富度
		动销商品数	反映商品的销售活跃度和市场需求
	商品曝光与点击	商品曝光度	衡量商品在直播中的曝光效果
		商品点击数	反映观众对商品的兴趣和购买意向
转化指标	订单与成交	直播间成交额	直观反映直播的带货效果和盈利能力
		直播间成交人数	衡量直播的购买转化率和用户购买行为
		直播间成交件数	反映直播的销售规模和订单数量
	流量效率	千次观看成交金额(GPM)	评估直播流量的购买转化效率和盈利能力
	用户价值	每一个独立访客对网站或企业的价值(UV价值)	反映观众的质量、购买力和对直播的价值贡献
	购买力指标	直播看客单价	衡量观众的购买力和消费水平

(三)多角度直播数据诊断与优化

1. 用户角度分析

(1) 场观人次与人数:反映直播间的重复进入率和用户黏性。

数据表现:场观人次稳定,但人数增长缓慢。

优化方案:针对旅游行业特点,策划更多具有地域特色和互动性的直播内容,如邀请当地导游或民俗表演者参与直播,提升直播间的吸引力和用户黏性。例如,某直播间在推广某旅游目的地时,邀请当地知名导游进行实地直播,展示当地的风土人情和特色景点,场观人数和人次均能够大幅增长。

(2) 新老粉丝停留时长:衡量粉丝对直播间的忠诚度和对新用户的吸引力。

数据表现:新粉丝停留时长较短,老粉丝停留时长稳定。

优化方案:对于新粉丝,设置专属互动环节和欢迎仪式,如新粉丝专属优惠券、互动问答等,提升新粉丝的参与感和归属感;对于老粉丝,定期举办回馈活动,如积分兑换、VIP(重要人物)专属权益等,提升老粉丝的忠诚度。例如:在新粉丝进入某旅游直播间时,直播间会播放一段欢迎语并赠送一张景区门票优惠券,同时设置"新粉丝专属问答"环节,让新粉丝快速融入直播间;在老粉丝进入某旅游直播间时,则推出积分兑换旅游纪念品活动,这样能够有效提升新粉丝与老粉丝的停留时长。

(3) 互动数据:如点赞、评论等,反映用户参与度和直播间活跃度。

数据表现:评论和点赞数较低,用户参与度不高。

优化方案:增加互动环节,如设置话题讨论、投票选择等,引导用户积极参与;同时,主播也要积极回应用户反馈,形成良好的互动氛围。例如,某旅游直播间在直播过程中,设置"你较想去的旅游目的地"投票环节,并邀请用户在评论区分享自己的旅游经历或愿望清单,主播则根据用户分享进行互动点评和推荐,这样能够有效提升直播间的评论数和点赞数。

2. 带货角度分析

(1) 带货转化率:体现直播间的销售能力和产品吸引力。

数据表现:带货转化率较低,用户购买意愿不强。

优化方案:优化产品介绍和展示方式,如制作更吸引人的产品海报、视频等;同时,提供更具吸引力的价格和优惠政策,如限时折扣、满减优惠等。例如,某旅游直播间在推广某旅游线路时,制作了一段精美的旅游视频并在直播间循环播放,同时推出"早鸟价"和"满减优惠"活动,带货转化率大幅提升。

(2) 商品曝光率、点击率:反映商品在直播间的展示效果和用户兴趣。

数据表现:商品曝光率较高,但点击率较低。

优化方案:优化商品标题和描述,使其更符合用户搜索习惯和需求;同时,提高主播的讲解能力和专业性,提升用户对商品的信任度。例如,某旅游直播间针对用户搜索习惯,优化了商品标题和描述中的关键词布局,并邀请具有专业旅游知识的主播进行详细讲解和推荐,商品点击率显著提升。

(3) 付款率:体现用户下单后的实际支付情况。

数据表现:付款率较低,用户下单后未完成支付。

优化方案:简化购买流程和支付方式,提供多种支付渠道和便捷性服务;同时,加强用户下单后的催付工作,如发送支付提醒短信或客服跟进等。例如:某旅游直播间在支付环节提供了多种支付方式选择,并优化了支付流程,减少了用户操作步骤;同时,设置了下单后15分钟内未付款的自动提醒功能,有效提高了付款率。

3. 运营角度分析

(1) 涨粉数:反映直播间的用户增长情况和账号发展潜力。

数据表现:涨粉数增长缓慢,用户关注度不高。

优化方案:加强社交媒体和其他平台的推广合作,如与旅游达人、意见领袖等合作推广;同时,提高直播内容的品质和多样性,吸引更多潜在用户关注。例如:某旅游直播间与知名旅游博主进行合作推广,博主在其社交媒体上分享直播间链接和内容预告,吸引了大量粉丝关注和转发;同时,直播间也增加了更多有趣的旅游话题和互动环节,涨粉数显著提升。

(2)总场观:体现直播间的整体观看规模和用户覆盖范围。

数据表现:总场观较低,用户覆盖范围有限。

优化方案:提高直播频率和时长,增加用户观看机会;同时,利用短视频、社交媒体等渠道进行预告和引流,扩大用户覆盖范围。例如:某旅游直播间增加了直播频率和时长,每天固定时间进行直播并与用户互动;同时,在短视频平台上发布预告视频和精彩片段,吸引更多用户进入直播间。

(3)流量占比来源:了解用户来源渠道,有助于优化推广策略。

数据表现:流量来源单一,缺乏多样性。

优化方案:拓展多种流量来源渠道,如合作推广、社交媒体引流、付费广告等;同时,根据不同来源的用户特点进行定制化内容和互动设计。例如:某旅游直播间在多个社交媒体平台上建立官方账号并进行内容同步更新和互动;同时,与旅游网站合作进行推广引流,并针对不同来源的用户制定不同的互动策略和内容安排,有效提升了流量来源的多样性。

(4)退货率:反映用户对产品的满意度和店铺的服务质量。

数据表现:退货率较高,用户满意度低。

优化方案:提升产品质量和服务水平,如加强产品筛选和质检工作、优化售后服务流程等;同时,加强用户教育和引导,如设置详细的产品说明和使用指南等。例如:某旅游直播间在推广旅游产品时,加强了对供应商的筛选和产品质量把控工作;同时,在直播间和商品详情页中设置了详细的产品说明、使用指南以及售后服务流程等信息,有效降低了退货率并提升了用户满意度。

项目课后

教学互动

(1)如何确立有效的数据采集目标与途径?
(2)在旅游新媒体数据分析中,哪些指标较能反映用户行为和运营效果?
(3)如何运用数据分析工具提升旅游新媒体的流量获取能力和转化能力?
(4)基于数据洞察,旅游新媒体应如何调整内容策略以优化用户体验感?

项目实训

实训项目	自媒体数据分析
实训准备	根据项目一、项目二、项目三、项目四、项目五、项目六的课后实训成果,进行本项目实训

续表

实训项目	自媒体数据分析
实训要求	（1）根据项目六收集包括但不限于以下数据：完播率、阅读量、点赞数、分享量、评论数、收藏、转发、新增用户、累计观看人数、平均停留时长等； （2）分析数据，写出优化方案
实训成果	撰写基于数据分析的优化方案
评价方式	学生自评、互评与教师评价相结合，并进行新媒体运营实践

项目小结

内容提要

本项目围绕数据分析与优化策略展开，系统介绍了数据分析在旅游新媒体领域的应用价值和应用方法。通过理论学习与实践操作相结合的方式，深入探讨了数据驱动的运营策略制定与优化方法。本项目涵盖了从数据采集、处理到分析的全过程，以及基于数据洞察的运营决策技巧。

核心概念

本项目的核心概念包括数据分析、旅游新媒体和运营优化。数据分析是指通过统计、挖掘等技术手段，从海量数据中提取有价值的信息和规律。旅游新媒体则是指利用互联网和移动技术，为旅游行业提供信息传播、营销推广等服务的数字媒体平台。运营优化则是基于数据分析结果，对旅游新媒体的运营策略进行持续调整和优化，以提升用户体验感和盈利能力。

重点实务

在实务方面，本项目重点强调了数据采集、处理和分析的标准流程和方法。通过实践操作，学生能够掌握使用Excel、Power-BI等工具进行数据处理和可视化的技能，以及运用逻辑树、对比分析、漏斗分析等方法进行深入数据分析的能力。此外，本项目还介绍了专业新媒体数据分析平台如新榜平台、百度指数等的使用技巧，帮助学生更好地了解行业动态和竞争态势。

项目八
旅游新媒体运营安全与提升

◇ 项目描述

本项目旨在全面且深入地探讨旅游新媒体的发展趋势与管理策略。通过本项目的学习,学生能够掌握网络安全防范措施、舆情管理机制以及网络空间主流意识形态建设方法,同时了解新技术如何赋能旅游新媒体,以及各类旅游企业如何运用新媒体提升服务质量和品牌影响力。

◇ 项目目标

知识目标	掌握网络安全、舆情管理、意识形态建设的基础理论和专业知识
能力目标	提升在新媒体环境下进行旅游舆情监测、危机应对和内容创新的能力
素养目标	具有网络文明素养,能够在网络空间中积极传播正能量,维护健康向上的旅游网络环境

◇ 学习难点与重点

重点	新媒体时代下的旅游舆情管理机制构建、网络空间主流意识形态建设的方法与策略
难点	如何有效运用新技术赋能旅游新媒体发展,以及在实际操作中如何精准把握小众市场并实现垂直细分

◆ 项目导入

案例：2023中国新媒体蓝皮书发布 聚焦中国新媒体发展十大未来展望

2023年7月21日，中国社会科学院新闻与传播研究所与社会科学文献出版社共同发布了《新媒体蓝皮书：中国新媒体发展报告No.14（2023）》（以下简称《蓝皮书》）。《蓝皮书》是由中国社会科学院新闻与传播研究所主持编撰的关于新媒体发展的年度报告，分为总报告、热点篇、调查篇、传播篇和产业篇五部分，全面分析中国新媒体发展状况，解读新媒体发展趋势，总结新媒体发展问题，探索新媒体对社会发展的深刻影响。

《蓝皮书》概括了2022年以来面对全面建设社会主义现代化国家的宏观任务与党的二十大报告顶层规划，数字化、智能化、移动化特征加速新媒体转型升级，我国网络和新媒体发展呈现以下特点：数字中国战略持续赋能智慧城市建设与数字乡村规划，全媒体传播建设朝着体系化方向前进；数字经济效益不断增加，网络监管逐渐规范化、细节化；适老化媒体探索与未成年人入网问题成为新媒体关注要点；短视频行业持续发力，技术赋权媒体内容生产流程加速转型，元宇宙等新兴产业阵地成为新媒体争夺要塞；网络空间命运共同体理念不断深化，出版融合不断加深，"Z世代"（新时代人群）深刻影响新媒体话语语态。聚焦中国新媒体未来发展，《蓝皮书》做出了以下展望。

1. 智慧城市建设打通基层治理链条

以数字化技术助力城市运营与管理的智慧城市建设，已成为我国当前和未来数字化发展的必然走向。从数字城市走向智慧城市，后者不仅推动服务型政府的形成，更从民生、公共安全、工商活动等多个角度打通基层治理的各个环节，构建社会综合治理的便捷路径。

2. 数字经济成为经济结构转型的主要方面

"我国经济已由高速增长阶段转向高质量发展阶段"，这既是新时代经济发展的基本特征，也是未来发展的根本要求。在数字化、智能化、移动化等技术背景下，数字经济发展成为当前乃至未来主流趋势，是经济结构转型的主要内容。同时，针对特定群体的新业态成为数字经济发展的行业风口，拓宽了数字应用上限，支撑数字经济做优做强。比如，适应老年人群体的"银发经济"、对应年轻人的"Z世代"经济等，既弥合了部分群体的数字鸿沟，也优化了经济发展模式，实现数字化成果的全民共享。

3. 新媒体内容生产更加垂直细分

新媒体内容生产类型持续多元化，在具体实践中不断提升媒体内容的创新能力，积极开拓垂直领域，使内容细分程度更高，满足用户多样化需求。同时，技术为内容表现形式持续赋权，增强内容观感，提升内容的传播力、影响力。以短视频为代表的新媒体内容生产，开辟了大量具备专业化属性的细分领域，延长了用户的屏幕停留时间，增强了用户黏性，结合AR（增强现实）、VR（虚拟现实）、人工智能、大数据等技术的应用，以多样化的内容呈现提升用户兴趣和互动意愿，最终提升内容效益。

4. 区域一体化建设助力全媒体传播体系格局

全媒体传播体系建设强调四级融媒体中心相互串联、互帮互助的融合架构，区域一体化在行政地理划分的基础上，为融媒体中心建设提供体系化思路，发展和夯实了四级融媒体中心结构，丰富全媒体传播体系建设成果。目前，我国在建立健全县级融媒体中心的基础之上，狠抓地市级融媒体中心建设，增强全媒体传播体系中的"腰部力量"，发挥地市级媒体上传下达、中部突围的关键作用，以区域一体化建设为基础，形成具有规模效应和品牌效应的地区品牌，聚合融媒体传播效力，完善全媒体传播体系。

5. 媒体融合规范化程度更高

在技术驱动和网络生态不断变革的当下，我国媒体融合发展已从"野蛮生长"转变为规范化、标准化运营。为应对互联网空间新形态和舆论引导需求，解决融合中的各种挑战和问题，传媒产业在转型升级发展的同时也不断细化内容，构建体系化、科学化的媒体融合范式。比如，社会效益与经济收益之间的权衡、技术赋权与内容守正之间的平衡、传统媒体体制与新媒体改制之间的困境等，都需要从不同现实背景和不同主体出发，解决智能传播时代的伦理问题，增强媒体融合内容的规范性和引导力。

6. 主流意识形态与网络舆论空间治理加强

党的二十大报告强调，要"牢牢掌握党对意识形态工作领导权，全面落实意识形态工作责任制，巩固壮大奋进新时代的主流思想舆论"，从顶层设计层面强调意识形态工作的重要性和紧迫性。数字化进程加速网络空间意见流动，滋生如网络暴力、网络谣言等互联网乱象，同时各级别媒体融合发展存在差距，舆论引导能力仍有待提升。我国应进一步从顶层设计到基层执行层面加强价值引领，创新工作方法、调整媒体框架，使内容生产与前沿技术相结合，增强监管约束力，使数字技术真正赋权网络空间舆论治理。

7. 全媒体传播人才培养成果显著

我国人才结构不断调整优化，基于全媒体传播体系建设需求，应加强"专业+技术"双重人才培养，大量吸纳具备跨学科能力的全媒体人才，提升新媒体人的舆论感知力和内容创造力，增强融媒体中心的综合实力。一方面，各大媒体集团加强与传媒高校的合作，同时组建智库团队，从专业化角度夯实新闻内容生产的业务基础。另一方面，融媒体中心积极推进人才结构优化，突破以从业资历为维度的单一规则限制，鼓励制度创新，激发人才对新媒体内容的探索和实践。

8. 文化产品更具中国文化特色

增强中华文明传播力和影响力是我国新时代背景下对外文化传播的重要目的。构建中国话语和中国叙事体系，讲好中国故事、传播好中国声音，展现可信、可爱、可敬的中国形象是新媒体内容创新的重要方向。中国不断增强文化产品的创作活力，实现内容创新、形式创新和管理机制创新"三位一体"，凸显中国文化特色，利用数字化技术赋能优质文化"走出去"。未来文化产业应持续根植于中华文化，加强本土化转向，顺应中国式现代化进程，建成具有中国特色的新时代话语体系。

9.融媒体产业边界持续拓宽形成发展范式

我国融媒体产业合作规模持续扩大,不断与多元领域形成群体合力,增加经济效益,增强内容水准,拓宽业务范围。在四级融媒体中心链条的建设中,形成"融媒体+"范式,与旅游、体育、文创、游戏等多种产业紧密相连,加强资源的整合融合、增值增效,为新媒体转型发展开辟了新路径。与媒体内部合作不同,跨领域合作有利于提升融媒体中心的技术水平和创新能力,实现内容资源反哺,从商业化角度提升运营效益,实现不同领域的优势互补,共同服务于经济社会发展。

10.国际网络安全问题亟待关注

网络安全仍是全球各国关注的重点,网络攻击的威胁性持续上升,除数据泄露、黑客攻击等硬性网络安全问题,网络舆论、空间话语权等软性网络层面的安全隐忧增加。随着数字化、移动化的深入,国际网络连接频次增加、流动方式更加便捷。因此,围绕网络安全问题应促进全球共同商讨和合作。我国提出构建网络空间命运共同体,正是基于开放合作的态度,在人类命运共同体的基础上,顺应数字化趋势,呼吁世界各国在数据安全、信息保护、跨境流动等领域坦诚交流,共同构建开放、包容的国际网络环境。

(资料来源:中国社会科学网)

工作任务1　网络安全与舆情管理

一　网络安全事件类型

网络安全事件是指由于各种原因导致的网络安全威胁、攻击、故障或失误,进而可能对网络系统的机密性、完整性、可用性造成损害的事件。根据中央网信办印发的《国家网络安全事件应急预案》,网络安全事件主要可分为以下几大类别。

(1)有害程序事件分为计算机病毒事件、蠕虫事件、特洛伊木马事件、僵尸网络事件、混合程序攻击事件、网页内嵌恶意代码事件和其他有害程序事件。

(2)网络攻击事件分为拒绝服务攻击事件、后门攻击事件、漏洞攻击事件、网络扫描窃听事件、网络钓鱼事件、干扰事件和其他网络攻击事件。

(3)信息破坏事件分为信息篡改事件、信息假冒事件、信息泄露事件、信息窃取事件、信息丢失事件和其他信息破坏事件。

(4)信息内容安全事件是指通过网络传播法律法规禁止信息,组织非法串联、煽动集会游行或炒作敏感问题并危害国家安全、社会稳定和公众利益的事件。

(5)设备设施故障分为软硬件自身故障、外围保障设施故障、人为破坏事故和其他设备设施故障。

(6)灾害性事件是指由自然灾害等其他突发事件导致的网络安全事件。

(7)其他事件是指不能归为以上分类的网络安全事件。

二、网络安全防范措施

（一）技术措施

1. 加密技术与防火墙

采用先进的加密技术保护用户数据，部署防火墙防止未经授权的访问和恶意攻击。

2. 入侵检测系统

部署入侵检测系统，实时监控网络流量，及时发现并处置异常行为。

3. 定期安全评估与漏洞扫描

定期对旅游新媒体平台进行安全评估，使用漏洞扫描工具发现潜在的安全隐患并及时修复。

（二）政策措施

1. 制定网络安全政策

明确网络安全目标和要求，规范员工行为，确保网络安全措施的有效执行。

2. 加强法律法规宣传和培训

定期对员工进行网络安全法律法规宣传和培训，提高员工的法律意识和安全意识。

3. 建立应急响应机制

制定详细的网络安全应急预案，建立应急响应团队，确保在发生安全事件时，各部门能够迅速响应和处置。

（三）操作防范

1. 严格账号管理

为不同员工分配不同权限的账号，避免使用弱密码或共享账号，定期更换密码。

2. 安全审计与监控

对旅游新媒体平台的操作进行安全审计和实时监控，发现异常行为及时处置。

3. 数据备份与恢复

定期对重要数据进行备份，确保在发生安全事件时能够及时恢复数据，减少损失。同时，测试备份数据的可恢复性，确保备份的有效性。

4. 安全更新与补丁管理

及时关注并应用安全更新和补丁，修复已知的安全漏洞，降低新媒体平台被攻击的风险。

5. 用户教育与培训

通过用户教育和培训，新媒体平台可以提升用户对网络安全的认识和防范能力。例如，提醒用户注意个人信息保护、识别网络诈骗等。

三 新媒体时代舆情传播特征

在新媒体时代,舆情传播展现了独有的特征,尤其在旅游新媒体运营领域,这些特征表现得尤为明显。

(一)舆情传播的多元性

随着新媒体平台的不断涌现,舆情传播渠道日趋多样化。在旅游领域,微博、微信、抖音、小红书等社交新媒体平台成为公众获取旅游信息、分享旅行体验的重要渠道。这些新媒体平台通过文字、图片、视频等,生动、直观地展现了旅游目的地的风貌,引发用户的关注和讨论。例如,某旅游目的地通过抖音平台发布了一段风景视频,这段视频可能迅速走红网络,吸引大量游客前来打卡。

(二)舆情传播的突发性

在新媒体时代,舆情事件的爆发往往具有突发性。在旅游领域,一起突发事件如景区安全事故、旅游纠纷等,可能在短时间内通过社交媒体迅速传播,引发广泛关注。例如,某景区发生游客安全事故,相关视频和图片在微博上被大量转发和评论,迅速形成舆情热点。这就要求旅游新媒体运营团队具备快速反应和处理舆情的能力,及时发布官方信息,澄清事实真相,防止舆情恶化。

(三)舆情传播的开放性

在新媒体时代,舆情传播的主体和内容都具有高度的开放性。在旅游领域,不仅旅游企业和政府部门可以发布旅游相关信息,普通游客也可以通过社交媒体分享自己的旅行经历和感受。这些来自不同主体的声音共同构成了旅游舆情的多元化。同时,旅游舆情涉及的内容也极为广泛,包括旅游政策、旅游服务、旅游体验等。这就要求旅游新媒体运营团队在监测和管理舆情时,需要关注多个维度,全面了解公众对旅游行业的看法和需求。

四 新媒体时代下的旅游舆情管理机制

针对新媒体时代舆情传播的特征,旅游新媒体运营者需要建立相应的舆情管理机制,以应对可能出现的舆情事件。

(一)舆情监测机制

1. 多维度监测

除了关注传统媒体的报道,旅游新媒体运营者还需要密切关注社交媒体、旅游论坛等新媒体平台上的舆情动态。通过数据挖掘和分析技术,旅游新媒体运营者要实时监测旅游相关话题的传播速度、范围以及公众的情感倾向。

2. 自动化与实时化监测

旅游新媒体运营者要借助大数据和人工智能技术,实现舆情监测的自动化和实时化,及时发现和跟踪突发事件和危机事件,为快速响应提供数据支持。

3. 人工干预与深度分析

对于敏感话题和重大事件,需要人工进行深度分析和判断。通过组建专业的舆情分析团队,旅游新媒体运营者可以对监测到的数据进行深入挖掘和分析,为决策者提供有价值的舆情信息。

(二) 舆情防范机制

1. 建立危机管理团队

旅游企业应建立专门的危机管理团队,负责舆情监测、预警和应对工作。团队成员应具备丰富的旅游行业知识和危机应对经验,能够迅速制定并执行有效的应对策略。

2. 提高信息透明度

旅游企业应及时公开相关信息,如景区开放情况、旅游服务质量等,消除公众的疑虑和猜测。旅游企业可以通过官方网站、社交媒体等渠道发布权威信息,提升公众对旅游企业的信任感。

3. 加强社交媒体管理

旅游企业应建立规范的社交媒体账号管理制度,加强账号安全管理,防止账号被盗用或发布不当言论。同时,旅游企业应积极回应用户的反馈和投诉,及时解决问题,提升用户满意度。

4. 制定应急预案

针对可能出现的各种危机事件,制定详细的应急预案。应急预案应包括危机识别、响应流程、资源配置、信息发布等,确保在危机发生时各部门能够迅速启动应急响应机制。

(三) 舆情引导机制

1. 建立舆情引导专家团队

旅游企业应组建由旅游行业专家、媒体人士等组成的舆情引导专家团队。通过发布权威解读、评论文章等,旅游企业可以引导公众理性看待旅游相关事件和问题。

2. 利用新媒体平台发声

旅游企业应积极运用微博、微信等新媒体平台发布正面信息和观点,传播旅游行业的正能量。同时,旅游企业可以加强与公众的互动和交流,了解公众的需求和反馈,为改进产品和服务提供参考。

3. 建立舆情引导合作机制

旅游企业应与主流媒体、意见领袖等建立合作关系,共同推动旅游舆情的健康发展。通过举办线上线下活动、发起话题讨论等,相关旅游话题可以更具吸引力和影响力。

五 携手构建网络空间命运共同体,共筑旅游行业新媒体美好未来

(一)推动全球网络治理体系的完善与发展

在全球化背景下,旅游行业新媒体的发展日益受到全球网络治理体系的影响。为推动旅游信息的无障碍传播和跨国共享,旅游行业新媒体应积极参与全球网络治理体系的完善与发展,倡导平等、开放、协作和安全的网络空间原则。同时,结合旅游行业的特点,旅游行业新媒体推动制定与国际接轨的网络规则和标准,确保旅游信息的准确性、及时性和可靠性。这将有助于提升旅游行业新媒体的国际竞争力,促进全球旅游市场的繁荣与发展。

(二)加强网络安全保障,为旅游行业新媒体保驾护航

网络安全是旅游行业新媒体的生命线。面对网络攻击、数据泄露等安全风险,旅游行业新媒体必须加强网络安全保障工作,确保旅游信息的安全性和隐私性。这包括建立健全的网络安全防护体系,加强对旅游行业新媒体的监控和管理,及时发现和解决安全问题。同时,旅游行业新媒体还应提高旅游行业从业人员的网络安全意识,加强网络安全教育和培训,共同维护旅游行业新媒体的安全、稳定运行。

(三)倡导网络文明,营造健康向上的旅游网络环境

网络文明是旅游行业新媒体健康发展的重要基石。旅游行业新媒体应倡导文明上网、理性发言的行为规范,营造健康向上、和谐友善的旅游网络环境。在旅游行业新媒体平台上,应加强对用户言论的引导和管理,坚决打击虚假宣传、恶意评论等不良行为,维护良好的网络秩序。同时,旅游行业新媒体还应积极传播正能量,弘扬社会主义核心价值观,推动形成文明旅游的网络新风尚。

(四)促进数字经济与旅游行业新媒体的深度融合

数字经济为旅游行业新媒体的发展提供了新的契机。旅游行业新媒体应积极推动数字经济与旅游行业新媒体的深度融合,利用大数据、人工智能等,提升旅游服务的智能化和个性化水平。精准营销、智能推荐等手段,可以满足游客的多样化需求,提升游客对旅游的体验感和满意度。同时,旅游行业新媒体还应注重数字经济的可持续发展,推动旅游行业新媒体与生态环境的和谐共生。

(五)建立网络空间和平秩序,维护旅游行业共同利益

建立网络空间和平秩序是旅游行业新媒体持续健康发展的必要条件。旅游行业新媒体应积极推动国际社会在网络空间的合作与协调,共同维护网络空间的和平、稳定和安全。同时,旅游行业新媒体应加强跨国合作与信息共享,共同打击网络旅游欺诈、非法经营等违法行为,维护游客的合法权益和旅游市场的公平竞争。另外,旅游行业新媒体还应注重网络空间的公正和平等,尊重各国在网络空间的主权和发展权益,共同推动旅游行业新媒体的繁荣与发展。

通过推动全球网络治理、加强网络安全保障、倡导网络文明、促进数字经济发展以及建

立网络空间和平秩序等,我们相信旅游行业新媒体将迎来更加美好的未来,为全球旅游市场的繁荣与发展贡献中国智慧和中国力量。

工作任务2　网络空间主流意识形态建设

一　意识形态建设对网络空间的重要性

意识形态作为社会文化的核心,指引着人们在社会生活中的决策和行为,深刻地塑造着一个社会的文化风貌和道德准则。在网络空间这一特殊领域中,意识形态的作用尤为突出,关系到网络空间的秩序稳定、文化健康发展以及社会安全的维护。《中共中央关于制定国民经济和社会发展第十四个五年规划和二〇三五年远景目标的建议》明确指出,加强网络文明建设,发展积极健康的网络文化。

(一)意识形态建设是网络安全健康发展的守护神

网络空间是一个机遇与挑战并存的空间,网络空间的开放性和自由性为人们提供了便利,但同时也伴随着各种风险和威胁。在这样的背景下,意识形态建设如同坚实的堡垒,守护着网络空间的安全。通过正确的意识形态引导,人们能更加理性地看待网络空间,既不过分相信其便利,也不盲目恐惧其风险,有助于人们在使用网络时保持警惕,避免陷入网络犯罪的陷阱。

意识形态建设推动形成积极向上的网络文化。在这种文化的熏陶下,人们会自觉遵守网络道德规范,尊重他人的权益,共同维护网络环境的健康、文明与和谐。这对网络安全法治建设也起着重要的促进作用,提升人们对网络安全法律的认识和尊重,增强法律的权威性和有效性,为网络空间的长期稳定发展提供有力支持。

旅游新媒体运营作为网络空间的一个重要组成部分,承担着传播旅游文化、提供旅游信息、服务游客等重要职责。在此过程中,正确的意识形态引导能够帮助旅游新媒体运营者准确把握传播内容的方向和质量,避免传播低俗、虚假、有害的信息,从而维护旅游行业的形象和声誉。同时,积极向上的网络文化也能够吸引更多的游客关注旅游新媒体账号,提升旅游新媒体账号的影响力和传播效果。

(二)意识形态建设是建设健康网络的重要抓手

网络空间存在着网络暴力、网络谣言、网络欺诈等问题,严重破坏了网络空间的秩序和稳定。意识形态建设通过引导人们树立正确的价值观和行为准则,强化道德约束和自律意识,减少不良行为和言论的出现,有利于净化网络空间环境。

在旅游新媒体运营中,意识形态建设同样能够发挥重要作用。旅游行业是一个充满竞争和挑战的行业,各种旅游信息纷繁复杂、真假难辨。通过加强意识形态建设,旅游新媒体运营者能够更加准确地把握市场需求和游客心理,提供真实、可靠、有价值的旅游信息和服务。这不仅能够提升游客的满意度和忠诚度,还能够促进旅游行业的健康发展。另外,旅游新媒体是传播旅游文化、引导旅游消费的重要渠道,也是展示国家形象、弘扬社会主义核心价值观的重要窗口。因此,旅游新媒体运营者应当始终坚持正确的舆论导向和价值导向,积极传播正能量、弘扬主旋律,为构建网络空间命运共同体贡献力量。

(三)意识形态建设是掌握意识形态工作主导权的时代要求

当今时代,掌握意识形态工作主导权对任何一个国家和社会都至关重要。网络空间作为意识形态斗争的前沿阵地,旅游新媒体运营者更需要加强意识形态建设,牢牢掌握意识形态工作的主导权。通过加强意识形态建设,旅游新媒体运营者可以引导网络空间的舆论走向,塑造积极向上的网络文化,提升网络安全意识,从而在网络空间中形成强大的正能量和正确的价值导向,维护社会稳定,推动社会进步。

二 我国主流意识形态建设面临的挑战

(一)境外意识形态渗透的危害

境外势力可能会通过网络平台、社交媒体等,对我国进行意识形态渗透,试图影响我国民众的思想观念和价值判断。境外势力可能打着自由、民主的旗号,传播着与我国社会主义核心价值观相悖的理念。例如,境外势力可能会通过旅游新媒体平台,发布关于我国某些旅游景点的"不实"信息,歪曲事实,误导国内外游客,对我国形象造成负面影响。这种渗透不仅危害了我国的意识形态安全,更对国家的长治久安构成了严重威胁。

(二)网络多元化意识形态思潮的冲击

网络空间是各种思想文化交流、交融、交锋的重要平台,各种社会思潮在网络空间中竞相发声,争夺话语权。一些非主流甚至反主流的意识形态思潮,借助网络平台的传播优势,对社会主义核心价值观的社会主导地位形成了冲击。例如,在旅游领域,一些网络舆论过度渲染消费主义、享乐主义,与勤俭节约、绿色出行的主流价值观相悖,影响了公众的旅游观念和行为选择。

(三)网络娱乐化意识形态的削减

网络空间的娱乐化倾向日益明显,大量娱乐化内容占据了人们的视线和时间。这种娱乐化意识形态的盛行,削弱了主流意识形态的引领力和影响力。以旅游新媒体为例,一些旅游新媒体平台过于追求点击率和关注度,大量推送娱乐八卦、低俗搞笑的内容,忽视了对旅游文化、历史传承等深层次内容的传播和推广。

三 网络空间主流意识形态建设的方法

(一)突出网络主流意识形态建设的战略地位

旅游新媒体运营者要从战略高度认识网络主流意识形态建设的重要性。网络空间已经成为意识形态斗争的前沿阵地,必须把网络主流意识形态建设作为一项长期性、基础性的工作来抓。在旅游领域,这意味着要将网络主流意识形态建设与旅游产业发展紧密结合,通过旅游新媒体平台传播社会主义核心价值观,引导游客树立正确的旅游观念和行为习惯。

(二)构建完备的旅游新媒体平台体系

为了有效传播主流意识形态,旅游新媒体运营者需要构建完备的新媒体平台体系。这包括建立多元化的媒体平台,如设立官方网站、创建社交媒体账号、开发移动应用等,形成全方位、立体化的传播格局。同时,旅游新媒体运营者要加强内容建设,提供丰富多样、符合社会主义核心价值观的旅游信息和服务。例如,旅游企业可以开发一款集旅游攻略、文化介绍、互动交流于一体的移动应用,让游客在享受便捷服务的同时,感受到主流意识形态的熏陶和影响。

(三)加强网络意识形态内容的话语表达创新

话语表达是意识形态传播的重要载体和工具。在网络空间主流意识形态建设中,旅游新媒体运营者需要加强话语表达的创新。具体包括:用生动活泼、通俗易懂的语言来阐述社会主义核心价值观的深刻内涵和实践要求;用贴近实际、贴近生活、贴近用户的方式来讲述中国故事、传播中国声音;用富有创意、引人入胜的方式来吸引用户的注意。在旅游新媒体运营中,旅游新媒体运营者可以通过挖掘旅游目的地的文化内涵和历史故事,用生动有趣的语言和形式来呈现旅游目的地的文化内涵和历史故事,让游客在欣赏美景的同时,感受主流意识形态的魅力。

(四)打造具有影响力的旅游新媒体品牌

旅游新媒体运营者要打造一些具有影响力的旅游新媒体品牌,如旅游微信公众号、旅游抖音号等,通过发布优质内容和开展互动活动来吸引更多粉丝的关注和参与。这些旅游新媒体品牌可以成为传播主流意识形态的重要阵地,利用旅游新媒体平台传播主流价值观,利用各类旅游新媒体平台积极传播社会主义核心价值观和中华优秀传统文化,引导用户树立正确的价值观和旅游观。

工作任务3 旅游新媒体发展趋势

一 新技术赋能

随着科技的飞速发展,人工智能、虚拟现实、区块链、云计算、5G(第五代移动通信技术)以及自然语言处理等新技术不断涌现,为旅游行业的新媒体运营带来了前所未有的机遇和挑战。这些新技术不仅改变了旅游行业的传统运营模式,而且能够赋能旅游新媒体,使旅游新媒体能够更好地满足现代游客的个性化、多元化需求。

(一)人工智能技术

人工智能(AI)技术在旅游推荐系统中的应用日益广泛。通过收集和分析游客的历史行为、偏好以及实时需求,AI算法能够精准地推荐符合用户个人品位的旅游目的地、酒店、餐厅等,大大提升了用户体验感。智能客服系统的引入,使得旅游企业能够24小时不间断地为用户提供咨询服务和帮助,有效解决了时差和语言障碍带来的问题。此外,AI还可以作为个性化旅游规划的辅助工具,根据用户的时间、预算、兴趣等,生成较合适的行程安排。

(二)虚拟现实技术

虚拟现实,就是虚拟与现实相互结合,虚拟现实技术是一种可以创建和体验虚拟世界的计算机仿真技术,利用计算机生成一种模拟环境,使用户沉浸在该环境中。虚拟现实技术为旅游行业带来了全新的景观预览与体验方式。通过虚拟现实(VR)、增强现实(AR)设备,用户在家中就能身临其境地感受世界各地的名胜古迹、自然风光,极大地激发了用户的旅游欲望。虚拟导游导览服务使得游客在实地游览时能够获取更丰富、更全面的景点信息,提升了旅游的文化内涵和教育价值。同时,交互式旅游教育与培训也成为可能,能够帮助从业者提升服务质量,帮助用户提升旅游体验感。

(三)区块链技术

区块链技术是一种去中心化的分布式数据库技术,可以用于记录和管理数据。区块链技术采用密码学技术保证数据的安全性和可信度,并且不依赖中心化机构来验证数据的真实性,使得数据在整个网络中都可以被共享和验证。区块链技术可谓是"共识系统之上的共识"。区块链技术可以为旅游新媒体提供安全、透明的交易和支付环境,实现旅游产品的支付、预订等,提高交易的效率和安全性。数字身份验证与跨境旅游简化的应用,使得游客在跨国旅行时无须重复提交烦琐的证明材料,提高了通关效率。同时,积分与奖励系统的去中心化管理也使得旅游企业能够更灵活地设计营销策略,吸引和留住用户。

(四)云计算技术

云计算技术通过网络"云"将巨大的数据计算处理程序分解成无数个小程序,通过多部服务器组成的系统进行处理和分析这些小程序,得到结果并返回给用户。通过云计算技术,旅游企业可以轻松地管理和分析海量的用户数据、交易数据以及市场数据,为决策提供有力支持。云计算技术也可以为旅游新媒体提供更加高效、灵活的数据存储和处理能力,从而为用户提供更加快速、稳定的旅游服务,提升运营效率和用户体验感。

(五)5G/星链技术

5G技术是第五代移动通信技术,是实现人、机、物互联的网络基础设施。5G和星链技术是通信领域的两大重要革新,它们将为人类社会带来更加快速、便捷、广泛的互联网连接和应用体验感,使得高清直播与视频分享成为可能。5G和星链技术的加持,使旅游企业能够实时地展示旅游目的地的风光和活动,显著增强了旅游的吸引力和互动性。

(六)自然语言处理技术

以Chat GPT为代表的自然语言处理技术在旅游行业的新媒体运营中发挥着越来越重要的作用。智能问答系统能够通过理解和学习人类的语言来进行对话,能够准确地理解用户的问题并给出答案,大大提高了服务的效率和质量。另外,自然语言处理技术还能完成归纳性的文字类工作、代码开发相关工作、图像生成相关工作、智能客服类工作等。其中,多语言支持与国际用户沟通的功能打破了语言障碍,使得旅游企业能够更广泛地吸引和服务全球用户。Chat GPT可以成为用户旅程的伙伴,提供虚拟对话、制订旅行计划、创建旅游路线、选择酒店以及自助解决问题等。

二 旅游新媒体运营内容创作趋势

随着数字化时代的深入发展,旅游新媒体运营已成为连接旅游目的地与消费者之间的重要桥梁。为了更好地满足现代消费者的多元化、个性化需求,旅游新媒体运营在内容创作上呈现以下六大趋势。

(一)高质量内容

1. 高质量内容成为吸引用户的关键

旅游新媒体运营不再满足于简单的景点介绍和攻略,而更加注重对原创故事与深度报道的挖掘。这些故事和报道往往围绕旅游目的地的历史文化、风土人情、特色美食等展开,通过引人入胜的叙述和深入的分析,能够为用户呈现一个更加立体、生动的旅游世界。

2. 专业摄影与视频制作在内容创作中的重要性日益凸显

精美的图片和高质量的视频不仅能够直观地展示旅游目的地的美景和特色,还能吸引用户的注意。因此,旅游新媒体运营团队在摄影和视频制作上的投入不断增加,力求为用户带来更加震撼的视觉体验感。

3. 用户生成内容的筛选与优化

UGC(用户生成内容)也成为高质量内容创作的重要组成部分。旅游新媒体平台鼓励用户分享自己的旅行经历和见闻,通过筛选和优化用户生成的内容,如游记、照片、视频等,为其他用户提供更加真实、可信的旅行参考信息。

(二)多媒体融合

随着科技的进步和互联网的普及,图文、视频、直播等多媒体形式在旅游新媒体运营中得到了综合运用。通过将这些媒体形式有机结合,旅游新媒体运营者能够为用户打造更加丰富、多元的内容体验感。例如:一篇关于某个旅游目的地的旅游攻略可以配以精美的图片和视频,让用户更加直观地了解旅游目的地的风光和特色;一场关于某个旅游活动的直播可以吸引更多用户的关注和参与,提升活动的传播效果和影响力。

跨媒体叙事与内容一致性成为多媒体融合的关键。旅游新媒体运营者需要精心设计跨媒体叙事结构,确保在不同媒体平台上发布的内容能够相互补充、相互呼应,形成一条完整、连贯的故事线。这样才能让用户在不同旅游新媒体平台上获得一致的体验感,增强用户对旅游新媒体平台的信任度和忠诚度。

(三)个性化推荐

现代旅游消费者越来越注重个性化的旅游体验感。为了满足用户的这一需求,旅游新媒体运营者通过收集和分析用户的浏览历史、搜索记录、购买行为等数据,深入了解用户的兴趣和偏好。基于这些数据,旅游新媒体运营者能够为用户推荐更加符合其品位的旅游产品和服务,有利于提高用户的满意度和忠诚度。

同时,算法的持续优化也为个性化推荐提供了有力支持。这种个性化推荐不仅能够提升用户的体验感和满意度,还能为旅游新媒体运营者带来更高的转化率和收益。

(四)社交化互动

1. 社交化互动增强

社交媒体的普及使得用户更加注重与他人的互动和交流。在旅游新媒体运营中,增强社交化互动可以提升用户的参与度和黏性。通过建立兴趣社群、发起话题讨论、举办线上线下活动等,旅游新媒体账号能够吸引更多用户的关注,形成良好的互动氛围。这种社交化的互动不仅能够增强用户对旅游新媒体账号的认同感和归属感,还能为旅游新媒体账号带来更多的流量和曝光机会。

2. 加大用户参与度的激励与反馈

旅游新媒体运营通过设置积分系统、会员特权等激励机制,能够鼓励用户积极参与互动和分享内容。这种激励与反馈不仅能够提升用户的参与度和黏性,还能为旅游新媒体账号带来更多的用户生成内容和口碑传播机会。

(五)跨界合作

跨界合作是旅游新媒体运营拓展资源、提高影响力和增加收益的重要途径之一。通过与相关产业的合作和共赢,旅游新媒体运营能够实现资源共享和互利共赢。例如:与餐饮、住宿、交通等产业合作,可以为游客提供更加完善的服务体验感;与文化、艺术等产业合作,可以为游客提供更加深入的旅游体验感;与体育赛事、农业等产业合作,能够推出更加有趣、有创意的主题和内容,吸引更多用户关注。

(六)本地化服务

随着全球化趋势和旅游业的不断发展,本地化服务成为旅游新媒体运营的关键。随着全球化趋势的不断推进,本地化内容成为内容创作和生产的关键。一方面,创作者需要了解当地文化、语言和风俗习惯,打造符合当地用户需求的内容。另一方面,旅游新媒体平台需要提供本地化服务,包括线上预订、导游服务、旅游保险等,为用户提供一站式旅游服务,提升用户满意度。

三 旅游新媒体运营的未来理念

(一)用户中心理念

无论是个性化服务、参与式体验还是多元化产品,其核心都是以用户为中心的。未来,旅游新媒体运营者需要深入理解用户的需求、偏好和行为,为用户提供更加贴心、便捷和有趣的服务。通过数据分析和用户反馈,旅游企业需要不断优化产品和服务,确保每一位用户都能获得满意的旅游体验感。

（二）内容创新理念

内容是新媒体运营的灵魂，也是吸引用户的关键。未来，旅游新媒体运营者需要注重内容的创新性和多样性，结合旅游目的地的特色和文化，打造独具特色的内容体系。同时，旅游新媒体运营者还要积极运用新技术和新手段，如虚拟现实、增强现实等技术，为用户提供更加丰富和立体的内容体验感。

（三）社群营销理念

社交化营销在未来旅游新媒体运营中将发挥越来越重要的作用。旅游新媒体运营者需要积极构建和维护用户社群，通过社群互动、用户分享等，增强用户黏性和品牌忠诚度。同时，社群也是获取用户反馈和意见的重要渠道，有助于旅游新媒体运营者及时了解市场需求并进行调整。

（四）跨界合作理念

旅游行业与其他行业有着天然的关联性，如文化、体育、娱乐等行业。未来，旅游新媒体运营者需要积极寻求跨界合作，通过与其他行业的合作和资源整合，为用户提供更加多元化和一站式的旅游服务。

（五）数据驱动与智能化决策理念

数据是未来旅游新媒体运营的重要资源。旅游新媒体运营者需要建立完善的数据收集和分析体系，通过数据洞察用户需求和市场趋势，为决策提供有力支持。同时，旅游新媒体运营者还要积极运用人工智能、机器学习等先进技术，实现智能化推荐、智能化客服等，提升用户体验感和运营效率。

四 旅游企业未来运用新媒体的趋势

随着科技的飞速发展和旅游消费者行为的不断变化，新媒体在旅游行业中的应用日益广泛。从旅行社到酒店，再到景区和旅游行政管理部门，新媒体不仅为旅游企业提供了全新的营销和服务手段，还为游客带来了更加丰富和便捷的旅游体验感。接下来将详细探讨旅游企业未来运用新媒体的趋势。

（一）旅行社

1.利用新媒体提升品牌知名度与形象

旅行社作为连接游客与旅游资源的桥梁，其品牌知名度和形象至关重要。未来，旅行社可以更加注重利用新媒体平台，如社交媒体平台、短视频平台等，来宣传和推广其产品和服务。通过发布精美的旅游照片、视频和游记，旅行社可以吸引更多潜在用户的关注，从而提升品牌知名度和形象。

2. 线上线下融合的服务模式创新

随着消费者对旅游体验感需求的不断提升,旅行社需要创新服务模式以满足市场需求。未来,旅行社将更加注重线上线下融合的服务模式创新。通过线上平台提供便捷的预订、支付和客服服务,同时结合线下门店的实际体验和专业咨询,为消费者提供更加全面和具有个性化的旅游服务。例如,某大型旅行社推出了线上线下融合的"旅游体验中心",消费者可以在线上预订旅游产品并享受优惠价格,同时还可以到线下门店进行实际体验和专业咨询,这种服务模式创新有效提升了消费者的满意度和忠诚度。

3. 个性化、定制化旅游服务地提供

随着消费者对旅游体验个性化和定制化需求的日益凸显,旅行社需要利用新媒体平台收集和分析消费者的行为数据和偏好,以提供更加精准的个性化、定制化旅游服务。通过社交媒体、在线问卷等方式收集消费者的反馈和意见,旅行社可以更加准确地了解消费者的需求和期望,从而为其量身定制更加符合其需求的旅游产品和服务。

(二)酒店与民宿

1. 在新媒体平台上的客房展示与预订服务

未来,酒店与民宿将更加注重在新媒体平台上展示其客房设施和服务品质。通过高清图片、虚拟现实技术等,酒店与民宿可以在新媒体平台上为消费者呈现更加真实、生动的客房场景。同时,结合在线预订系统,消费者可以更加便捷地完成客房预订和支付流程。例如,某知名酒店品牌在其官方微信公众号上推出了"在线选房"功能,消费者可以通过手机端实时查看不同房型的实景图片和价格信息,并直接进行预订和支付操作,极大提升了预订体验感和效率。

2. 智能客房与新媒体技术的融合应用

随着物联网和人工智能技术的不断发展,智能客房已经成为酒店与民宿行业的新发展趋势。未来,酒店与民宿将更加注重将新媒体技术与智能客房融合应用。通过智能语音助手、智能门锁等,消费者可以更加便捷地控制客房内的设施和设备。同时,结合新媒体平台上的个性化推荐服务,酒店与民宿还可以为消费者提供更加丰富的娱乐内容和增值服务。

3. 通过新媒体提供增值服务与用户体验感优化

为了提升消费者的满意度和忠诚度,酒店与民宿需要利用新媒体平台提供更加丰富的增值服务和用户体验感优化措施。通过社交媒体、在线客服等,酒店与民宿可以更加及时地了解消费者的需求和反馈,并为其提供个性化的服务解决方案。同时,结合新媒体平台上的会员系统、积分兑换等,酒店与民宿还可以进一步增强游客的黏性并提升消费频次。例如,某连锁酒店品牌在其官方App(应用程序)上推出了"会员特权"功能,会员可以享受免费升级房型、免费早餐等增值服务,同时结合积分兑换活动,鼓励会员进行多次消费和分享推广。

(三)旅游景区

1. 新媒体平台上的旅游景区宣传与推广

未来,旅游景区将更加注重在新媒体平台上进行宣传和推广。通过发布精美的图片、视

频和旅游攻略等，旅游景区可以吸引更多潜在消费者的关注并激发消费者的旅游意愿。同时，结合新媒体平台上的广告投放和合作推广等，旅游景区还可以进一步扩大其品牌知名度和影响力。

2. 虚拟导览与智能讲解服务

随着虚拟现实和增强现实技术的不断发展，虚拟导览和智能讲解服务已经成为旅游景区发展的新方向。未来，旅游景区将更加注重利用这些技术为消费者提供更加生动、有趣的导览和讲解体验。通过佩戴虚拟现实眼镜或使用手机端App，消费者可以身临其境地感受旅游景区的自然风光和文化遗产。同时，结合智能语音讲解系统，消费者还可以更加深入地了解旅游景区的历史文化和内涵。例如，某历史文化遗址在其官方App上推出了"虚拟导览"功能，消费者可以通过手机端实时查看该历史文化遗址的三维模型和虚拟场景，并听取专业的语音讲解，这种导览方式不仅提升了消费者的体验感，还加深了消费者对历史文化的了解和认识。

3. 通过新媒体收集消费者反馈与意见

为了不断提升消费者的满意度和忠诚度，旅游景区可以利用新媒体平台收集和分析消费者的反馈和意见。通过在线问卷、社交媒体互动等，旅游景区能更加及时地了解消费者对旅游景区设施、服务质量和旅游体验感等方面的评价和期望，并根据收集到的反馈信息进行有针对性地改进和优化。例如，某大型主题公园在其官方微信公众号上设置了"游客反馈"栏目，鼓励游客对公园的设施和服务提出宝贵的意见和建议。这种反馈机制不仅能够帮助主题公园及时发现存在的问题和不足，还为它的改进和优化提供了有力的数据支持。

（四）旅游自媒体与MCN（多频道网络）公司

1. 内容创作的多元化与高度个性化

随着旅游市场的不断发展和用户需求的多样化，旅游自媒体在内容创作上将更加注重多元化和个性化。自媒体人需要深入挖掘各类旅游主题和特色，通过独特的视角和表达方式，创作出能够吸引不同用户群体的内容。未来，自媒体人也将更加注重个性化定制和体验式内容的创作，以满足用户对个性化旅游体验感的追求。

2. 社群运营与社交旅游的紧密结合

未来，旅游自媒体将更加注重社群运营，通过构建具有共同兴趣和需求的用户社群，进行精准的内容推送和互动。这种趋势强调了旅游中的社交元素，使得旅游不再仅仅是单纯地观赏风景，更重要的是与志同道合的人一起分享旅行体验感。社群运营有助于提升用户的归属感和忠诚度，提升自媒体品牌的影响力。

3. 小众市场的精准把握与垂直细分化

随着大众旅游市场的日益饱和，越来越多的自媒体人开始将目光转向小众市场。通过深入挖掘这些具有特定兴趣、需求或生活方式的小众群体，自媒体人可以为他们提供更加精准、有价值的内容和服务。同时，垂直细分化也将成为趋势，自媒体人需要专注特定领域或特定主题，为用户提供更加专业、深入的旅游资讯和服务。这种趋势将有助于提升自媒体内容的针对性和实用性，增强用户的黏性和忠诚度。

4. KOC的增多与腰部网红力量增大

未来,KOC(关键意见消费者)在旅游自媒体领域将逐渐增多,他们的意见和推荐往往更能引起用户的共鸣和信任。与知名网红相比,KOC更贴近普通消费者,他们的增多将有助于推动旅游自媒体内容向更加真实、接地气的方向发展。同时,腰部网红的力量也将逐渐增大,他们在旅游自媒体领域将发挥越来越大的作用。

5. MCN公司的整合作用日益凸显

随着旅游自媒体市场的不断发展和竞争的日益激烈,MCN(多频道网络)公司通过整合资源和专业运营,推动旅游自媒体内容向更加专业、高品质的方向发展。同时,MCN公司也将为自媒体人提供更多发展机会,推动整个行业的持续、繁荣发展。未来,MCN公司将在旅游自媒体领域发挥越来越大的作用,成为连接自媒体人、用户和广告商的重要桥梁。

(五)旅游行政管理部门

1. 利用新媒体发布旅游政策与资讯

旅游行政管理部门作为旅游行业的监管者和推动者,它发布的旅游政策和资讯对于旅游企业和消费者都具有重要意义。未来,旅游行政管理部门将更加注重利用新媒体平台发布旅游相关政策、法规和行业动态等,以便旅游企业和消费者更加及时、准确地了解旅游相关政策要求和行业发展趋势。例如,某省级旅游部门在其官方网站上开设了"政策法规"专栏,及时发布旅游政策、法规和行业通知,同时还通过官方微信公众号等向广大消费者推送旅游安全提示、天气预报等实用信息。

2. 通过新媒体进行旅游市场监管与服务优化

未来,旅游行政管理部门将更加注重利用新媒体平台进行市场监管和服务优化等工作。通过在线监测、数据分析等,旅游行政管理部门可以及时发现和处理违法违规行为,同时结合新媒体平台上的在线客服、投诉处理等提供更加便捷、高效的服务支持。例如,某省级旅游行政部门在其官方微博上开设了"旅游投诉"栏目,鼓励消费者对遇到的违法、违规行为进行举报和投诉,同时还通过微信公众号等提供在线客服服务,及时解答消费者问题。这种服务模式不仅提升了旅游行政管理部门的监管效率和服务水平,还增强了消费者对旅游市场的信任感和满意度。

综上所述,新媒体在旅游行业中的应用前景广阔且充满挑战。无论是旅行社、酒店与民宿、旅游景区还是旅游自媒体与MCN公司、旅游行政管理部门,都需要紧跟时代步伐积极拥抱新媒体技术,不断创新服务模式提升消费者体验感,推动旅游行业的持续、健康发展。

项目课后

教学互动

(1)结合具体案例分析旅游新媒体在舆情管理中的优势与劣势。

(2)面对网络多元意识形态的冲击,旅游新媒体应如何坚守并传播主流意识形态?

（3）新技术如人工智能、虚拟现实等在旅游新媒体中有哪些创新应用前景？

（4）旅游企业在运用新媒体时，应该如何平衡商业利益与用户体验感，进而实现可持续发展？

项目实训

实训项目	自媒体未来发展规划书
实训准备	根据项目一、项目二、项目三、项目四、项目五、项目六、项目七的课后实训成果，进行本项目实训
实训要求	（1）总结本小组本学期运营自媒体的心得； （2）写出未来三年自媒体发展规划书
实训成果	未来三年自媒体发展规划书
评价方式	学生自评、互评与教师评价相结合，并实际进行新媒体运营实践

项目小结

内容提要

本项目围绕旅游新媒体的发展趋势与管理策略进行了深入探讨，同时也强调了网络文明素养的重要性，希望学生能够在未来的工作中积极传播正能量，共同维护健康向上的旅游网络环境。

核心概念

本项目概念包括网络安全、舆情管理、意识形态建设等多个方面。通过对本项目的学习，学生不仅能够掌握旅游新媒体相关的基础理论和专业知识，还能够提升在新媒体环境下进行舆情监测、危机应对和内容创新的能力。

重点实务

本项目重点介绍了新媒体时代下的旅游舆情管理机制构建和网络空间主流意识形态建设的方法与策略，对旅游企业在新媒体运营中的实际操作具有指导意义。

参考文献

[1] 李俊,伍欣.旅游新媒体运营[M].北京:旅游教育出版社,2022.

[2] 宫承波.新媒体概论[M].北京:中国广播电视出版社,2007.

[3] 虢亚冰,黄升民,王兰柱,等.中国数字新媒体发展报告[M].北京:中国传媒大学出版社,2006.

[4] 张艳萍,周华清.网络与新媒体专业的新文科OBE实践教学探索[J].东南传播,2024,(03):110-114.

[5] 吴航行.网络与新媒体专业产教融合发展的实践路径探究[J].传媒,2023,(22):75-77.

[6] 谷虹.网络与新媒体专业培养目标、定位与能力体系之构建——基于"国家标准"与"国内样本"的探索[J].现代传播(中国传媒大学学报),2021,43(08):155-160+168.

[7] 张迪.网红营销背景下短视频对旅游者目的地决策的影响研究[D].北京:北京第二外国语学院,2021.

[8] 蔡赴朝.让文化惠泽民生——十年来我国广播影视公共服务体系建设[J].中国广播电视学刊,2012,(10):5-8.

[9] 田进.国家广电总局副局长田进先生在CCBN2011主题报告会上讲话[J].广播电视信息,2011,(04):10-13.

[10] 刘瑞生.新媒体发展的态势与基本特征[J].新闻战线,2010,(11):67-69.

教学支持说明

为了改善教学效果，提高教材的使用效率，满足高校授课教师的教学需求，本套教材备有与纸质教材配套的教学课件和拓展资源（案例库、习题库等）。

为保证本教学课件及相关教学资料仅为教材使用者所得，我们将向使用本套教材的高校授课教师赠送教学课件或者相关教学资料，烦请授课教师通过加入旅游专家俱乐部QQ群或公众号等方式与我们联系，获取"电子资源申请表"文档并认真准确填写后发给我们，我们的联系方式如下：

地址：湖北省武汉市东湖新技术开发区华工科技园华工园六路

邮编：430223

旅游专家俱乐部QQ群号：758712998

旅游专家俱乐部QQ群二维码：

群名称:旅游专家俱乐部5群
群　号:758712998

扫码关注
柚书公众号

电子资源申请表

填表时间：_____年___月___日

1. 以下内容请教师按实际情况写，★为必填项。
2. 根据个人情况如实填写，相关内容可以酌情调整提交。

★姓名		★性别	□男 □女	出生年月		★职务	
						★职称	□教授 □副教授 □讲师 □助教

★学校		★院/系	
★教研室		★专业	
★办公电话		家庭电话		★移动电话	
★E-mail（请填写清晰）				★QQ号/微信号	
★联系地址		★邮编	

★现在主授课程情况	学生人数	教材所属出版社	教材满意度
课程一			□满意 □一般 □不满意
课程二			□满意 □一般 □不满意
课程三			□满意 □一般 □不满意
其 他			□满意 □一般 □不满意

教材出版信息		
方向一		□准备写 □写作中 □已成稿 □已出版待修订 □有讲义
方向二		□准备写 □写作中 □已成稿 □已出版待修订 □有讲义
方向三		□准备写 □写作中 □已成稿 □已出版待修订 □有讲义

请教师认真填写表格下列内容，提供索取课件配套教材的相关信息，我社根据每位教师填表信息的完整性、授课情况与索取课件的相关性，以及教材使用的情况赠送教材的配套课件及相关教学资源。

ISBN（书号）	书名	作者	索取课件简要说明	学生人数（如选作教材）
			□教学 □参考	
			□教学 □参考	

★您对与课件配套的纸质教材的意见和建议，希望提供哪些配套教学资源：